まるでロボット！ 双腕重機

どんな海でもへっちゃら！ 救難飛行艇US2

DVDの名場面

動く図鑑MOVEには、NHKエンタープライズが制作したDVDがついています。新幹線やバス、旅客機、客船などの、人を乗せる乗りものから、建設機械などのはたらく自動車、宇宙ステーションまで、さまざまな乗りものを総合的に紹介しています。きみも、乗りもの博士になろう！

船をつくる建造ドック！

白バイ隊員勢ぞろい！

かっこいい！ 空港用化学消防車

さまざまな実験がおこなわれる、国際宇宙ステーション！

北海道新幹線も登場！

講談社の動く図鑑

MOVE（ムーブ）

乗りもの

のりもの

［監修］
種山雅夫
航空科学博物館学芸員
山﨑友也
鉄道写真家
船の科学館

講談社の動く図鑑MOVE 乗りもの

もくじ

この本の使い方 8
鉄道の歴史としくみ 10

新幹線 16

鉄道の速さを比べてみよう 14
超伝導リニアモーターカーのしくみ 15

特急列車 22

普通・快速列車 28
ジョイフルトレイン 30
楽しいジョイフル新幹線！ 32
地下鉄 34
路面電車 36
新交通システム・モノレール 38
新交通システムのしくみ 38
モノレールのしくみ 39
SL 40
SLのしくみ 40
クルーズトレイン 42
貨物列車 44
スーパーレールカーゴの特ちょう 44
スーパーレールカーゴの編成 44
作業・検査列車 46
ケーブルカー・ロープウェイ 48
ケーブルカーのしくみ 48
ロープウェイのしくみ 49
世界の鉄道 50
世界を変えた乗りもの偉人伝
ジェームズ・ワット 53

消防車両 58

自動車の歴史としくみ 54

空港用化学消防車を見てみよう 60

警察車両 70

未来の乗用車 76

エンジンを見てみよう 78

パッセンジャーカー 80

キャンピングカーの中を見てみよう 82

スーパーカー 84

世界の車 86

ヒストリックカー 88

乗用車 76

レーシングカー 90

オートバイ 92
競技でかつやくするバイク 94

建機 96
土を掘る建機 98
ショベルカーのなかまの建機 100
トンネルを掘るのが得意な機械 102
土砂を運ぶ建機 104
世界最大級の建機 108
物をつる建機 110
大きな建物をつくる建機 112

はたらく車 114

道路をきれいにする車 136
人を運ぶ車 116
荷物を運ぶ車 118
サービスを運ぶ車 122
変わった形の乗りもの 124
空港ではたらく車 126
港ではたらく車 128
農業ではたらく車 130
平和のためにはたらく車 132

陸上自衛隊の車 134
世界を変えた乗りもの偉人伝
本田宗一郎 137

航空機の歴史としくみ 138
空港を見てみよう 142

旅客機 144

旅客機の中を見てみよう 144
中型～大型ジェット旅客機 146

小型ジェット旅客機 148

ビジネスジェット 150
ビジネスジェットの中を見てみよう 151

宇宙船 160

プロペラ機 152

貨物機 154
大型貨物機の中を見てみよう 154

ヘリコプター 156

はたらく航空機 158
海外のはたらく航空機 159

特殊な航空機 162

航空自衛隊の航空機 164
世界を変えた乗りもの偉人伝
オットー・リリエンタール 167

船の歴史としくみ 168　港を見てみよう 172

貨物船 174

荷物を運ぶ貨物船 176
乗りものを運ぶ貨物船 178
大量輸送のコンテナ船 174
エネルギーを運ぶ貨物船 179

旅客船 180

クルーズ客船の中を見てみよう 180
クルーズ客船 182　カーフェリー 183

調査船 184

調査のようすを見てみよう 185
深海へともぐる調査船 186

作業船 188

海に橋をかけるようすを見てみよう 188
掘削船 190　浚渫船 191　いろいろな作業船 192
ヘンな形の調査船・作業船 194

ボート、ヨット、クルーザー 196

世界のヨットレース 197

海上保安庁の船 198

海上自衛隊の船 200

世界を変えた乗りもの偉人伝
フェルディナンド・マゼラン 203
さくいん 204

特殊な船 202

海の上を飛ぶ船 202

この本の使い方

この本では、鉄道・自動車・航空機・船を中心に、さまざまな「乗りもの」を紹介しています。この本を使って、たくさんの乗りものの種類や歴史、しくみを知りましょう！

グループ
鉄道・自動車などの分類よりもさらに細かい乗りもののグループを表します。

ムーブはかせの「ここに注目！」
それぞれのコーナーの注目ポイントを解説しています。

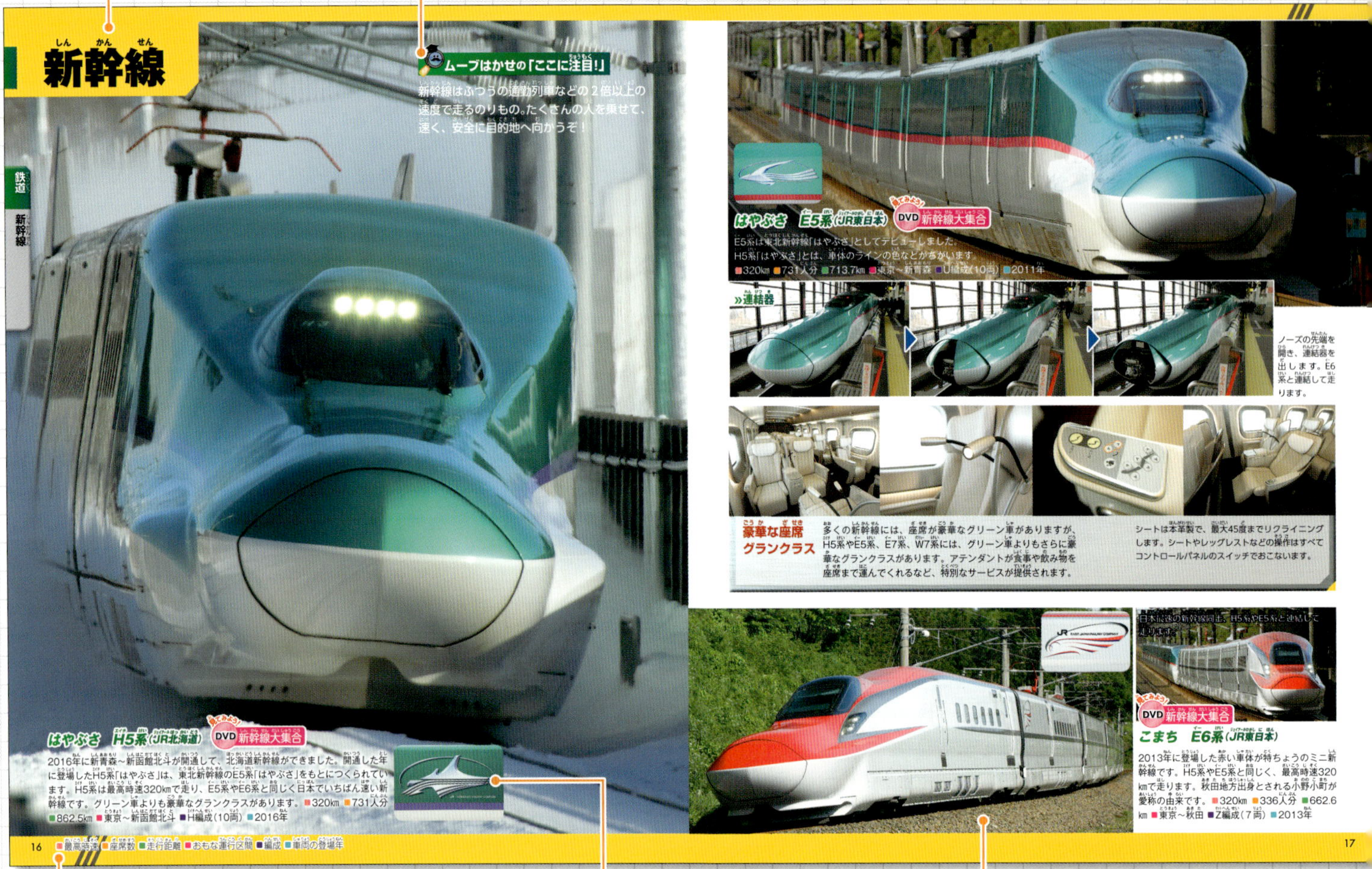

新幹線
鉄道
新幹線
ムーブはかせの「ここに注目！」
新幹線はふつうの通勤列車などの2倍以上の速度で走るのりもの。たくさんの人を乗せて、速く、安全に目的地へ向かうぞ！
はやぶさ　H5系（JR北海道）
見てみよう！ DVD 新幹線大集合
2016年に新青森～新函館北斗が開通して、北海道新幹線ができました。開通した年に登場したH5系「はやぶさ」は、東北新幹線のE5系「はやぶさ」をもとにつくられています。H5系は最高時速320kmで走り、E5系やE6系と同じく日本でいちばん速い新幹線です。グリーン車よりも豪華なグランクラスがあります。■320km ■731人分 ■862.5km ■東京～新函館北斗 ■H編成（10両） ■2016年
はやぶさ　E5系（JR東日本）
見てみよう！ DVD 新幹線大集合
E5系は東北新幹線「はやぶさ」としてデビューしました。
H5系「はやぶさ」とは、車体のラインの色などがちがいます。
■320km ■731人分 ■713.7km ■東京～新青森 ■U編成（10両） ■2011年
»連結器
ノーズの先端を開き、連結器を出します。E6系と連結して走ります。
豪華な座席 グランクラス
多くの新幹線には、座席が豪華なグリーン車がありますが、H5系やE5系、E7系、W7系には、グリーン車よりもさらに豪華なグランクラスがあります。アテンダントが食事や飲み物を座席まで運んでくれるなど、特別なサービスが提供されます。
シートは本革製で、最大45度までリクライニングします。シートやレッグレストなどの操作はすべてコントロールパネルのスイッチでおこないます。
見てみよう！ DVD 新幹線大集合
こまち　E6系（JR東日本）
2013年に登場した赤い車体が特ちょうのミニ新幹線です。H5系やE5系と同じく、最高時速320kmで走ります。秋田地方出身とされる小野小町が愛称の由来です。■320km ■336人分 ■662.6km ■東京～秋田 ■Z編成（7両） ■2013年
16
■最高時速 ■座席数 ■走行距離 ■おもな運行区間 ■編成 ■車両の登場年
17

乗りものデータ
列車や路線のデータ、乗りものの大きさや速さのデータなど、乗りものによってさまざまなデータを掲載しています。

マーク
新幹線のコーナーでは、車両についているマークを紹介しています。

写真
乗りものの姿や、内部がわかりやすい写真を中心に掲載しています。

列車の名前

列車名（路線名）	形式	運行会社
はやぶさ	E5系	（JR東日本）
列車・路線・車両の名前や愛称を表します。新幹線ではおもな運行列車名のみ掲載しています。	写真で紹介している車両の形式を表します。	列車を運行する会社を表します。

列車名や路線名は同じ名前でも「ちがう種類の車両」を使うことがあります。たとえば「かもめ」という九州の特急列車では3種類の車両が使われます。一方、形式はその車両だけについた記号なので、どんな列車や路線に使われていても、特別な塗装や改造をされていなければ、みんな同じ種類の車両です。

＊この本で紹介している乗りものデータは、2017年10月現在のものです。

コラム

乗りもののしくみや、おもしろい乗りものを紹介するコラムページです。

基本データ

コラムで紹介している乗りもののデータです。

DVDマーク

付属のDVDで、乗りものの映像を見ることができます。

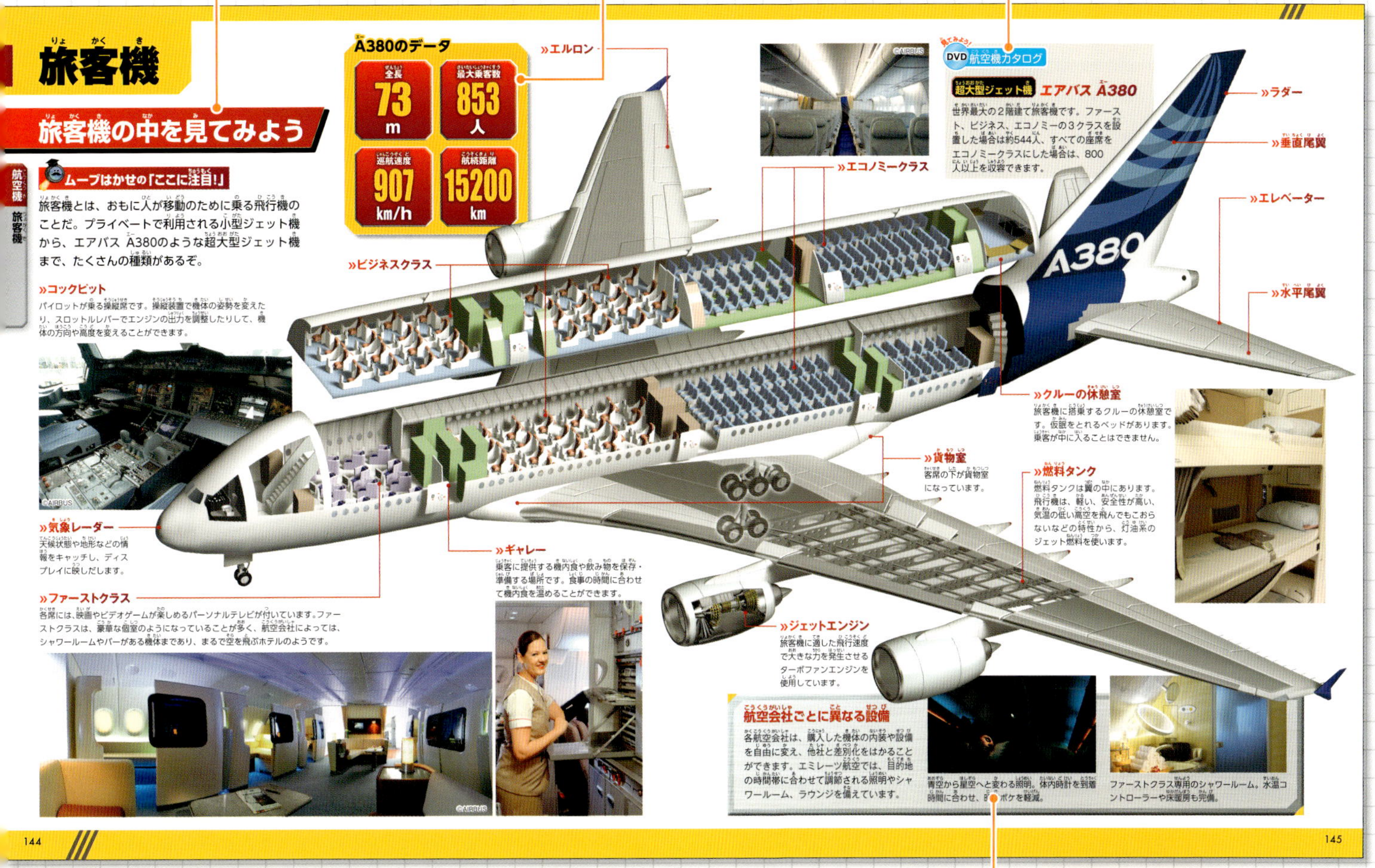

ミニコラム

乗りものに関する、より深い知識が得られるミニコラムです。

おもな単位の記号

長さや距離の単位

1000m=1km

重さの単位

1000kg=1t

速さの単位

km/h 1時間あたりに進む距離を示していて、時速といいます。

マッハ 音と同じ速さがマッハ1です。ジェット機などの速度を表すときに使われます。

ノット 1ノットは1時間に1海里（1852m）進む速さです。船などの速度を表すときに使われます。

その他の単位

TEU（ティーイーユー）
コンテナ船の積載量を示す単位です。くわしくは 175 ページを見てみましょう。

m^3（立方メートル）
体積を示す単位です。

cc
容積を示す記号です。自動車の排気量を表すときに使います。

km/L
燃料1L（リットル）で走る距離のことで、自動車の燃費を表します。

kW（キロワット）
仕事量や電力を示す単位です。1000W＝1kWです。

hp
馬力を示しています。1馬力は1頭の馬が出せる力のことです。

より速く、よりたくさんの人や物を運ぶ！

鉄道の歴史としくみ

ムーブはかせの「ここに注目!」

鉄道とは、鉄でできたレールの上を走る乗りものを利用した交通機関のことだ。たくさんの人や荷物を運ぶことができる鉄道ができたのは200年以上も前。その歴史としくみを追ってみよう。

レールの幅を決めた「鉄道の父」

ジョージ・スチーブンソン

ヨーロッパやアメリカなど、世界で広く使われているレールは「標準軌」とよばれ、２本のレールの幅は1435㎜です。この幅は、「鉄道の父」とよばれるジョージ・スチーブンソンが「ロコモーション号」を走らせた鉄道の線路の幅で、その後の鉄道に大きな影響をあたえました。日本の鉄道でも新幹線や一部の私鉄が、標準軌を採用しています。

歴史

蒸気で動く鉄道のはじまり

蒸気機関車による旅客鉄道が開業したのは、1825年のことです。スチーブンソンの蒸気機関車「ロコモーション号」がイギリスのストックトン～ダーリントンを結びました。

ロコモーション号
»1825年

歴史

日本初の鉄道

イギリスでつくられた蒸気機関車やレールなどを輸入して、1872年に新橋～横浜を結んだのが、日本の鉄道のはじまりです。

150形式蒸気機関車
»1872年

人を運ぶ鉄道のはじまり

世界初の旅客を乗せて走る鉄道

オイスターマスの馬車鉄道
»1807年

しくみ

蒸気で走る鉄道

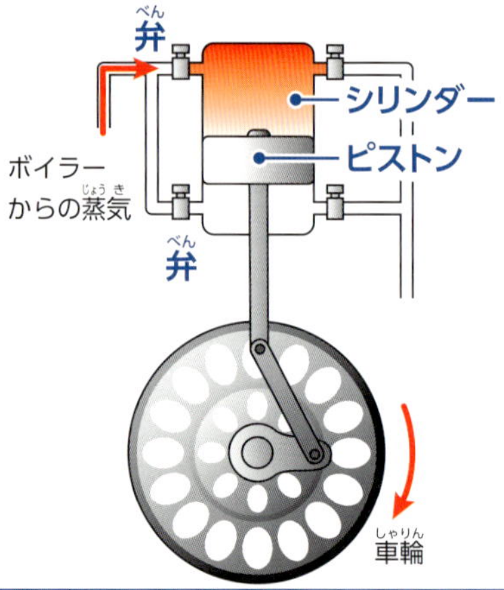

蒸気機関車は、ボイラーで水を蒸発させて蒸気をつくり、シリンダー内を蒸気でいっぱいにして押すようにピストンを動かします。弁を開けたり閉めたりしてシリンダー内の圧力を調節すると、ピストンが動き、その力で車輪がまわります。

電車の誕生

歴史

おもちゃのような世界初の電気機関車

1879年、ドイツのベルリンでおこなわれた博覧会で、人を乗せて動く世界初の電気機関車がおひろめされました。6人乗りの客車3両を引いて走る小さな機関車で、300mのレールを時速7㎞で走りました。これをきっかけに、1881年にはベルリンの郊外で電車の走る鉄道が開通したのです。

「第三軌条方式」(下のしくみを参照)で電気を取って走りました。

世界初の電気機関車
シーメンス社の電気機関車
»1879年

歴史

日本初の電車

日本では1890年の博覧会で電車が登場しました。初の営業運転をはじめた電車は、1895年の京都を走る路面電車で、架線から電気を取って走りました。

日本初の電車
京都市交通局狭軌1型電車
»1895年

しくみ

電車はどこから電気を取るの?

現在の日本の電車の多くは、電車の屋根についたパンタグラフを通じて、架線から電気を取りいれています。その他にも第三軌条方式という、2本のレールの横にもう1本送電用のレールを設置して、そこから電気を取りいれる方式もあります。

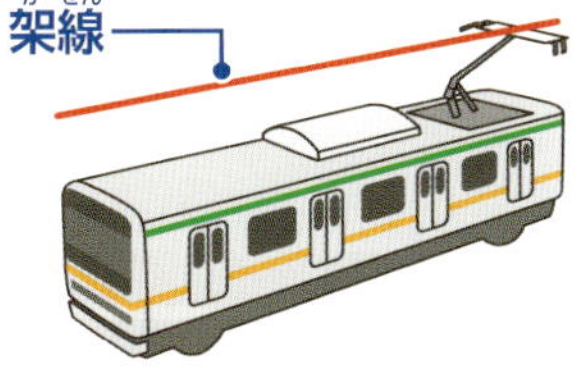

架線から電気を取る電車

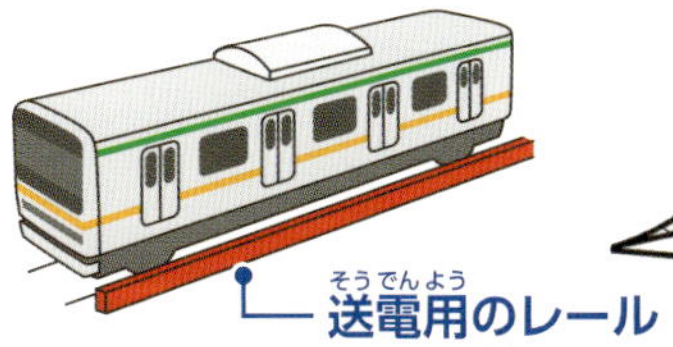

第三軌条方式で電気を取る電車

プロペラがついた鉄道車両!?

鉄道車両のさらなる速度アップや大量輸送をめざして、各国でさまざまな試験機がつくられました。右の写真は1931年にドイツのBMW社によってつくられた、当時の世界最高速度、時速230kmを記録した車両です。

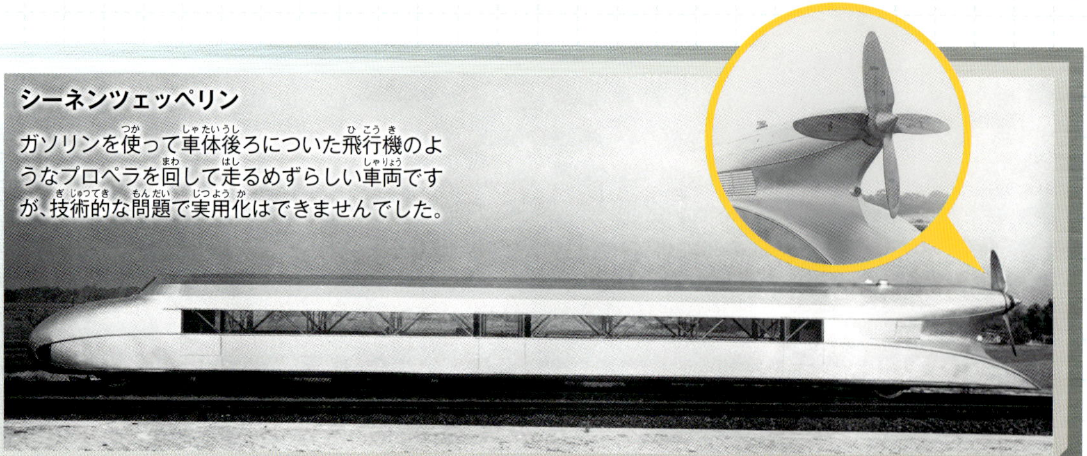

シーネンツェッペリン
ガソリンを使って車体後ろについた飛行機のようなプロペラを回して走るめずらしい車両ですが、技術的な問題で実用化はできませんでした。

歴史

ディーゼルエンジンの登場

1892年にドイツ人のルドルフ・ディーゼルが自分の名をつけたディーゼルエンジンを発明しました。1900年代はじめに実用化されると、蒸気機関車にくらべて乗りごこちのよいディーゼル機関車の列車は世界中に広まり、多くの名車がつくられました。

フリーゲンダー・ハンブルガー（ドイツ）
»1932年

パイオニア・ゼファー号（アメリカ）
»1934年

機関車の巨大化と高速化

世界最速の蒸気機関車
マラード号
»1937年

見てみよう! DVD 蒸気機関車のしくみ（マラード号）

歴史
1938年に時速約203kmを記録。

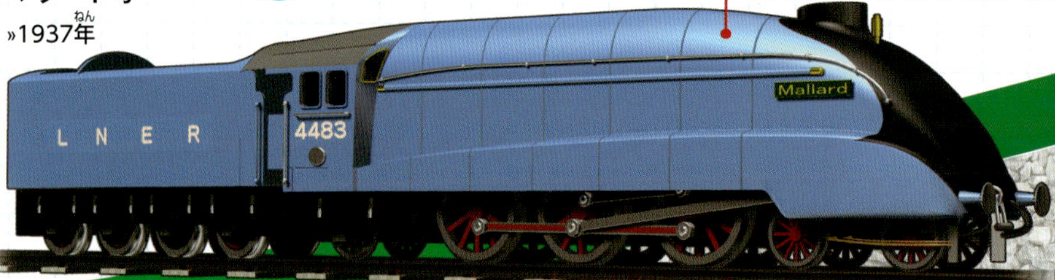

歴史

大量輸送の時代へ

第二次世界大戦がはじまると前線に物資や兵士を運ぶために鉄道が利用され、巨大化された機関車もつくられました。

アメリカの巨大蒸気機関車
ビッグ・ボーイ
（ユニオン・パシフィック鉄道4000形）
»1941年

世界初のディーゼル機関車
ディーゼル=ズルツァー=クローゼ式熱機関車
»1912年

しくみ　新幹線のしくみと特ちょう

新幹線は架線から電気を取りいれて走るので、動くための基本的なつくりは在来線の電車と似ています。在来線の電車との大きなちがいは線路です。新幹線では高いところなどに専用線路がつくられていて、道路と交わらずに走れます。もうひとつは、JR在来線よりも線路の幅が広く、カーブが少ないので時速200km以上出しても安全で快適に走ることができます。

専用の高架

幅が広くカーブが少ない線路

時速200km以上で走行

歴史　リニア開発の歴史

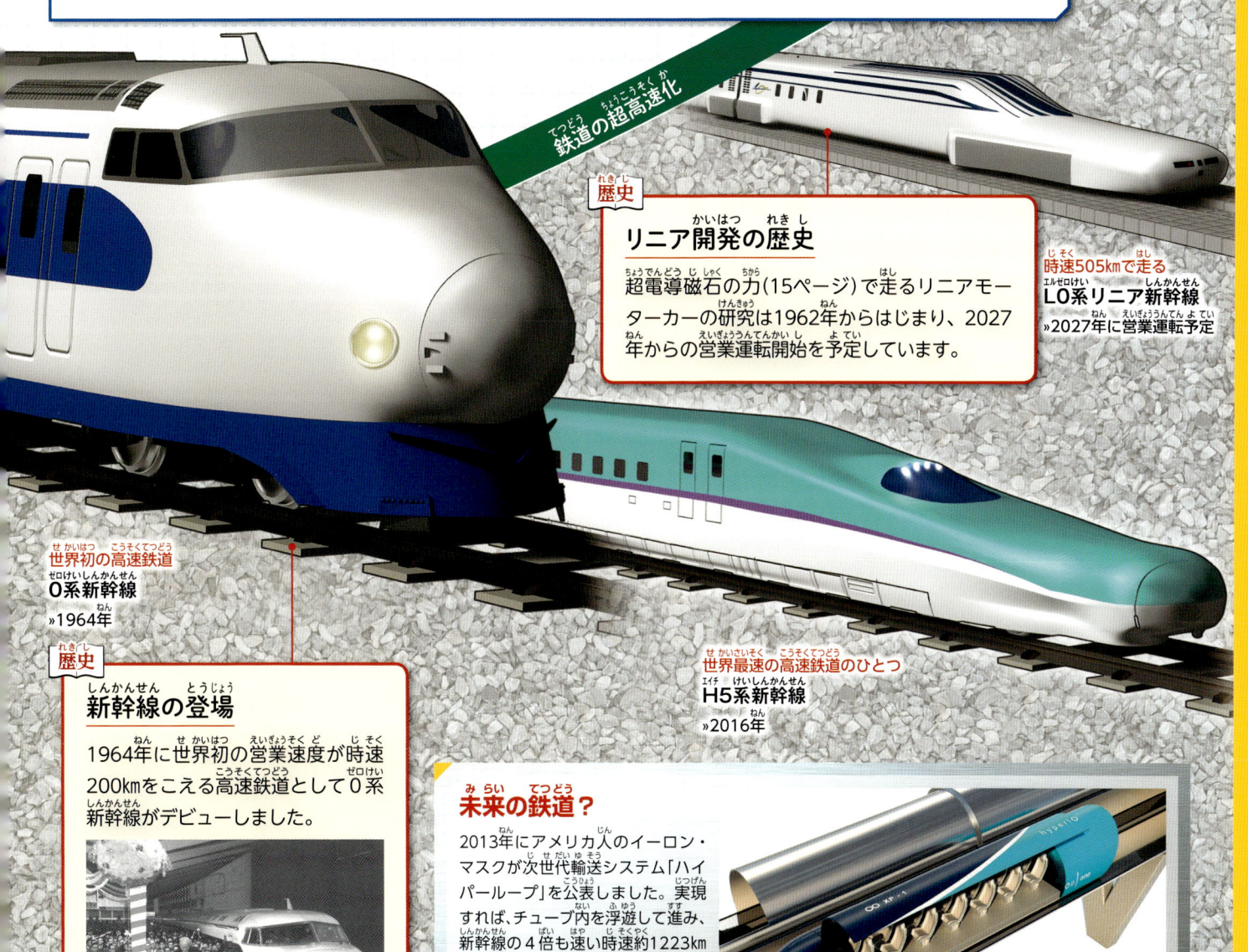

超電導磁石の力（15ページ）で走るリニアモーターカーの研究は1962年からはじまり、2027年からの営業運転開始を予定しています。

時速505kmで走る
L0系リニア新幹線
»2027年に営業運転予定

世界初の高速鉄道
0系新幹線
»1964年

世界最速の高速鉄道のひとつ
H5系新幹線
»2016年

歴史　新幹線の登場

1964年に世界初の営業速度が時速200kmをこえる高速鉄道として0系新幹線がデビューしました。

未来の鉄道？

2013年にアメリカ人のイーロン・マスクが次世代輸送システム「ハイパーループ」を公表しました。実現すれば、チューブ内を浮遊して進み、新幹線の４倍も速い時速約1223kmで移動することができると発表しています。テスト走行がおこなわれ、近いうちに実用化をめざしていることで注目を集めています。

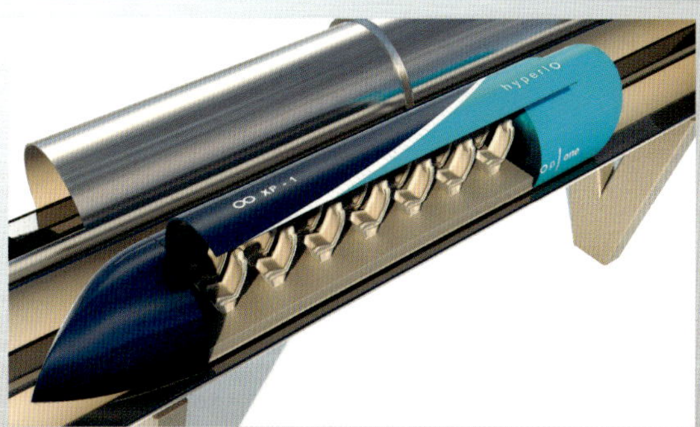

鉄道の速さを比べてみよう

ムーブはかせの「ここに注目!」

日本では、列車の目的によって、さまざまな速さの鉄道が走っているよ。日本でいちばん遅い列車から速い列車まで、最高時速を見てみよう。

日本でいちばん遅い列車

最高時速 15km

景色や食事を楽しむために、遅い速度で走ることが多いのが観光列車です。「潮風号」の最高時速15kmは自転車で走るくらいの速さです。

潮風号

在来線でいちばん速い特急列車

最高時速 160km

普通の列車よりも速く空港や観光地などの目的地につくことができるのが特急列車です。在来線の特急列車のなかでもっとも速いのは成田空港に向かう「スカイライナー」の時速160kmです。

スカイライナー

はやぶさ H5系

こまち E6系

日本でいちばん速い列車

最高時速 320km

日本の鉄道でもっとも速いのは各地方の重要な駅をむすぶ新幹線です。新幹線のなかでも東北地方を走る「はやぶさ」と「こまち」はもっとも速く、最高時速320kmです。

はやぶさ E5系

未来の高速列車

最高時速 **505**km

リニア中央新幹線　L0系（JR東海）

2027年の開業をめざして開発されています。試験走行では、人を乗せて走る鉄道として世界最速の時速603kmを記録しました。実際の運転では最高時速505kmで走る予定です。

»東京～名古屋ルート

リニア中央新幹線が通る予定の路線です。このルートが完成すると、最短40分ほどで東京と名古屋を結ぶことができます。

超電導リニアモーターカーのしくみ

磁石にはN極とS極があり、同じ極同士は反発しあい、ちがう極同士は引きあいます。超電導リニアモーターカーでは、その性質を利用して、「浮上・案内コイル」で車両を10cmほど宙に浮かせています。また、高速で走るときには「推進コイル」を利用して、強力な推進力を得ています。

»超電導コイル

特別な金属を1000回以上まいたコイルです。マイナス269℃に冷やすことで、「超電導」状態になります。この状態のコイルに電流を流すと電流が流れつづけて、強力な磁力を生みだします。

»推進コイルのしくみ

走ってきた車両に合わせて、その部分だけに電流を流して電磁石になります。磁石が反発しあう力と引きあう力で、前に進むための力が生まれます。

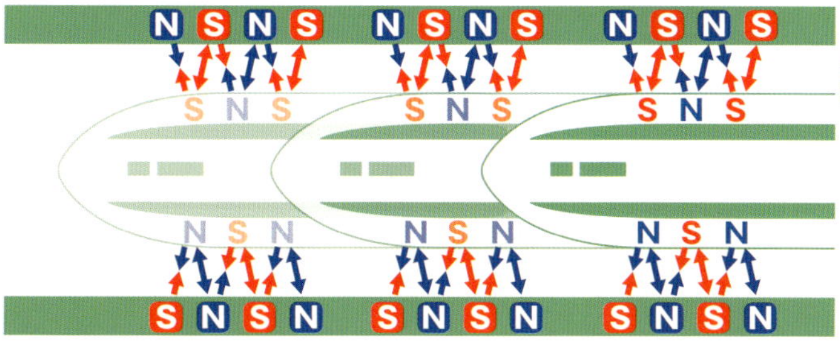

»浮上・案内コイルのしくみ

車両を宙に浮かせて、ガイドウェイ（軌道）の中央を走るようにするはたらきがあります。

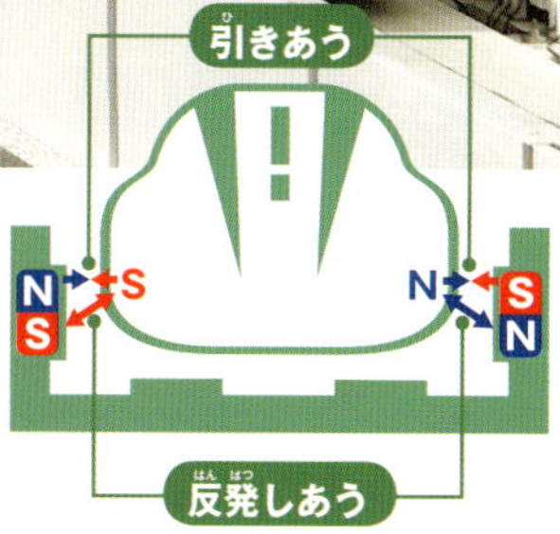

新幹線

ムーブはかせの「ここに注目!」

新幹線はふつうの通勤列車などの２倍以上の速度で走るのりもの。たくさんの人を乗せて、速く、安全に目的地へ向かうぞ！

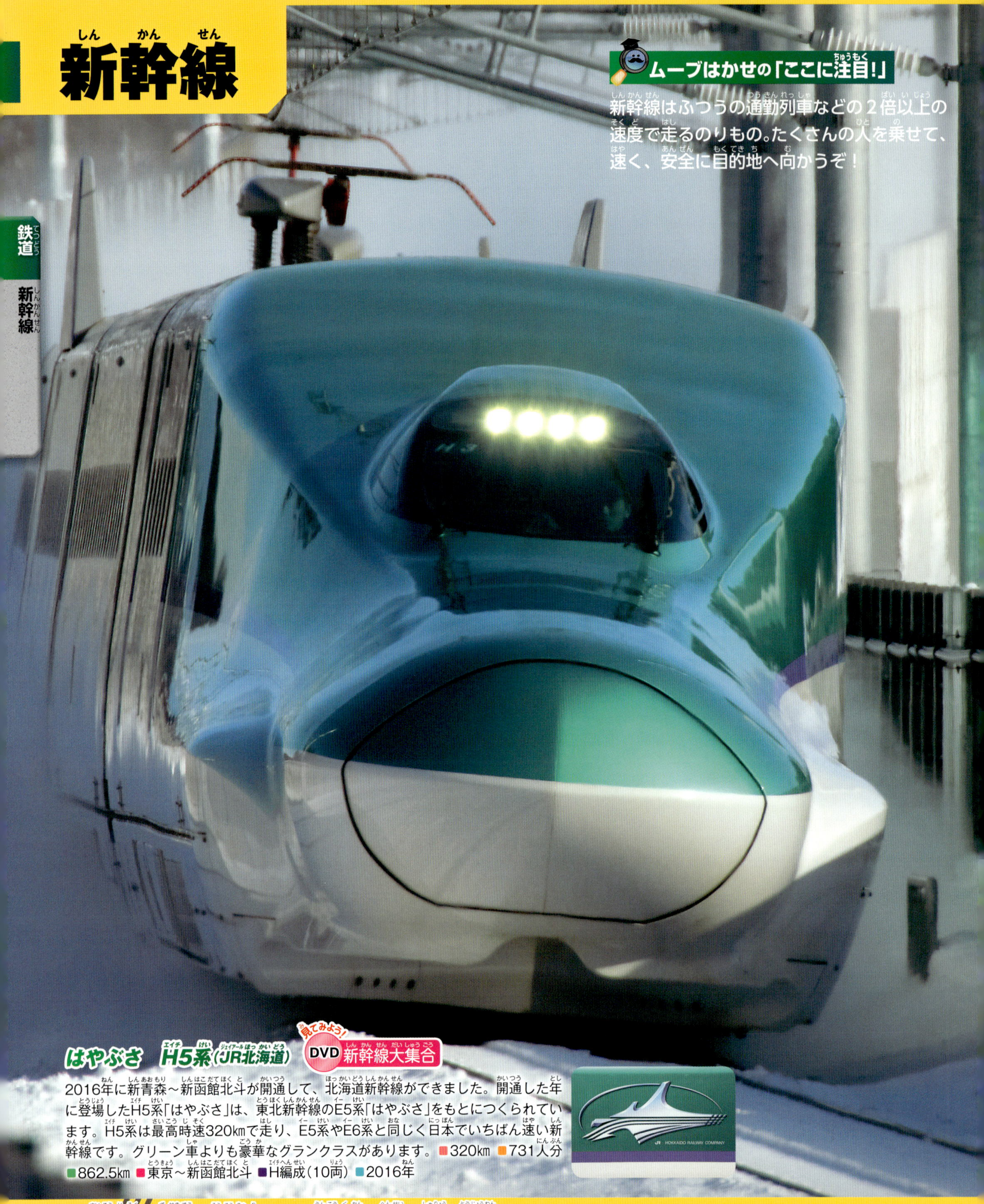

はやぶさ　H5系（JR北海道）

見てみよう！ DVD 新幹線大集合

2016年に新青森～新函館北斗が開通して、北海道新幹線ができました。開通した年に登場したH5系「はやぶさ」は、東北新幹線のE5系「はやぶさ」をもとにつくられています。H5系は最高時速320kmで走り、E5系やE6系と同じく日本でいちばん速い新幹線です。グリーン車よりも豪華なグランクラスがあります。■320km ■731人分 ■862.5km ■東京～新函館北斗 ■H編成（10両） ■2016年

■最高時速 ■座席数 ■走行距離 ■おもな運行区間 ■編成 ■車両の登場年

はやぶさ　E5系（JR東日本）

見てみよう！ DVD 新幹線大集合

E5系は東北新幹線「はやぶさ」としてデビューしました。
H5系「はやぶさ」とは、車体のラインの色などがちがいます。
320km　731人分　713.7km　東京～新青森　U編成（10両）　2011年

»連結器

ノーズの先端を開き、連結器を出します。E6系と連結して走ります。

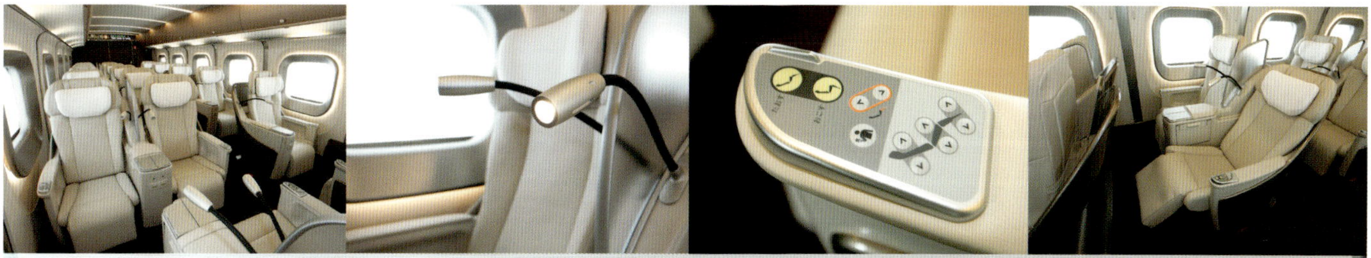

豪華な座席 グランクラス

多くの新幹線には、座席が豪華なグリーン車がありますが、H5系やE5系、E7系、W7系には、グリーン車よりもさらに豪華なグランクラスがあります。アテンダントが食事や飲み物を座席まで運んでくれるなど、特別なサービスが提供されます。

シートは本革製で、最大45度までリクライニングします。シートやレッグレストなどの操作はすべてコントロールパネルのスイッチでおこないます。

日本最速の新幹線同士、H5系やE5系と連結して走ります。

見てみよう！ DVD 新幹線大集合

こまち　E6系（JR東日本）

2013年に登場した赤い車体が特ちょうのミニ新幹線です。H5系やE5系と同じく、最高時速320kmで走ります。秋田地方出身とされる小野小町が愛称の由来です。　320km　336人分　662.6km　東京～秋田　Z編成（7両）　2013年

つばさ　E3系（JR東日本）

見てみよう！ DVD 新幹線大集合

E3系はほかの新幹線よりひと回り小さいので、ミニ新幹線と呼ばれています。2014年に車体の色を塗りかえて、山形県の鳥であるオシドリをイメージしたカラフルな車体になりました。■275km ■394人分 ■421.4km ■東京～新庄 ■L編成（7両）■1999年

鉄道
新幹線

見てみよう！ DVD 新幹線大集合（とき　E2系）

やまびこ　E2系（JR東日本）

ピンクのラインが特ちょうの新幹線です。E2系は「はやて」や「なすの」として走ることもあります。■275km ■814人分 ■535.3km ■東京～盛岡 ■J編成（10両）■1997年

見てみよう！ DVD 新幹線大集合（Maxたにがわ　E4系）

Maxとき　E4系（JR東日本）

すべての車両が2階建ての新幹線です。新潟県の鳥、トキがマークにえがかれています。朝や夕方のお客さんが多い時間には同じE4系と連結して16両編成で走ります。■240km ■817人分 ■333.9km ■東京～新潟 ■P編成（8両）■2001年

■最高時速 ■座席数 ■走行距離 ■おもな運行区間 ■編成 ■車両の登場年

見てみよう! DVD 新幹線大集合

かがやき　E7系（JR東日本）・W7系（JR西日本）

2015年に金沢まで開業した北陸新幹線を走るためにつくられました。「かがやき」と「はくたか」は東京～金沢を、「つるぎ」は富山～金沢を結んでいます。E7系はJR東日本の新幹線、W7系はJR西日本の新幹線です。豪華なグランクラスがあります。■260㎞ ■934人分 ■450.5㎞ ■東京～金沢 ■F編成（E7系）・W編成（W7系）（12両） ■2014年（E7系）、2015年（W7系）

電動台車のしくみ

車体をささえて走る装置です。車両の前後に1台ずつあります。カーブを高速でスムーズに走るために、台車は車体に固定されていません。

»空気ばね
車体と台車の間にあります。空気のはたらきを利用して車体の上下のゆれをおさえます。

»ブレーキ
高速で走っているときに地震がおきても、短い時間で停止できます。1台の台車に4つついています。

»ヨーダンパ
台車のゆれをおさえます。

»脱線防止ガイド
車輪がレールから大きく外れないための工夫です。1台の台車に4つついています。

»車輪
高速回転にたえられるじょうぶな車輪です。

»モーター
車輪を回す動力源です。ふつうの電車よりも出力が大きく、音のしずかな交流モーターです。E7系やW7系には、40基ついています。

のぞみ　N700A（JR東海・JR西日本）

見てみよう！ DVD 新幹線大集合

日本でいちばん長い距離を走る新幹線です。N700Aは2013年にN700系を改良して登場しました。Aは「Advanced（進歩・前進）」という意味です。「ひかり」や「こだま」としても走ります。
■300km ■1323人分 ■1174.9km ■東京～博多
■G・F・X・K編成（16両）
■2013年

こだま　700系（JR東海・JR西日本）

JR東海とJR西日本が共同で開発した車両です。300系をもとにしてつくられました。アヒルのくちばしのような先頭車両が特ちょうです。
■285km ■1323人分 ■366km ■東京～名古屋
■C・B編成（16両） ■1999年

見てみよう！ DVD 新幹線大集合

こだま　500系（JR西日本）

飛行機のようにとがった先頭車両と丸い車体が特ちょうです。1997年に「のぞみ」として登場し、いまは「こだま」として走っています。■285km ■557人分 ■622.3km ■新大阪～博多 ■V編成（8両） ■2008年

ひかりレールスター　700系（JR西日本）

山陽新幹線用につくられた車両です。車体は「こだま」と同じ700系ですが、両数や色、車内の設備などにちがいがあります。■285km ■571人分 ■622.3km ■新大阪～博多 ■E編成（8両） ■2000年

つばめ　新800系（JR九州）

見てみよう！ DVD 新幹線大集合

新八代～鹿児島中央の間を走っていた800系「つばめ」を2009年に新しく改良した車両です。線路や架線を検査しながら走ることができる車両もあります。■260km ■384人分 ■118.4km ■博多～熊本 ■U編成（6両） ■2009年

みずほ　N700系（JR西日本・JR九州）

見てみよう！ DVD 新幹線大集合

九州新幹線の急な坂のある場所を走るために、すべての台車にモーターがついています。普通車の指定席もグリーン車と同じ2列シートなので、ゆったりと座ることができます。「さくら」としても走ります。■300km ■546人分 ■911.2km ■新大阪～鹿児島中央 ■S・R編成（8両） ■2011年

新幹線の安全を守るドクター

東海道・山陽新幹線では、ときどき、この黄色い車両が走っています。「ドクターイエロー」は、走行しながら線路や架線などを検査できます。先頭車両のライトの下についたカメラで線路を、屋根側についたカメラで架線を撮影して、計測したデータをもとに、それぞれに異常がないかを確認しています。線路や架線の健康状態を見きわめる「ドクターイエロー」は、「新幹線のお医者さん」とも呼ばれています。

見てみよう！ DVD 新幹線大集合

ドクターイエロー
923形（JR東海・JR西日本）

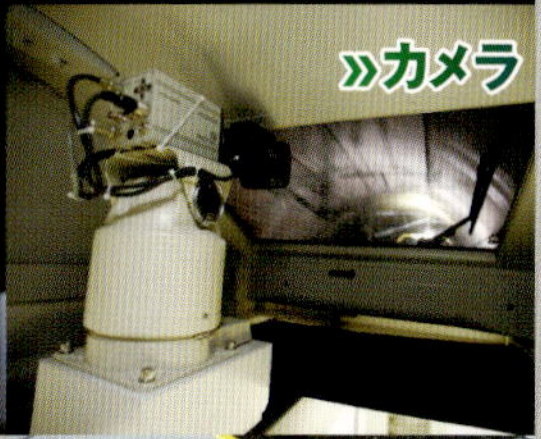

見てみよう！ DVD 新幹線大集合

East-i　E926形（JR東日本）

「イーストアイ」は北海道・東北・山形・秋田新幹線と上越・北陸新幹線を検査する車両です。「ドクターイエロー」と同じく、線路や架線などを検査します。E3系をもとにつくられているので、ミニ新幹線の区間を検査することもできます。

特急列車

ムーブはかせの「ここに注目!」

旅行や仕事などで遠くへ移動するときに、特急列車に乗れば目的地へと早く着くことができるぞ。個性あふれる列車の愛称と見た目に注目してみよう!

見てみよう! DVD ご当地特急大集合(カムイ)

ライラック　789系(JR北海道)

ビジネスマンが多く利用する区間を走る特急です。同じ区間を789系のデザインがちがう特急「カムイ」も走っています。■120㎞ ■345人分 ■136.8㎞ ■札幌～旭川 ■6両 ■2017年

見てみよう! DVD ご当地特急大集合

スーパーおおぞら　キハ283系(JR北海道)

急カーブが多いところを走るので、「振り子式」の車両を使用しています。カーブでもスピードを落とさずに走ることができます。
■110㎞ ■363人分 ■348.5㎞ ■札幌～釧路 ■7両 ■1997年

見てみよう! DVD ご当地特急大集合

スーパー北斗　キハ261系(JR北海道)

カーブでもスピードを落とさずに走れる「振り子式」のディーゼル特急で、キハ281系でも運転されています。北海道南部のうつくしい景色が楽しめます。 ■120㎞ ■250人分 ■318.7㎞ ■函館～札幌 ■7両 ■2016年

いなほ　E653系(JR東日本)

日本海の夕日をイメージしたカラーが特ちょうです。グリーン車の座席は、ほかのJR東日本の特急より、ゆったりとしたつくりです。
■120㎞ ■428人分 ■168.2㎞ ■新潟～酒田など ■7両 ■2013年

»車内 天井が高く、ドーム型になっています。

スカイライナー　AE形（京成電鉄）

最高時速160kmで走る、在来線では最速の特急です。成田スカイアクセス線を経由し、京成上野～成田空港を結びます。「風」がコンセプトのシャープで疾走感のあるデザインです。■160km ■398人分 ■69.3km ■京成上野～成田空港 ■8両 ■2010年

ひたち　E657系（JR東日本）

水戸の梅の花をイメージしたピンク色のラインが特ちょうです。座席にはコンセントがついていて、パソコンなどを利用することができます。
■130km ■600人分 ■222.0km ■品川など～いわき ■10両 ■2015年

見てみよう！ DVD ご当地特急大集合

スーパービュー踊り子　251系（JR東日本）

ハイデッカーもしくはダブルデッカー車両です。大きな窓の展望席やグリーン個室、プレイルームなど、さまざまな設備があります。■120km ■497人分 ■167.2km ■東京など～伊豆急下田 ■10両 ■1990年

»展望席

1号車は2階建て車両のグリーン車です。2階には展望席があります。

»プレイルーム

東京寄りの先頭車両の1階は子どもが遊べるプレイルームになっています。

スーパーはこね　50000形（小田急電鉄）

いちばん前と後ろの車両に展望席がある、人気のロマンスカーです。50000形は「VSE」と呼ばれ、豪華な車内設備があります。■110km ■358人分 ■88.6km ■新宿～箱根湯本 ■10両 ■2005年

»展望席

先頭車両の展望席からは目の前に景色が広がって見えるので、運転士になったような気分を味わえます。

リバティけごん　500系（東武鉄道）

各座席にコンセントがあり、車内では無料でWi-Fiを使うことができます。観光にも通勤にも便利な特急です。■120km ■161人分 ■135.5km ■浅草～東武日光 ■3両 ■2017年

（ワイドビュー）しなの　383系（JR東海）

見てみよう! DVD ご当地特急大集合

カーブでもスピードを落とさずに走れる「振り子式」の車両です。窓が大きく視界が広いことから、「ワイドビュー」という名前がつきました。■130km ■355人分 ■250.8km ■名古屋～長野 ■6両 ■1996年

ミュースカイ　2000系（名古屋鉄道）

中部国際空港セントレアの開港に合わせて登場しました。名鉄名古屋～中部国際空港を最速28分で結びます。■120km ■181人分 ■69.4km ■新鵜沼など～中部国際空港など ■4両 ■2005年

»グリーン車　先頭車両はグリーン車で座席が大きく、眺めがよいです。

見てみよう! DVD ご当地特急大集合

サンダーバード　683系（JR西日本）

北陸地方を走る代表的な特急です。運転本数が多いので、観光やビジネスに幅広く利用されています。■130km ■536人分 ■267.6km ■大阪～金沢など ■9両 ■2009年

見てみよう! DVD ご当地特急大集合

ワイドビューひだ　キハ85系（JR東海）

急な山道でも速度を落とさずに走れるよう、強力なエンジンを積んでいます。窓が大きく、川や山の景色を楽しむことができます。■120km ■230人分 ■166.7km ■名古屋など～高山など ■4両 ■1989年

しまかぜ 50000系（近畿日本鉄道）

先頭車は、大きなガラス窓が特ちょうの展望車両です。車体の青と白のカラーリングは、伊勢志摩の晴れやかな空をイメージしています。■130km ■138人分 ■195.2km ■京都など～賢島 ■6両 ■2013年

»プレミアムシート

すべての座席が3列のプレミアムシートです。座席の間隔は私鉄の車両のなかでいちばん広くつくられています。

ラピート 50000系（南海電気鉄道）

ラピートとは、ドイツ語で「速い」という意味です。変わった形の先頭部と青い車体が特ちょうで人気があります。■120km ■252人分 ■42.8km ■難波～関西空港 ■6両 ■1994年

見てみよう！ DVD ご当地特急大集合

はしだて 287系（JR西日本）

日本三景のひとつ、天橋立へ観光客を送り届けるのがおもな役割です。WILLER TRAINSのKTR8000形も「はしだて」として走っています。■130km ■220人分 ■123.3km ■京都～天橋立など ■4両 ■2015年

くろしお 283系（JR西日本）

京阪神と南紀方面を結ぶ観光特急の役割を担っています。283系は「オーシャンアロー」とも呼ばれています。景色が楽しめる展望ラウンジもついています。■130km ■342人分 ■276.8km ■新大阪～新宮 ■6両 ■1996年

»サンライズツイン

2つのベッドが並んでいる個室です。ほかにも1人用のフラットシートが並ぶノビノビ座席があります。

見てみよう! DVD ご当地特急大集合（サンライズ瀬戸）

サンライズ出雲 285系（JR東海・JR西日本）

東京～高松を、「サンライズ瀬戸」としても走る、日本でゆいいつ定期運行している寝台列車です。車内は木のぬくもりを活かしたインテリアが特ちょうです。■130km ■150人分 ■953.6km ■東京～出雲市 ■7両 ■1998年

見てみよう! DVD ご当地特急大集合

南風　2000系（JR四国）

「振り子式」のディーゼルカーです。「しまんと」や「うずしお」と連結して走る列車や、アンパンマンのラッピングをした列車もあります。
■120km ■154人分 ■179.3km ■岡山～高知など ■3両 ■1990年

見てみよう! DVD ご当地特急大集合

スーパーはくと　HOT7000系（智頭急行）

日本の神話「因幡の白兎」が愛称の由来です。智頭急行という第三セクターの特急で、快適に旅を楽しむためのさまざまな設備が人気です。
■130km ■248人分 ■293.3km ■京都～倉吉など ■5両 ■1994年

見てみよう! DVD ご当地特急大集合

いしづち　8600系（JR四国）

ほとんどの列車が宇多津や多度津から松山まで「しおかぜ」と連結して走ります。8600系のデザインは昔のよいところを取り入れつつ、未来を意識した「レトロフューチャー」がコンセプトです。■130km ■101人分 ■194.4km ■高松～松山 ■2両 ■2014年

見てみよう! DVD ご当地特急大集合

やくも　381系（JR西日本）

先頭車両はパノラマ型のグリーン車で眺めがよく、人気があります。座席の座り心地がよいことから「ゆったりやくも」とも呼ばれています。■120km ■206人分 ■220.7km ■岡山～出雲市 ■4両 ■1982年

ハウステンボス　783系（JR九州）

列車と同じ名前のテーマパークへ行く人を運ぶための特急です。2017年に車体のデザインが新しくなりました。■130km ■219人分 ■112.8km ■博多～ハウステンボス ■4両 ■2000年

885系の白い「ソニック」。

ソニック　883系（JR九州）

見てみよう！ DVD ご当地特急大集合

ブルーメタリックで奇抜なデザインが人気の特急です。車内にはいろいろな設備があります。885系の「白いソニック」もあります。■130km ■349人分 ■200.1km ■博多～大分など ■7両 ■1997年

九州横断特急　キハ185系（JR九州）

長い時間をかけて九州の真ん中を東へ西へ横断します。短い2両編成の列車です。■110km ■116人分 ■148km ■熊本～別府 ■2両 ■2004年

見てみよう！ DVD ご当地特急大集合

かもめ　885系（JR九州）

カーブでも速度を落とさずに走ることができる「振り子式」の特急です。白いボディに飛行機のような顔が特ちょうです。■130km ■302人分 ■153.9km ■博多など～長崎など ■6両 ■2000年

見てみよう！ DVD ご当地特急大集合

ゆふいんの森　キハ72系（JR九州）

座席が高いところにあり窓も大きいので、車内からの眺めはばつぐんです。大分県にある由布岳という山のそばを走ります。■120km ■206人分 ■134.8km ■博多～由布院 ■4両 ■1999年

»白いくろちゃんシート

»木のプール

»3号車

3号車はファミリー車両になっていて、親子で楽しく過ごすことができます。

あそぼーい！　キハ183系（JR九州）

阿蘇山の雄大な景色を眺めることができる特急です。3号車のファミリー車両は子どもたちがあそべる工夫がたくさんあり、親子で楽しめる特急です。■120km ■127人分 ■53.4km ■熊本～宮地 ■4両 ■2011年

普通・快速列車

ムーブはかせの「ここに注目!」

おもに仕事や学校へ向かうときに使われるもっとも身近な鉄道だ。JRのほかにも日本全国に、さまざまな私鉄があるよ！

飯山線 キハ110系(JR東日本)

飯山線の沿線は雪がたくさん降ることが多い地域です。路線には日本でいちばん雪が積もった駅として有名な森宮野原があります。■96.7km ■豊野～越後川口 ■2両 ■ディーゼル

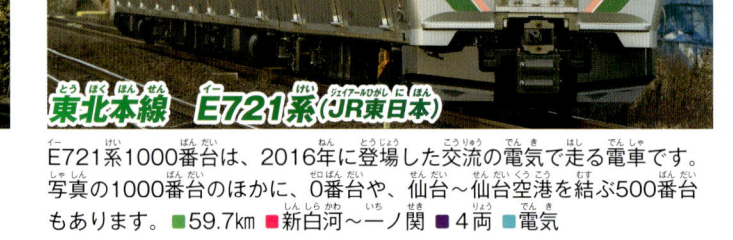

はこだてライナー 733系(JR北海道)

北海道新幹線の新青森～新函館北斗が開業するのにともなって、新函館北斗～函館を結ぶためにつくられた列車です。■17.9km ■函館～新函館北斗 ■3両 ■電気

東北本線 E721系(JR東日本)

E721系1000番台は、2016年に登場した交流の電気で走る電車です。写真の1000番台のほかに、0番台や、仙台～仙台空港を結ぶ500番台もあります。■59.7km ■新白河～一ノ関 ■4両 ■電気

山手線 E235系(JR東日本)

山手線は環状線ですが、品川～田端が正式な区間で、田端～東京は東北本線、東京～品川は東海道本線の区間です。じつは、ひとつなぎの円ではありません。■20.6km ■品川～田端 ■11両 ■電気

高崎線 E233系(JR東日本)

E233系は関東でよく目にする車両です。高崎線のほかにも埼京線や京浜東北線、中央本線など、さまざまな路線をさまざまな色の車両が走ります。■74.7km ■大宮～高崎 ■15両 ■電気

■路線の距離 ■路線の区間 ■編成 ■車両の動力

東横線　5000系（東京急行電鉄）

2013年３月に渋谷駅が地下化し、東京メトロ副都心線や東武東上線、西武池袋線との相互直通運転をおこなっています。
■24.2km ■渋谷～横浜 ■８両 ■電気

本線　2100形（京浜急行電鉄）

2000形にかわり登場した車両です。普通列車から快特まで幅広くかつやくしています。■56.7km ■泉岳寺～浦賀 ■８両 ■電気

快速みえ　キハ75系（JR東海）

ビジネスや観光で幅広く利用されている快速列車です。電化区間と非電化区間を走るため、ディーゼルカーで走っています。■122.5km ■名古屋～鳥羽など ■４両 ■ディーゼル

大阪環状線　323系（JR西日本）

大阪を代表する路線で、環状線という名前のとおり、円をえがくように大阪をぐるっとまわっています。323系は2016年に登場したばかりの新しい車両です。■21.7km ■大阪～大阪 ■８両 ■電気

予讃線　7200系（JR四国）

瀬戸内海沿いを走る、四国でいちばん長い路線です。7200系は、国鉄時代の121系を改良した車両です。■114.3km ■高松～伊予西条 ■２両 ■電気

天神大牟田線　3000形（西日本鉄道）

2006年に登場した、西日本鉄道初のステンレス車両です。ステンレス車両は軽い車体が特ちょうです。まるみのある顔をしています。■74.8km ■西鉄福岡（天神）～大牟田 ■５両 ■電気

山陽本線　227系（JR西日本）

東海道本線を神戸から引きつぎ、九州の門司へと結ぶ一大幹線です。227系は「Red Wing（赤いつばさ）」という愛称で呼ばれています。
■213.2km ■福山～徳山 ■２両 ■電気

筑豊本線　BEC819系（JR九州）

「DENCHA」の愛称のBEC819系は2016年に登場しました。蓄電池の力でも走ることができる、環境にやさしい車両です。■24.8km ■若松～直方 ■２両 ■電気

ジョイフルトレイン

ムーブはかせの「ここに注目!」

ジョイフルトレインは、列車に乗ることそのものを楽しむためののりもの。眺めのよい場所をゆっくり走ったり、車内で食事をしたり、さまざまな楽しみ方があるぞ!

展望車

展望車にはベンチ席とボックス席があり、窓も広くつくられています。

くしろ湿原ノロッコ号　DE10形（JR北海道）

釧路川に並行するようにして走るトロッコ列車です。510系客車4両をDE10形のディーゼル機関車が引きます。釧路湿原など、北海道の雄大な自然の景色を楽しむことができます。■265人分 ■27.2km ■釧路～塘路 ■5両 ■1989年

黒部峡谷トロッコ電車　EDR形（黒部峡谷鉄道）

黒部峡谷鉄道は黒部峡谷の発電施設をつくるために、資材や作業員を乗せて運ぶ専用路線でした。その後、観光地化が進み、資材を運ぶ車両を改良したトロッコ列車が登場しました。平均時速15kmで走るので、まわりの景色をゆっくり眺めることができます。■不定 ■20.1km ■宇奈月～欅平 ■13両 ■2011年

普通客車　特別客車　リラックス客車

»トロッコ列車の客車　黒部峡谷トロッコ電車で使われている客車は全部で5種類あります。そのなかでも代表的なものは、窓がない普通客車、4人がけシートの特別客車、3人がけシートのリラックス客車です。

 ■座席数 ■走行距離 ■おもな運行区間 ■編成 ■車両の登場年

えちごトキめきリゾート雪月花　ET122形（えちごトキめき鉄道）

新潟県の鉄道会社が運行するジョイフルトレインです。車体の資材や車内で提供される料理の食材など、多くに新潟県のものを使用しています。■45人分 ■103.8km ■糸魚川～上越妙高 ■2両 ■2016年

52席の至福　52型（西武鉄道）

秩父の四季と荒川の水の流れを表現したデザインの車両です。車内にある52席で有名シェフの料理や沿線の景色を楽しむことができます。■52人分 ■76.8km ■池袋など～西武秩父 ■4両 ■2016年

四国まんなか千年ものがたり　キハ185系（JR四国）

「おとなの遊山（弁当をもって野山で遊ぶこと）」をコンセプトにつくられた、四国の自然風景や料理を楽しむことができる列車です。■57人分 ■65.5km ■多度津～大歩危 ■3両 ■2017年

フジサン特急　8000系（富士急行）

富士山の景色を楽しむための列車です。先頭車両には大きく口を開けた富士山のキャラクターがえがかれているほか、車体のいろいろな場所に絵がえがかれています。■150人分 ■26.6km ■大月～河口湖 ■3両 ■2014年

潮風号　DB10形（平成筑豊鉄道）

約2kmの区間を最高時速15kmでゆっくりと走るトロッコ列車です。休止になっていた路線を観光客向けに復活させました。■100人分 ■2.1km ■九州鉄道記念館～関門海峡めかり ■4両 ■2009年

楽しいジョイフル新幹線！

ムーブはかせの「ここに注目!」

新幹線の路線を走るジョイフルトレインにも注目だ！世界ではじめての足湯や現代美術を楽しめる新幹線の中をのぞいてみよう。

とれいゆ つばさ　E3系（JR東日本）

2014年に登場した、新幹線初のリゾート列車です。足湯やバーカウンターがあり、くつろぎながら旅を楽しめます。■143人分 ■148.6km ■福島～新庄 ■6両 ■2014年

見てみよう! DVD 新幹線大集合

景色を眺めながら足湯を楽しむことができます。飲みものや食べものを買って飲食をするスペースもあります。

見てみよう！
DVD 新幹線大集合

GENBI SHINKANSEN（現美新幹線） E3系（JR東日本）

上越新幹線の越後湯沢～新潟を走る列車です。E3系をもとにつくられました。車内では現代アートを楽しめるほか、子どものためのキッズスペースがあります。■105人分 ■134.7km ■越後湯沢～新潟 ■6両 ■2016年

指定席はおしゃれな黄色のシートです。子どものためのキッズスペースではプラレールを使ってあそぶことができます。

»作品の展示スペース

車内にはさまざまな現代アーティストの作品が展示されています。

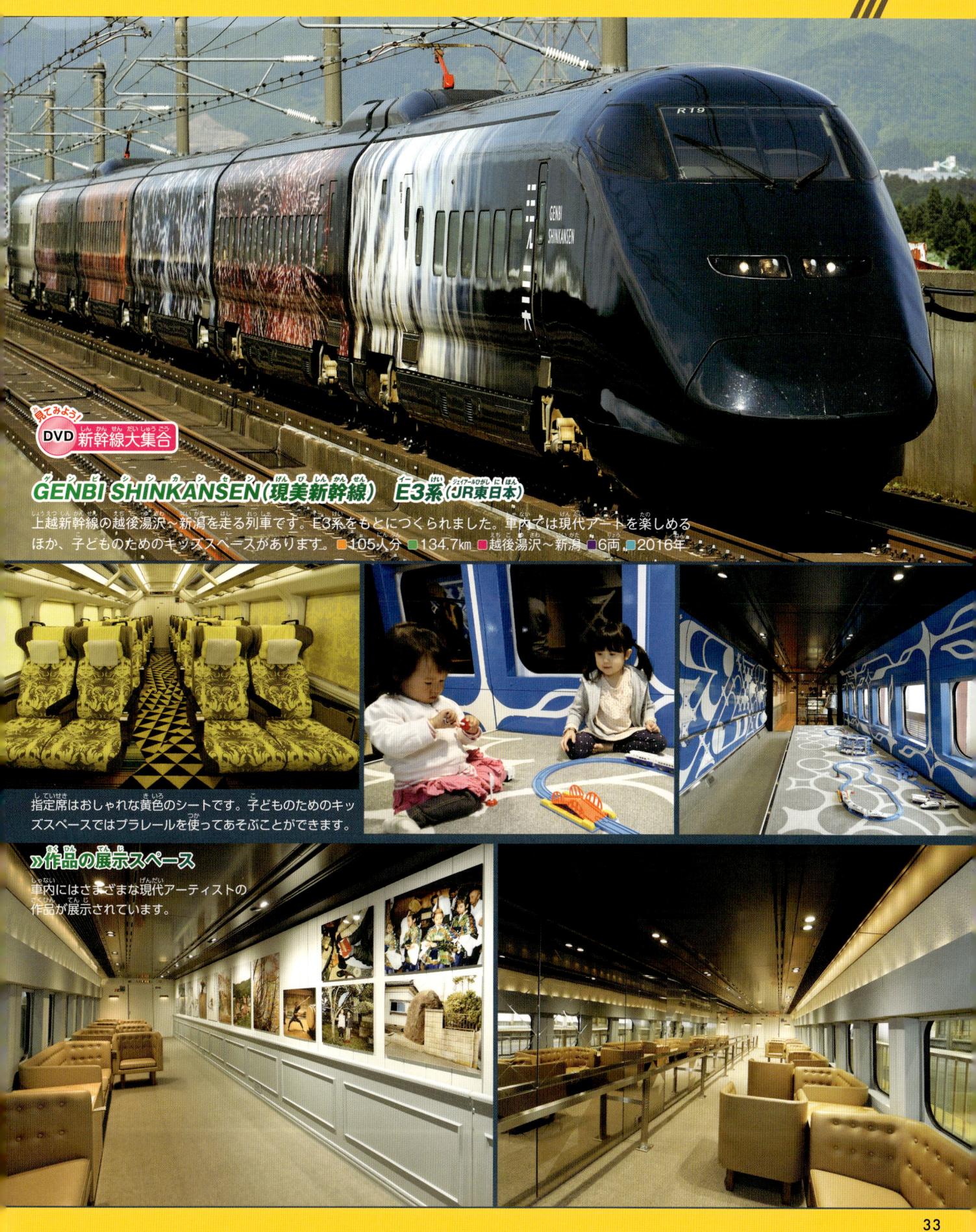

地下鉄

ムーブはかせの「ここに注目!」

都市の地下を走る地下鉄は、普通列車や快速列車のように仕事や学校へ向かう人たちに多く利用される鉄道だ。路線によっては地上を走ることもあるぞ!

1号線　3000V形（横浜市交通局）

1号線と3号線を合わせて「ブルーライン」と呼んでいます。架線から電気を取るのではなく、通常のレールの横にある3本目のレールから電気を取りこむ「第三軌条方式」を採用しています。■19.7km ■関内～湘南台 ■6両 ■電気

東西線　2000系（仙台市交通局）

2015年12月に開業した新しい地下鉄です。リニアモーターを使って鉄の車輪を動かす「鉄輪式リニアモーター」を採用しています。この方式の車両は、通常よりもひとまわり小さくつくることができるため、「ミニ地下鉄」とも呼ばれています。■13.9km ■八木山動物公園～荒井 ■4両 ■電気

銀座線　1000系（東京地下鉄）

銀座線は日本で最初に開通した地下鉄です。1000系の外観はその当時の列車をまねてつくられました。「第三軌条方式」（11ページ）が採用されているので、パンタグラフがありません。
■14.3km ■浅草～渋谷 ■6両 ■電気

南北線　5000形（札幌市交通局）

札幌で最初に開通した地下鉄です。「第三軌条方式」で電気を取りこむほか、中央にあるレールをまたいでゴムタイヤで走る「中央案内軌条方式」が採用されています。
■14.3km ■麻生～真駒内 ■6両 ■電気

大江戸線　12-600形(東京都交通局)

日本で営業している地下鉄の駅でいちばん深い地点にある駅、六本木があります。リニアモーターを使って鉄の車輪を動かす「鉄輪式リニアモーター」を採用しています。■40.7km ■都庁前～光が丘 ■8両 ■電気

名城線　2000形(名古屋市交通局)

2004年に全線が開業し、日本の地下鉄ではじめての環状線となりました。「右回り」や「左回り」という表示で列車の案内がされています。先頭車両前面の曲面ガラスが特ちょうです。■26.4km ■金山～金山 ■6両 ■電気

烏丸線　10系(京都市交通局)

京都ではじめて開業した地下鉄です。1997年に国際会館まで路線がのびました。竹田からは近鉄京都線に乗り入れています。■13.7km ■国際会館～竹田 ■6両 ■電気

御堂筋線　30000系(大阪市交通局)

大阪ではじめて開業した地下鉄です。御堂筋という大きな道路の地下を通っていることから、この路線名がつけられました。■24.5km ■江坂～中百舌鳥 ■10両 ■電気

西神延伸線　3000形(神戸市交通局)

西神延伸線はすべての区間が地上にある、地下鉄ではゆいいつの路線です。VVVFインバータを採用するなど、省電力化をはかっています。■9.4km ■名谷～西神中央 ■6両 ■電気

空港線　2000系(福岡市交通局)

地下鉄ではじめてワンマン運転をおこなった路線です。列車の運転を自動化した「ATO(自動列車運転装置)」が使われています。■13.1km ■姪浜～福岡空港 ■6両 ■電気

路面電車

ムーブはかせの「ここに注目!」

路面電車の路線は車が走っている道路にレールが敷かれているよ。駅間が短く、バスのように街の施設をつないで走る路線が多いぞ！

城南線　D1形（伊予鉄道）

明治時代に走っていたSLをモデルにしてつくられた人気の列車です。夏目漱石の小説『坊っちゃん』に登場したことから「坊っちゃん列車」という愛称で呼ばれています。■3.5km ■道後温泉～西堀端 ■3両 ■ディーゼル

本線　30形（函館市企業局）

除雪車両「ササラ電車」として使用していた1910年製の車両を、製造当時のすがたに復元しました。「箱館ハイカラ號」と呼ばれて親しまれています。
■2.9km ■函館どつく前～函館駅前 ■1両 ■電気

線路が交差する鉄道

別々の路線の線路が十字に交差するという、全国でもめずらしい場所が伊予鉄道の大手町電停付近にあります。高浜線の郊外電車が通るときには踏切がなり、大手町線の市内電車は一時停止して衝突しないようにしています。

荒川線　8900形（東京都交通局）

都電としてのこっているゆいいつの路線です。荒川線には最新型のものから昭和初期をイメージしたものまで、さまざまな車両が走っています。
■12.2km ■三ノ輪橋～早稲田 ■1両 ■電気

福武線　F1000形（福井鉄道）

路面電車と鉄道の車両が同じ線路を走るめずらしい路線です。ホームの高さを路面電車に合わせているので、乗降口の高い鉄道線の車両にはステップがつけられています。■21.4km ■越前武生～田原町 ■3両 ■電気

阪堺線　モ161形（阪堺電気軌道）

モ161形は日本で定期運行されている路面電車のなかで、いちばん古い車両です。1928年に登場してから、現在まで走りつづけています。■14.1km ■恵美須町～浜寺駅前 ■1両 ■電気

清輝橋線　9200型（岡山電気軌道）

昔話の「桃太郎」と、岡山の名産である桃から「MOMO」という愛称がついた超低床車両の路面電車です。■1.6km ■柳川～清輝橋 ■2両 ■電気

横川線　1000形（広島電鉄）

「グリーンムーバーLEX」という愛称の車両です。「グリーンムーバーマックス」よりも全長が短いので、横川線をはじめ、広島電鉄のすべての路線を走ることができます。■1.4km ■十日市町～横川駅 ■3両 ■電気

後免線　100型（とさでん交通）

現役の路面電車でもっとも古い歴史をもつ路線です。「ハートラム」という愛称のついた超低床車両の100型が走っています。

■10.9km ■はりまや橋～後免町 ■3両 ■電気

蛍茶屋支線　5000形（長崎電気軌道）

長崎市を走る路面電車の路線です。5000形は通路を広げて定員をふやした超低床車両として登場しました。

■2.2km ■西浜町～蛍茶屋 ■3両 ■電気

幹線　0800型（熊本市交通局）

思いやりとおもてなしの心を表現するため「COCORO」という愛称がつきました。ハートが3つ並んだエンブレムがついています。

■3.3km ■熊本駅前～水道町 ■2両 ■電気

新交通システム・モノレール

ムーブはかせの「ここに注目!」

新交通システムは専用の軌道をゴムタイヤで走り、モノレールは１本のレールを使って走るよ。どちらも都市部を中心にかつやくしている鉄道だ！

東京臨海新交通臨海線　7300系（ゆりかもめ）

東京の湾岸エリアを走ります。運行会社名である「ゆりかもめ」の愛称で親しまれています。自動運転で走るため、運転士はいません。■306人分 ■14.7km ■新橋～豊洲 ■6両 ■2014年

広島新交通１号線　6000系（広島高速交通）

路線の愛称「アストラムライン」は、「明日に向かって走る電車路線」という意味です。ワンマン運転で走ります。■286人分 ■18.4km ■本通～広域公園前 ■6両 ■1994年

伊奈線　2020系（埼玉新都市交通）

埼玉県の大宮～内宿を結びます。2015年に登場した新しい車両です。ワンマン運転で走ります。■260人分 ■12.7km ■大宮～内宿 ■6両 ■2015年

新交通システムのしくみ

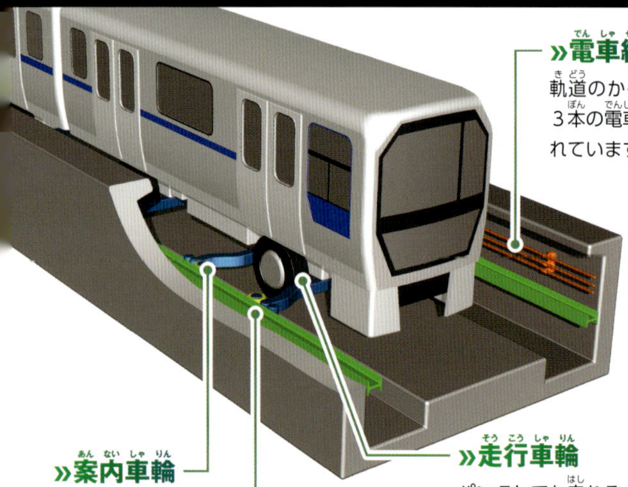

»電車線
軌道のかべにあります。３本の電車線に電気が流れています。

»パンタグラフ

電車線と接して、電気を取りいれます。

»走行車輪
パンクしても走れるように、ゴムタイヤの中に金属の車輪が入っています。

»案内車輪
ガイドウェイと接して進路を案内する車輪です。カーブでは走行車輪の向きをかえて、うまく曲がれるようにします。

»ガイドウェイ
「案内軌条」ともいいます。軌道の両側にあります。

中央指令所

運転士がいない路線の多い新交通システムでは、列車や駅、気象の状態などを確認して、運行を管理しています。列車や駅のホームのドアを操作することができます。

運行の管理
たくさんのモニターや機器で、列車の運行を管理します。

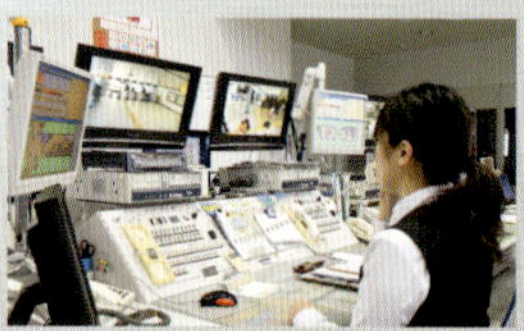

駅の管理
駅の状況を管理したり、乗客の問い合わせなどに対応したりします。

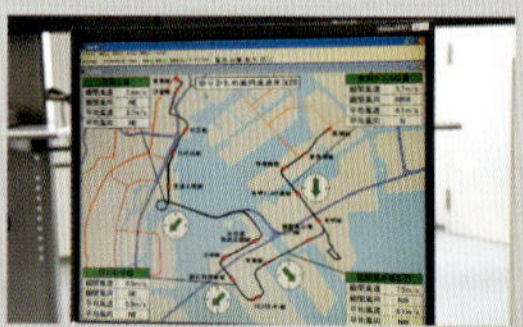

情報の管理
強風や地震などの災害にそなえて、情報をチェックして安全につとめます。

モノレールのしくみ

モノレールには、レールにぶらさがって走る「懸垂式」と、レールにまたがって走る「跨座式」があります。新交通システムと同様におもに都市部でかつやくしています。

湘南モノレール江ノ島線
5000系（湘南モノレール）

神奈川県の大船から湘南までを走っています。赤色のほかに青色、緑色、オレンジ色などのラインの車両もかつやくしています。■224人分 ■6.6km ■大船～湘南江の島 ■3両 ■2004年

1号線　0形（千葉都市モノレール）

0形は「アーバンフライヤー」と呼ばれています。全線の営業距離は15.2kmで、懸垂式モノレールとしては世界一の長さです。■156人分 ■3.2km ■千葉みなと～県庁前 ■2両 ■2012年

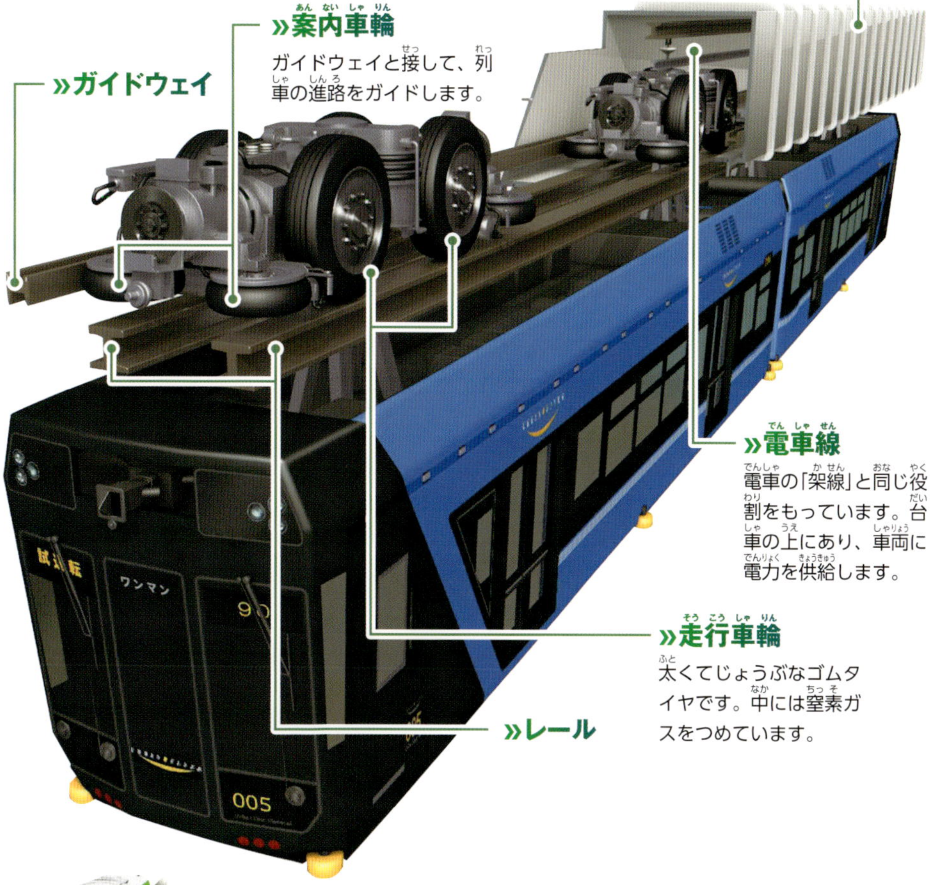

»箱形軌道
モノレール用の箱形の軌道です。中にはレールやガイドウェイなどが入っています。

»案内車輪
ガイドウェイと接して、列車の進路をガイドします。

»ガイドウェイ

»電車線
電車の「架線」と同じ役割をもっています。台車の上にあり、車両に電力を供給します。

»走行車輪
太くてじょうぶなゴムタイヤです。中には窒素ガスをつめています。

»レール

»走行車輪

»案内車輪

»電車線

東京モノレール羽田空港線
10000形（東京モノレール）

都心と羽田空港を最高時速80kmで結びます。空港に向かう人のために、車内には荷物置き場が設置されています。■456人分 ■17.8km ■モノレール浜松町～羽田空港第2ビル ■6両 ■2014年

沖縄都市モノレール線　1000形（沖縄都市モノレール）

沖縄県でゆいいつの鉄道です。「ゆいレール」と呼ばれています。■165人分 ■12.9km ■那覇空港～首里 ■2両 ■2003年

大阪モノレール線　2000形（大阪高速鉄道）

日本でもっとも長い距離を走るモノレールの路線です。沿線には万博記念公園や大阪国際空港があります。■410人分 ■21.2km ■大阪空港～門真市 ■4両 ■2001年

SL（蒸気機関車）

見てみよう！ DVD 蒸気機関車のしくみ

ムーブはかせの「ここに注目！」

SLは「Steam Locomotive（蒸気機関車）」の頭文字をとったもの。石炭と水を使って走る昔ながらの鉄道は、いまではおもに観光で利用されているよ。

SLのしくみ

②蒸気の力を送る
蒸気ドームにたまった蒸気が主蒸気管を通って、シリンダーに送られます。
»主蒸気管
蒸気ドームからシリンダーへ蒸気を送ります。
»蒸気ドーム
»動輪
»ボイラー
水がたくさん入っています。
①燃料（石炭）を燃やす
燃料を燃やして燃焼ガスを出し、ボイラー内の水をあたためて蒸気にします。
»炭水車
石炭と水を積んでいます。長い距離を走る機関車には、容量の大きな炭水車がついています。
»機関室
機関車の運転をしたり、石炭をくべたりする場所です。
»火室
石炭を燃やすところです。広いほど出力が上がります。
③蒸気の圧力でピストンを動かす
蒸気の圧力がシリンダーに伝わり、シリンダー内にあるピストンが動き、動輪が回転します。
»シリンダー
中にはピストンがあり、ボイラーからの蒸気の圧力で前後に動きます。

釧網本線　SL冬の湿原号　C11形（JR北海道）

冬の時期に北海道の釧網本線で、釧路〜標茶を走ります。■48.1km ■610馬力 ■タンク式

磐越西線　SLばんえつ物語
C57形（JR東日本）

日本でもっとも長い距離を走るSLです。大正ロマンただようレトロな客車を引っぱります。C57形は、細いボイラーが優美に見えることから「貴婦人」という愛称で呼ばれています。
■126.2km ■1040馬力 ■テンダー式

上越線　SLぐんま みなかみ　C61形（JR東日本）

「SLぐんま みなかみ」は利根川のそばを走ります。C61形はD51形のボイラーを利用して、おもにお客さんを運ぶためのSLとしてつくられました。D51形で走る日もあります。
■59.1km ■1380馬力 ■テンダー式

大井川本線　SLかわね路　C10形（大井川鐵道）

大井川本線では冬の期間をのぞいて、新金谷～千頭を毎日SLが運行しています。C11形やC56形が走ることもあります。
■37.2km ■610馬力 ■タンク式

真岡線　SLもおか　C12形（真岡鐵道）

「SLもおか」のC12形は、年間を通して毎週土・日曜日と祝日に、1日1往復ずつ運行されています。C11形が走ることもあります。 ■41.9km
■505馬力 ■タンク式

鬼怒川線　SL大樹
C11形（東武鉄道）

2017年の8月に営業運転を開始したSLです。下今市～鬼怒川温泉を結びます。おもに土・日曜日や祝日に走っています。■12.4km
■610馬力 ■タンク式

山口線　SLやまぐち
C57形（JR西日本）

1979年に復活し、現在まで走りつづけています。2017年9月からは、昔の客車をまねた新型客車が登場し、人気を集めています。■69.2km ■1040馬力 ■テンダー式

肥薩線　SL人吉
8620形（JR九州）

熊本県の球磨川に沿って走るSLです。列車には展望ラウンジがあり、天気がよいときには緑豊かな自然の景色を楽しむことができます。■87.5km ■630馬力 ■テンダー式

クルーズトレイン

ムーブはかせの「ここに注目!」

クルーズトレインは、旅のための列車。何日もすごすことができるように、車内には豪華な設備がいっぱいあるよ！

TWILIGHT EXPRESS 瑞風　87系（JR西日本）

2015年に引退した寝台列車「トワイライトエクスプレス」のあとを受け継いで登場しました。いちばん前と後ろの車両には展望デッキがあり、後ろ側のデッキでは外に出て眺めを楽しむことができます。京都・大阪と下関の間を走り、城崎温泉や宮島などの観光地をめぐるコースがあります。■110km ■34人分 ■10両 ■2017年

»ザ・スイート　リビング

1両すべてを1室に使った、いちばん豪華な部屋です。

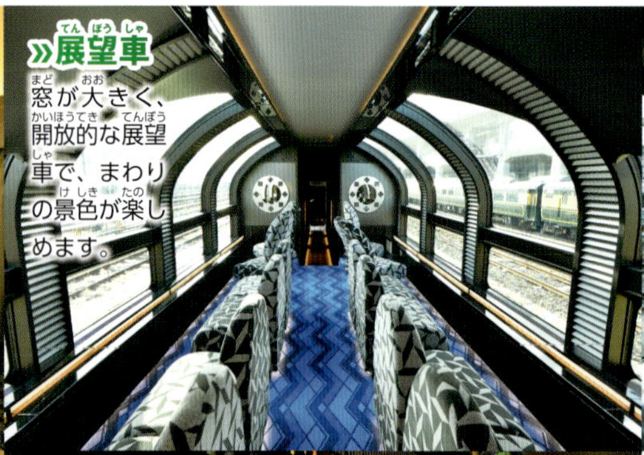

»展望車

窓が大きく、開放的な展望車で、まわりの景色が楽しめます。

»食堂車「ダイナープレヤデス」

大きな窓で景色を楽しみながら食事ができます。

»ザ・スイート　寝室

リビングや寝室のほかにバルコニー、バスタブつきバスルームなどがついています。

»ラウンジカー「サロン・ドゥ・ルゥエスト」

バーカウンターやブティックスペースがあります。

»専用バス

列車から降りて目的の観光地に向かう専用のバスです。

TRAIN SUITE 四季島　E001形（JR東日本）

見てみよう！ DVD ご当地特急大集合

日本の四季のうつろいをコンセプトにした、和のデザインが特ちょうのクルーズトレインです。いちばん前と後ろの車両は眺めのよい展望車です。上野と登別の間を走るコースでは、日光や函館などの観光地をめぐります。■110km ■34人分 ■10両 ■2017年

コースの例とおもな停車駅

»四季島スイート

いちばん豪華なスイートルームです。畳や木材を使った和の空間で、檜のお風呂もあります。

»展望車「きざし」「いぶき」

列車のいちばん前と後ろにある展望車からは、まわりの景色が楽しめます。

»ラウンジカー「こもれび」

東日本各地の伝統工芸が取りいれられたつくりのラウンジです。

ななつ星 in 九州　DF200形（JR九州）

九州の7つの県をイメージしたクルーズトレインです。豪華な車内で時間をすごし、九州をめぐる旅を楽しむことができます。■100km ■28人分 ■7両 ■2013年

»DXスイート（Aタイプ）

列車の最後尾にあるいちばん豪華な部屋です。大きな窓がついていて、九州の景色を楽しめます。

»ダイニングカー「木星」

木材を使ったぬくもりのあるダイニングで、おいしい食事が味わえます。

貨物列車

ムーブはかせの「ここに注目!」

貨物列車は乗客を乗せずに、荷物だけを運ぶ列車だ。動力は電気やディーゼルなど、さまざまだぞ！

スーパーレールカーゴ　M250系(JR貨物)

運送会社とJR貨物が共同開発した最高時速130kmで走ることができる日本でいちばん速い貨物列車です。宅配便の荷物を積んで、東京貨物ターミナル～安治川口(大阪)を約6時間で走ります。■3520kW ■電気 ■2004年

スーパーレールカーゴの特ちょう

スーパーレールカーゴは、列車に積んだコンテナをそのままトラックに移すことができるのが特ちょうです。その流れを見てみましょう。

「トップリフター」でコンテナをつかみます。

つかんだコンテナをそのままトラックに積みこみます。

コンテナを積んだトラックが各地へ向かい、荷物を届けます。

スーパーレールカーゴの編成

16両編成では、パンタグラフと電動台車がついた車両が前後に2両ずつ編成されます。東京～大阪の上下線で毎日1本ずつ運行されていて、1日で10tトラック56台分の貨物を運んでいます。

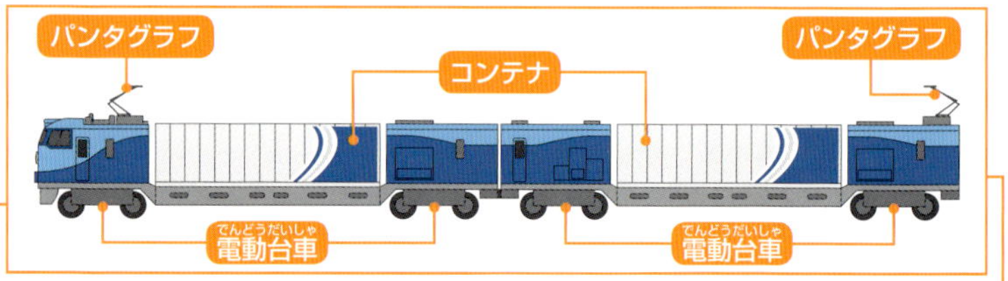

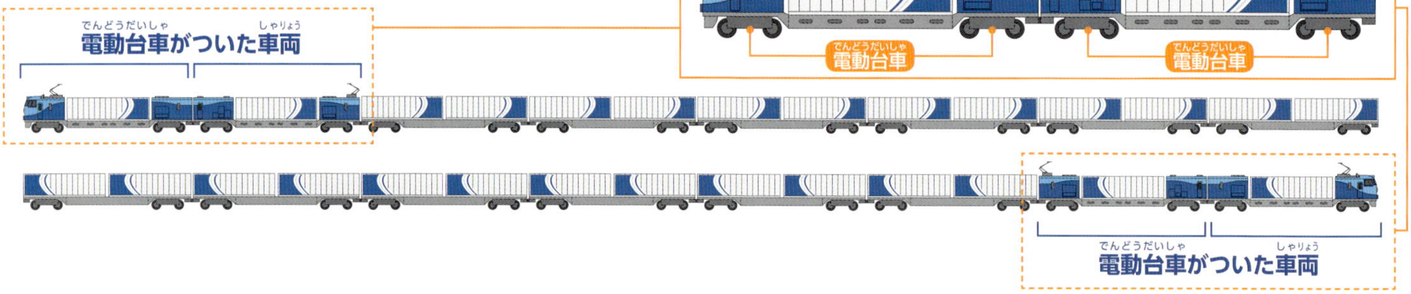

DF200形（JR貨物）

「ECO-POWER レッドベア（赤いクマ）」という愛称で呼ばれていて、北海道で貨物列車をけん引しています。また、一部は東海地区でもかつやくしています。
■1920kW ■電気式ディーゼル ■1992年

EF210形（JR貨物）

直流電化区間でかつやくしている機関車です。JRの機関車ではじめて愛称が採用され、「ECO-POWER 桃太郎」と呼ばれています。東海道本線や山陽本線を走ります。■3390kW ■電気 ■1996年

EH500形（JR貨物）

動輪の軸が８本ある大型の交直流電気機関車です。「ECO-POWER 金太郎」という愛称で呼ばれています。東北本線や鹿児島本線などを走ります。
■4000kW ■電気 ■1998年

大物車　シキ610形

「シキ」という車両記号がついた車両は「大物車」と呼ばれ、巨大な荷物を運ぶことができます。シキの車両記号がつく車両のなかでいちばん大きいのがシキ610形です。荷物を積んだときの重さはおよそ330t、長さは45mにもなる日本最大の鉄道車両で、１台しかありません。

コキ106形

おもに5tサイズのコンテナを積んでいます。風通しのよいものや、保冷機能がついたものなど、さまざまな種類のコンテナをのせることができます。

作業・検査列車

ムーブはかせの「ここに注目!」

毎日安全に運行するために、線路を検査したり、修理の作業をしたりする列車もいるぞ！どんな仕事をしているか見てみよう。

レール運搬車（京成電鉄）

レールを運ぶ車両です。長さ200mをこえるロングレールを運べる車両もあります。

レールをのせる車両部分です。

マルチプルタイタンパー（西武鉄道）

線路の上を何度も列車が走ることで、線路はゆがみます。マルチプルタイタンパーはバラストをつきかためてゆがんだ線路を調整する保線車両です。１時間に300～500mの線路をなおすことができます。

ササラ電車
（札幌市交通局）

ササラ電車は札幌市交通局と函館市企業局でかつやくしています。車両の前後にある「ササラ」と呼ばれる竹のブラシで雪をはらいます。

キヤ143形除雪車（JR西日本）

先頭についた「ラッセル翼」で線路上の雪をおしのけながら走るラッセル車です。ラッセル車ではゆいいつのディーゼルカーです。

HTR600R形除雪車（JR北海道）

雪が多い地域の線路でかつやくするロータリー車です。先頭についた「ロータリー」で雪をかきこみ、「投雪口」からはきだしながら走ります。

ケーブルカー・ロープウェイ

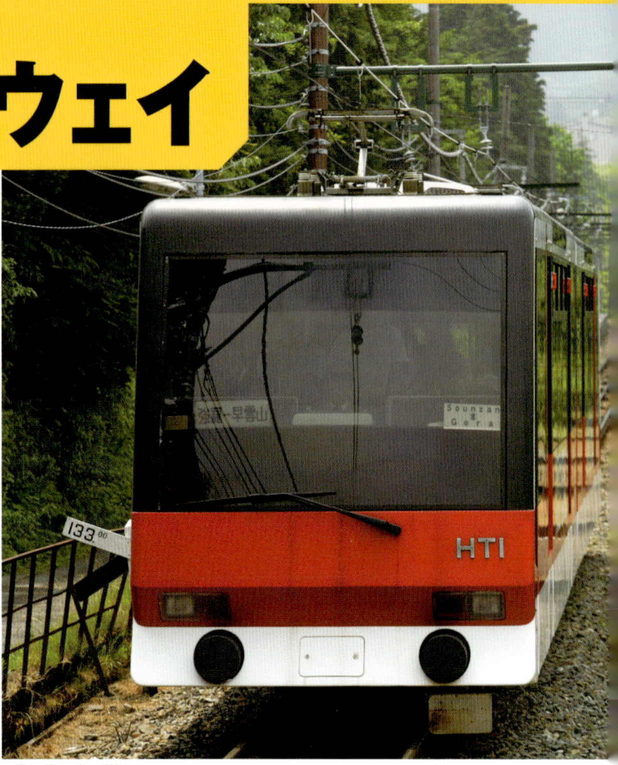

ムーブはかせの「ここに注目!」

急斜面を登るときにかつやくするのがケーブルカーとロープウェイ。車両(ゴンドラ)とつながった「鋼索」(ケーブル)を、上にある駅の「まきあげ機」で引っぱって動かすから、車両には動力がないんだ。

生駒ケーブル(近畿日本鉄道)

奈良県の鳥居前から宝山寺、生駒山上を結んでいます。1918年に開業した日本初のケーブルカーで、個性的な見た目が人気です。■0.9km ■鳥居前～宝山寺

箱根登山ケーブルカー(箱根登山鉄道)

箱根山を走っています。日本のケーブルカーではじめて冷房装置を備えた車両です。■1.2km ■強羅～早雲山

高尾山ケーブルカー(高尾登山電鉄)

東京都の高尾山でかつやくしています。日本のケーブルカーのなかで、もっとも急な坂を登ります。■1.0km ■清滝～高尾山

ケーブルカーのしくみ

ケーブルカーの路線の多くは、2台のケーブルカーだけで運行されます。車両Aと車両Bは、図のように、「つるべ式」に上の駅と下の駅を行き来します。

A
B
車両Aが上に向かう動き
車両Bが下に向かう動き
まきあげ機

上の駅に向かうときは、上の駅にあるまきあげ機で鋼索を引っぱって、鋼索につないである車両を引きあげます。そのとき、もう一方の車両は下の駅に向かいます。

坂本ケーブル(比叡山鉄道)

日本のケーブルカーのなかでもっとも長い路線で、比叡山のふもとから、山上の延暦寺まで登ります。
■2.0km ■ケーブル坂本～ケーブル延暦寺

新穂高ロープウェイ（奥飛観光開発）

岐阜県の北アルプスにかかるロープウェイです。しらかば平～西穂高口では、日本でゆいいつの２階建てのゴンドラで運行されています。
■2.6km ■しらかば平～西穂高口

ロープウェイのしくみ

空中にはられた鋼索にぶらさがったゴンドラを上の駅にあるまきあげ機で引っぱります。交走式と循環式があります。

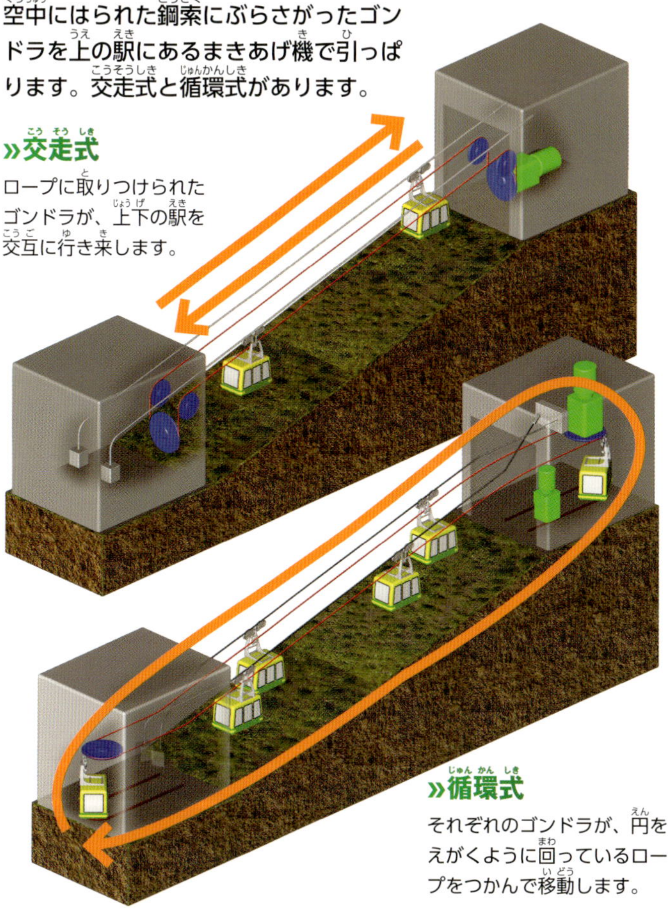

»交走式

ロープに取りつけられたゴンドラが、上下の駅を交互に行き来します。

»循環式

それぞれのゴンドラが、円をえがくように回っているロープをつかんで移動します。

田代ロープウェー（かぐらスキー場）

新潟県の田代高原にかかるロープウェイです。地上からの高さがもっとも高いところで230mになり、これは日本一の高さです。
■2.2km ■田代ロープウェー山麓～田代ロープウェー山頂

中央アルプス
駒ヶ岳ロープウェイ（中央アルプス観光）

長野県の中央アルプスにかかるロープウェイです。日本でもっとも高い駅の千畳敷駅が標高2611.5mのところにあります。 ■2.3km ■しらび平～千畳敷

世界の鉄道

ムーブはかせの「ここに注目!」

世界のさまざまな変わった鉄道や、日本の新幹線とはすこしちがう高速鉄道のすがたを見てみよう！

ダッカのトンギ駅を出発する列車

バングラデシュでは毎年、国内外から300万人が参加する大規模なイスラム教の集会が開かれます。集会が終わると、列車は家に帰るイスラム教徒たちであふれます。車内に入りきらない人は列車の屋根や側面にまで乗るので、何度も事故がおきています。

(バングラデシュ)

ブルートレイン

(南アフリカ共和国)

初代ブルートレインは1946年に登場しました。プレトリアからケープタウンまでの1600㎞を約27時間かけて走ります。世界でいちばん豪華な列車としてギネス世界記録に登録されています。客室はすべて個室で、食事や飲み物も乗車料金にふくまれています。

»ラウンジカー

豪華なラウンジがあり、大きな窓でアフリカの景色を楽しむことができます。

カナディアン号

バンクーバーからトロントまでの4466㎞を5日かけて走る大陸横断鉄道です。普通車から個室寝台車まで、さまざまなタイプがあります。車窓からはロッキー山脈や大平原など、豊かな自然の景色を楽しめます。

(カナダ)

リスボンのケーブルカー

ポルトガルの首都、リスボンでは3つのケーブルカーが走っています。そのひとつ「ビッカ線」は狭い路地を走り、下から上まで283mを往復しています。

(ポルトガル)

メークロン市場を通るタイ国有鉄道

タイのメークロン市場の中心には、鉄道が走っています。列車の本数が少ないため、線路のぎりぎりまで商品を並べています。列車が来るたびに商品を片付けたり、出したりといった光景が観光名所にもなっています。

(タイ)

ユングフラウ鉄道

スイスの登山鉄道です。終着駅の「ユングフラウヨッホ駅」は、標高3454mとヨーロッパでもっとも高いところにあり、これは日本の富士山と同じくらいの高さです。

(スイス)

TGV Duplex

フランス語では「テージェーベー」と呼ばれる車両です。Duplexは客席が２階建てのダブルデッカーで、座席数をふやして走ります。最高時速は320kmです。

（フランス）

AVE S112

最高時速が300kmの高速鉄道です。特ちょう的な先頭車両の形から「パト（スペイン語でアヒルの意味）」と呼ばれています。

（スペイン）

ICE3

ヨーロッパではじめて時速320km以上で走った電車です。ヨーロッパの高速鉄道の多くは機関車と同じ「動力集中式」ですが、ICE3は日本の新幹線と同じ「動力分散式」なので、先頭車両にも客室があります。

（ドイツ）

台湾高速鉄道　700T型

2007年に開業した台湾の高速鉄道です。車両は日本の700系をもとにつくられていて、日本の新幹線技術がはじめて海外に輸出されました。
最高時速300kmで走ります。

（台湾）

ユーロスター 374系

TGVの車両をもとにつくられました。英仏海峡トンネルを通り、ロンドンとパリ、ブリュッセルなどを結んでいる国際高速列車です。最高時速320kmで走ります。

（イギリス・ベルギー・フランス）

産業革命の動力となった蒸気機関を実用化

ジェームズ・ワット

【1736年1月19日～1819年8月25日】

蒸気機関車の心臓部ともいえる蒸気機関は、18世紀のイギリスでつくられました。この蒸気機関を実用化した発明家がジェームズ・ワットです。

「やった、できたぞ！」

航海用具に囲まれた作業場で、ワット少年は工具をにぎったままさけびました。完成したのは、手回しオルガンの模型です。

スコットランドの港町で生まれたワットは、船大工の父親の作業場に行くのが大好きで、いいアイデアがひらめくと、鍛冶場にこもって模型をつくったり、道具を修理したりしていました。

手先が器用で数学が得意なワットは、17歳になると、計測機器の職人になることを決意します。ロンドンの職人に弟子入りして学んだのち、19歳のとき故郷のグラスゴーにもどると、大学で機械の修理の仕事をはじめました。このころ、ワットはひとつの夢をもちはじめます。

「蒸気機関の改良をしてみたいなぁ。」

蒸気機関とは、蒸気のもつエネルギーを動力に変換する機械です。ある日、故障した蒸気機関が作業場にもちこまれると、ワットは待ってましたとばかりに仕事に取りかかりました。しかし、作業をはじめるやいなや、がくぜんとしました。

「これほどの燃料を使っているのに、これしか力が出ないなんて！」

当時の蒸気機関は効率が悪く、炭鉱で水をくみ上げるポンプの役割程度のはたらきしかできなかったのです。

「蒸気を冷やして水にもどすとき、せっかく熱くなった本体のシリンダーまで冷やしてしまっているんだ。また最初から熱すると大量の石炭が必要になってしまう……。」

欠点はわかったものの、そこから先どうするかが問題です。ああでもないこうでもないと実験を重ねますが、失敗につぐ失敗がワットを行きづまらせていきました。頭の中はまるで一面モヤがかかったようです。

「ぼくにはもう、ひらめきなんておとずれないのかもしれない……。」

ある日曜日、ワットが近くの公園を散歩していたときのことです。とつぜん、脳裏にひとつのアイデアが浮かびました。

「蒸気を水にもどす作業には別の装置を使ってみたらどうだろう？」

頭の中で設計図がどんどん組み立てられていきます。ワットは、身をひるがえして作業場に向かいました。

こうしてワットが改良した蒸気機関は、1776年に最初の試作機が完成し、その後長い時間をかけて改良されました。19世紀に入ると、蒸気機関車、工場、発電所、船などで使われるようになり、新しい動力源として、人びとのくらしを大きく変えることとなったのです。

もっとも身近な乗りものができるまで

自動車の歴史としくみ

ムーブはかせの「ここに注目!」

自動車も鉄道と同じように馬車からはじまり、ばねの力や蒸気、そしてガソリンや電気で動くものへと変化していった。街で見かけるさまざまな自動車は、とても身近で便利な乗りものだ。どのようにして誕生したのか、歴史を見てみよう！

歴史

蒸気で走る自動車

1769年、フランスのニコラ・ジョゼフ・キュニョーにより、蒸気で走る自動車が発明されました。かじをとるのは棒状のハンドルで、スピードは時速約3.6kmで大砲をけん引するための車でした。

世界初の自動車事故もおきました。

車輪のはじまり

シュメール人の戦車
»紀元前2500年ごろ

自動車のはじまり

レオナルド・ダ・ヴィンチのぜんまい車
»1480年ごろ

世界初の自動車
キュニョーの砲車
»1769年

歴史

車輪のはじまりは約5000年前の古代メソポタミアから

世界ではじめての車は、紀元前3000年ごろに古代メソポタミア(いまの中東アジア)で発明されたと考えられています。はじめは牛やロバに引かせる荷車でしたが、やがてよりスピードのある馬を使った戦車も登場しました。

壁画には戦車が描かれています。

戦車のようななぞの乗りもの

空を飛ぶ乗りものが登場する数百年も前から、飛行機械のスケッチ(138ページ)を描いていたレオナルド・ダ・ヴィンチは、自動車のスケッチも数点描いています。ぜんまい車のほかに、戦車のような装甲をもったものもありました。

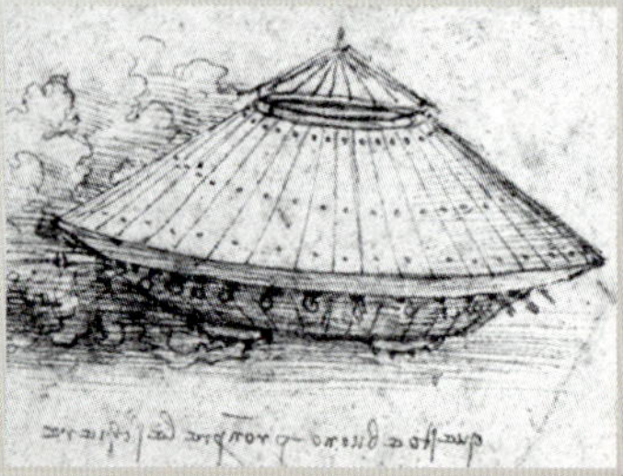

もうひとりのガソリン自動車発明家

カール・ベンツが世界初のガソリン三輪自動車をつくった翌年の1886年、ゴットリープ・ダイムラーはガソリン四輪自動車を開発しました。ほぼ同時期の発明でしたが、ふたりに面識はなく、それぞれが独自に開発を進めた結果でした。その後、ふたりはそれぞれダイムラー社とベンツ社を設立してレース活動などでライバル関係になりましたが、1926年に２社は合併しています。

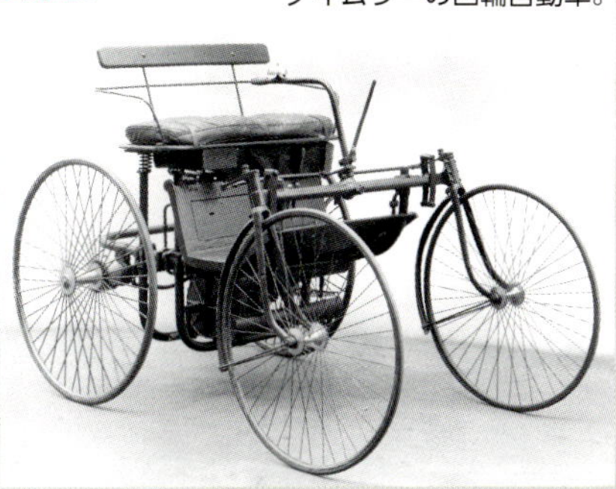
ダイムラーの四輪自動車。

ダイムラーは1885年に世界初のガソリンで動くオートバイをつくっています。

ゴットリープ・ダイムラー

ガソリンや電気で動く自動車の登場

歴史

ガソリンを使った自動車

1885年にドイツのカール・ベンツが世界初のガソリン三輪自動車をつくりました。ドイツの街を時速13kmで走りました。

カール・ベンツ

時速100kmで走る電気自動車
ジャメ・コンタン号 »1899年

世界初のガソリン自動車
パテント・モトールヴァーゲン »1885年

歴史

世界初の電気自動車

1899年、フランスで２台の電気自動車がスピードを競い、そのうちの１台「ジャメ・コンタン号」のスピードは自動車としてはじめて時速100kmをこえました。

しくみ

現代の自動車につながるFR方式の誕生

FR方式とは「フロントエンジン・リアドライブ」の略で、フロント（前方）にエンジンを置き、リア（後方）のタイヤを動かします。パナール・ルヴァッソールB2は、FR方式で動く自動車を広めたパナール社の自動車です。

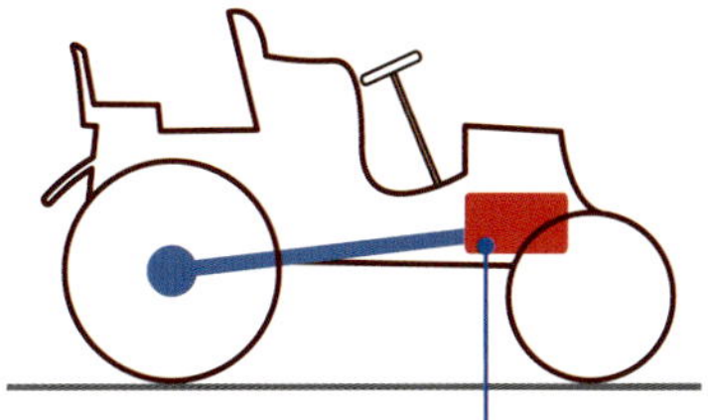

パナール・ルヴァッソールB2 »1901年

建設機械のはじまり

日本で建機が本格的に発展しはじめたのは第二次世界大戦の前後、戦争のための資源開発が活発になったころからです。1930年には電気ショベルが、1943年には国産初のブルドーザーが製造されました。

小松製作所（現在のコマツ）の国産初のブルドーザーG40。

神戸製鋼所（現在のコベルコ建機）の国産初の電気ショベル50K。

日本初の国産ガソリン自動車
吉田式自動車（タクリー号） »1907年

歴史 戦争と戦車の登場

第一次世界大戦でイギリスが使用したものが世界初の戦車です。これ以降さまざまな戦車がつくられました。

世界初の実用化された戦車
マークⅠ »1916年

国産の蒸気自動車
山羽式蒸気自動車 »1904年

歴史 国産自動車が誕生

吉田真太郎と内山駒之助が1907年に国産ガソリン自動車の第1号となる吉田式自動車（タクリー号）をつくりました。

歴史
戦後の自動車産業
日本では1949年に本格的な自動車生産がはじまりました。はじめは高級な乗りものでしたが、大手メーカーが軽自動車の開発に乗り出すと、ミゼットのような扱いやすい軽自動車が普及していきました。

大ヒットした昭和のオート三輪
ミゼット（DKA型）»1959年

しくみ これからの自動車のしくみ
環境問題への意識の高まりから、走行中に排気ガスを出さない電気自動車が注目されています。また、センサーを使ってまわりにいる人や自動車を感知して、安全に走ることができる自動運転システムの開発も進められています。

自動運転化が進むと高速道路をスムーズに走れて渋滞が減ると考えられています。

テスラ社の電気自動車Model Sは、充電用のスタンドから電気をうけとって充電するしくみです。

国産の高級自動車
クラウン（RS型）
»1955年

歴史
世界に広まる日本車
世界に輸出される日本車は、普通車だけで400万台をこえた年もあります。さまざまな車種が誕生し、日本の代表的な産業として知られています。

輸出を待つ日本車。

未来の自動車は空を飛ぶ？
現在、世界中で空飛ぶ車の開発が進んでいます。なかでもスロバキアのエアロモービル社は、実際に空を飛ぶ車の実験をおこなったり、2020年に「AeroMobil 4.0」の発売を予定したりするなど、活動が注目されています。将来、日本でも自動車が空を飛ぶ日がくるかもしれません。

AeroMobil 4.0。

飛行実験をおこなう AeroMobil 3.0。

消防車両

ムーブはかせの「ここに注目!」

火災や災害現場ではさまざまな車両がそれぞれの特ちょうを活かして協力して消火・救助活動をしているぞ。めずらしい世界の消防車両や身近な日本の消防車両を見てみよう！

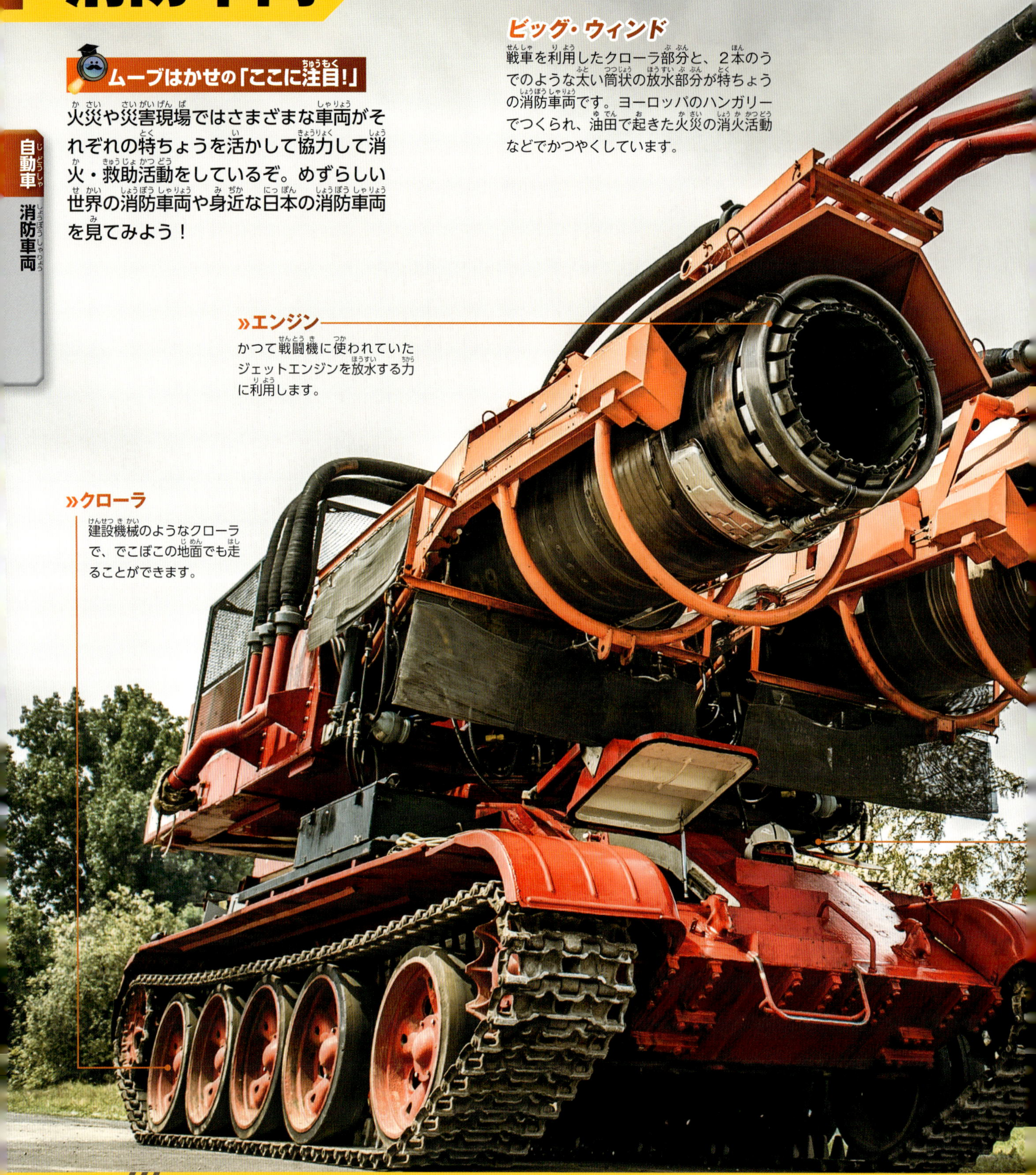

ビッグ・ウィンド

戦車を利用したクローラ部分と、２本のうでのような太い筒状の放水部分が特ちょうの消防車両です。ヨーロッパのハンガリーでつくられ、油田で起きた火災の消火活動などでかつやくしています。

»エンジン

かつて戦闘機に使われていたジェットエンジンを放水する力に利用します。

»クローラ

建設機械のようなクローラで、でこぼこの地面でも走ることができます。

»放水管 左右で計6つの放水管からいきおいよく水を出します。1分で約3万リットルの水を出すことができます。

水はホースを通じて消火栓や防火水槽から取りいれます。

»運転席

クローラ部分を操作する人と放水部分を操作する人とで、運転席の位置や役割がそれぞれわかれています。

放水をコントロールするリモコンもあります。

空港用化学消防車を見てみよう

見てみよう！ DVD 命を守る乗りもの

高さのあるジャンボジェット機の屋根にも放水できます。

空港用化学消防車

車体前側と上部から水や特別な消火剤を出すことができます。車体は大きめで、全長12mほどのものもあります。普通のポンプ車などは6～7mです。

はじめて航路につく航空機がいるときなど、歓迎や記念の行事があるときには、空港用化学消防車が放水して「ウォーターゲート」をつくります。

ブームを使ってさまざまな角度から消火活動ができます。

HRET型空港用化学消防車

とがった部分を航空機の機体にさして穴をあけることができます。ブームで放水銃の位置や角度を調節して、あけた穴から機内に直接放水することもできます。

大型化学車

水や大量の泡（消火剤）を出して消火活動をします。工場などで起きた水では消火できない危険物火災のときにかつやくします。

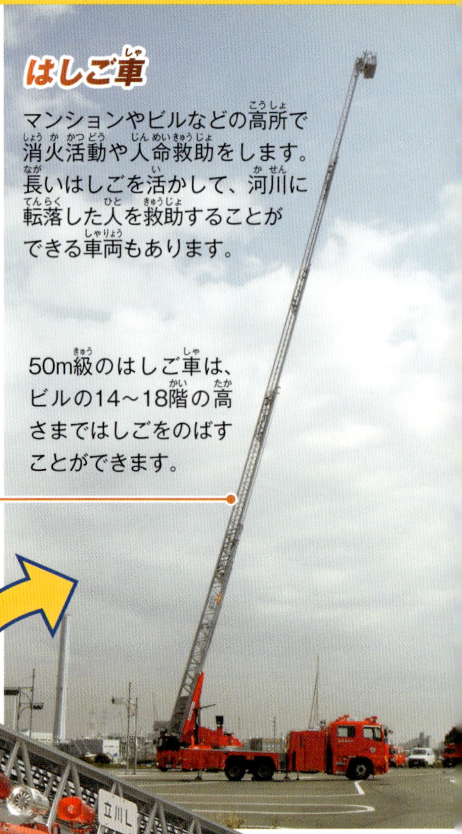

はしご車

マンションやビルなどの高所で消火活動や人命救助をします。長いはしごを活かして、河川に転落した人を救助することができる車両もあります。

50m級のはしご車は、ビルの14～18階の高さまではしごをのばすことができます。

»はしご

屈折放水塔車

屈折放水塔をのばすことで高所から放水することができます。ビル火災や危険物火災など、消防隊が近づけない火災現場でかつやくします。

»屈折放水塔

屈折放水塔は前後のどちらにものばすことができます。

水槽付きポンプ車(塔体付き)

水槽の水で消火活動をおこなうだけでなく、バスケット付きの塔体をのばして人命救助活動もおこないます。

10t水槽車

10tの水が積み込めるので、近くに消火栓のない山や高速道路上での火災でかつやくします。

普通ポンプ車

ポンプ装置やホースなどの装備を使って消火活動をおこなうための消防車両です。原則として2台がペアで出動し、連携して消火にあたります。

消防車の水はどこから引くの?

道路などでときどき見かける右の標識は、消防車が使う水がある場所をあらわしています。消防署などでもっとも多く配備されている普通ポンプ車は、このような場所から取水ホースで水を引き、消火活動をおこないます。こうした設備が火災現場の近くにない場合は、水槽付きポンプ車や、水槽車が出動して消火活動にあたります。

大きなビルやマンションには送水口など、火災にそなえた設備があります。

大型ブロアー車

「ブロアー」は送風機のことです。トンネル火災や工場火災などで、火災現場に溜まっているガスや煙をふき飛ばします。

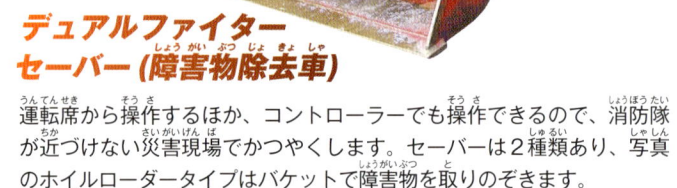

デュアルファイター セーバー(障害物除去車)

運転席から操作するほか、コントローラーでも操作できるので、消防隊が近づけない災害現場でかつやくします。セーバーは２種類あり、写真のホイルローダータイプはバケットで障害物を取りのぞきます。

デュアルファイター ドラゴン(無人走行放水車)

セーバーと協力しながら消火活動をします。コントローラーで操作して水だけでなく消火剤も放出できるので、危険な場所でも消火活動ができます。

ウォーターカッター車

高圧の水で鉄やコンクリートを切断し、救助活動をおこないます。火花が出ないので、燃えやすいガスが溜まっていても活動することができます。

地下鉄の車両を切断する訓練をしています。

レッドサラマンダー

水の中に入って進むことができて、でこぼこな地面も走れる全地形対応車です。災害が起きたときに救助活動などでかつやくします。

資材搬送車

災害時に空気ボンベや消火剤など、たくさんの物資を現場まで運ぶことができます。

指揮統制車

災害が起きた場所で指揮本部となって、消火・救助活動の支援をおこないます。

救助車（IV型）

さまざまな救助用の物資を積んでいます。自衛隊の輸送機で運ぶことができる大きさなので、離島などでも活動することができます。

クイック・アタッカー（消防活動二輪車）

見てみよう！ DVD 命を守る乗りもの

小さな消火器具や救助器具を装備していて、高速道路や山での救助活動にすばやくかけつけ、かつやくします。

救出ロボット

コントローラーで操作でき、救助隊が近づけない場所でかつやくします。２本のうでと真ん中についたコンベアで救助活動をおこないます。

»クローラ

救出救助車

大きな災害が起きて消防隊が近づけない浸水地や、こわれた建物のがれきがある場所などで、救助をおこないます。足元は建設機械のようなクローラなので、あれた地面でも走ることができます。

»バスケット担架

山岳救助車

山で災害が起きたときに救助活動をするための登山道具や山岳救助道具などが積まれています。屋根には、山をおりるのに使いやすいソリのような形の担架を積んでいます。

»ナビゲーション装置

目的地をあらわしたり、患者のようすを確認したりすることができます。患者を届ける病院の情報なども表示されます。

»救命用機器

心臓にショックをあたえて応急処置ができる器具などさまざまな救命用機器をそなえています。

»血圧計

血圧をはかる器具です。

救急車

けが人や病人のいる場所にかけつけて、応急処置をして、すみやかに病院へと運ぶための車両です。

»防振架台

運びこまれた患者に、車が走るときの振動が伝わらないようにするための装置です。

»ストレッチャー

タイヤがついたベッドで、患者を寝た状態にしたまま救急車の乗りおりができます。

スーパーアンビュランス(特殊救急車)

特殊救急車の代表的な車両です。たくさんのけが人や病人がいる場合に応急救護の拠点になり、現場で多くの人に応急処置をすることができます。

»車体

車体を左右に広げることができます。車体の幅は2.5mですが、広げると6.4mにもなります。

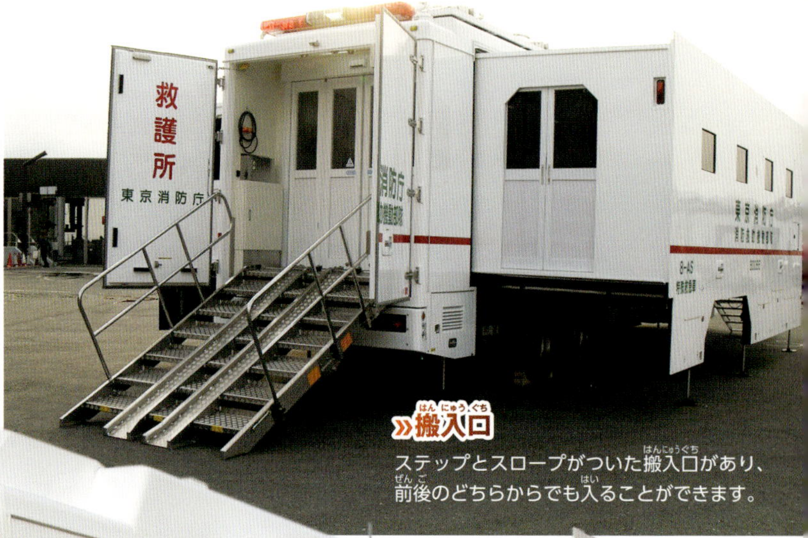

»搬入口

ステップとスロープがついた搬入口があり、前後のどちらからでも入ることができます。

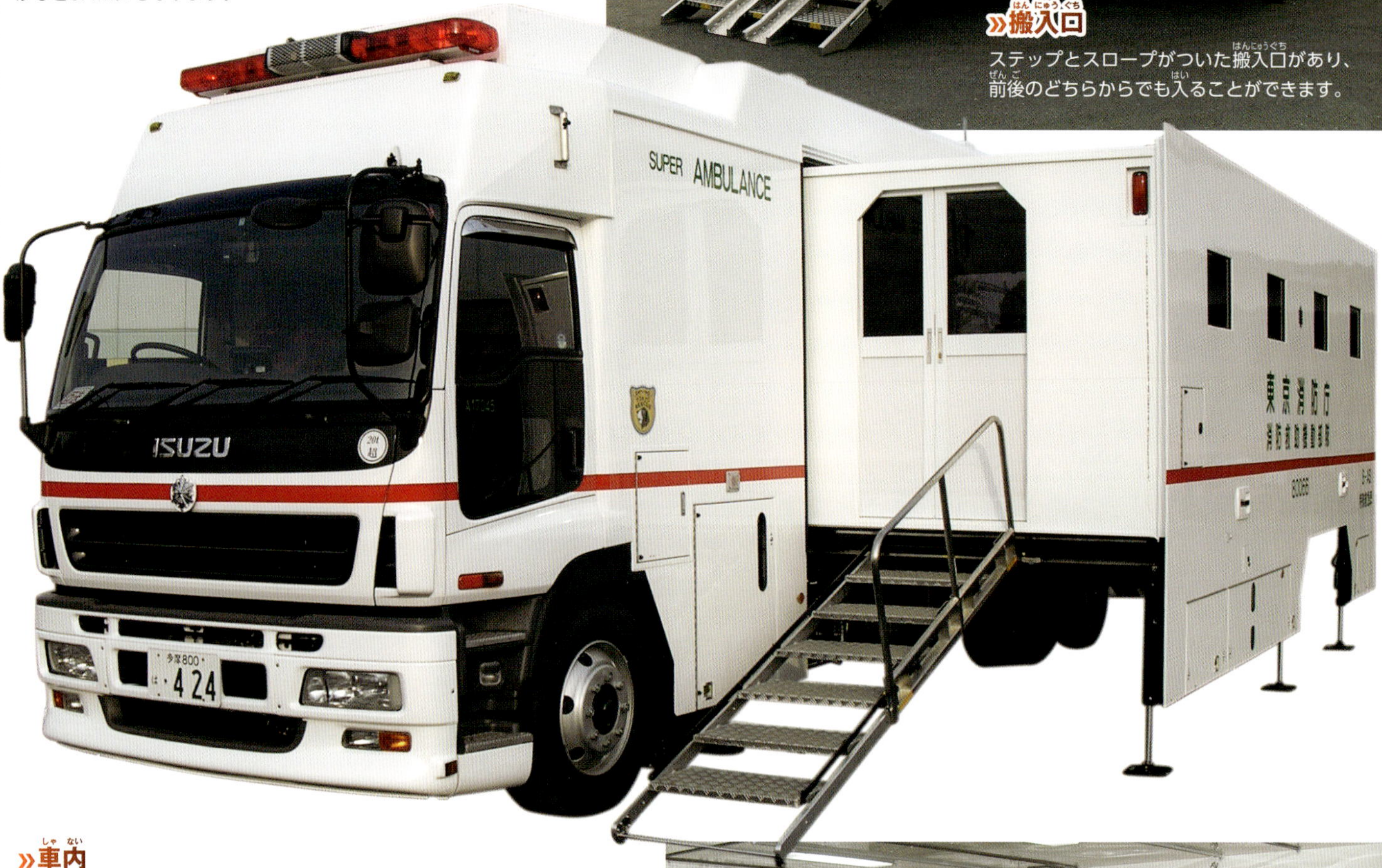

»車内

車体を左右に広げると車内は最大約40㎡の広さになります。ベッドは8つあり、応急処置のための器材がたくさん積まれています。

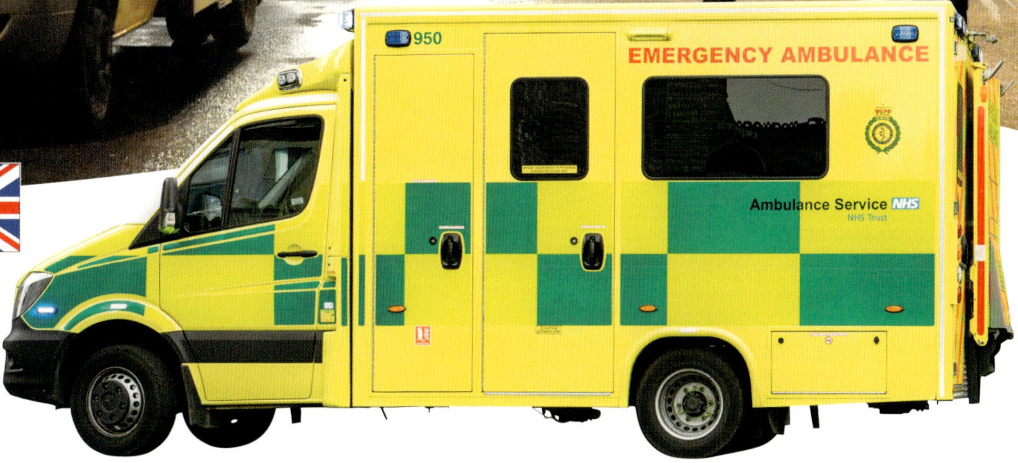

救急車（イギリス）

日本では「救急車＝白い」というイメージがありますが、イギリスやヨーロッパのいくつかの国では車体が黄色の救急車がかつやくしています。イギリスで救急車を呼ぶときの電話番号は「999」で、警察を呼ぶときと同じです。

樹木の救急車（インド）

弱っている樹木を診断して、健康になるようにさまざまな対策をするインドの特殊車両です。害虫を駆除したり、農薬をまいたりします。

警察車両

ムーブはかせの「ここに注目!」

街の安全を守るために毎日見まわりをしているパトカーをはじめ、さまざまな警察車両がかつやくしているぞ。災害が起きたときに人を助けるための車両もたくさんあるんだ。

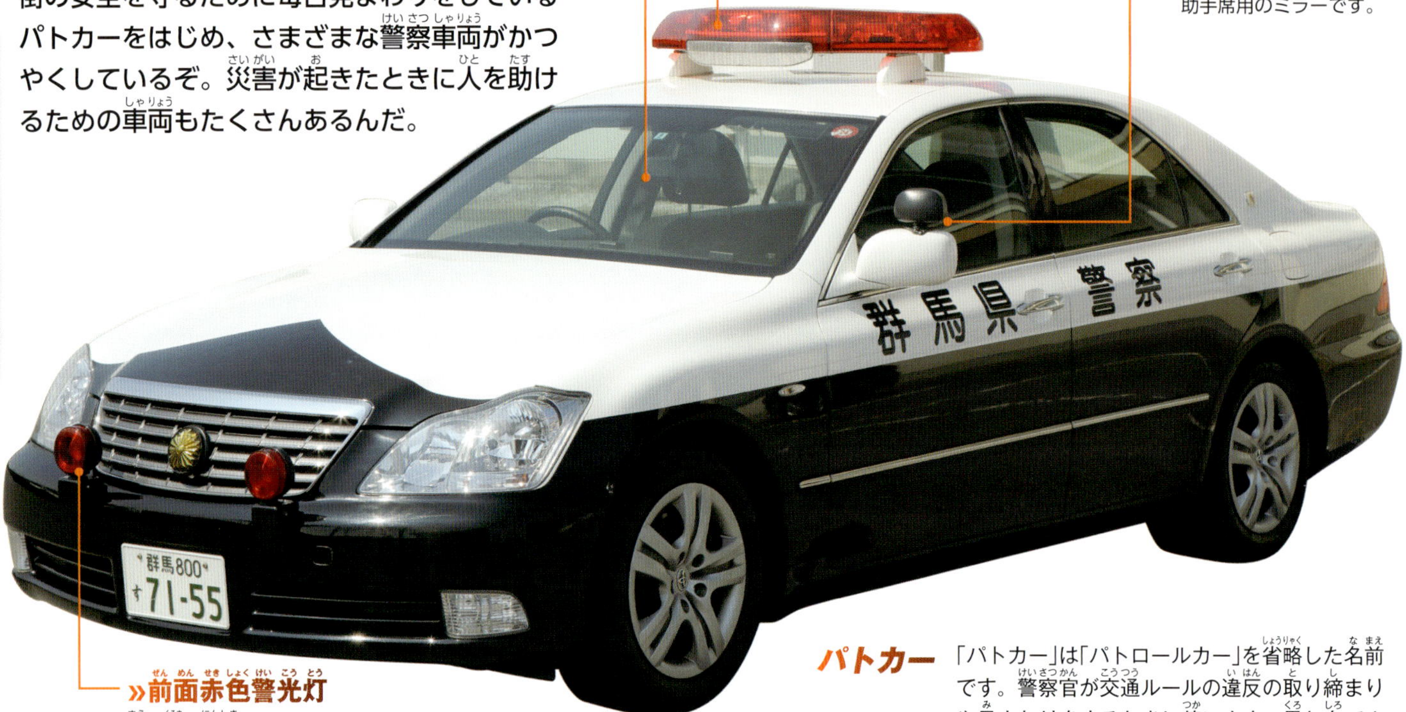

»上下2段ルームミラー

»赤色警光灯(パトランプ)
スピーカーと一体になっていて、サイレンを鳴らしながら赤いランプが点灯します。

»ナビミラー
助手席用のミラーです。

»前面赤色警光灯
前の車に認識されやすいようについています。

パトカー 「パトカー」は「パトロールカー」を省略した名前です。警察官が交通ルールの違反の取り締まりや見まわりをするときに使います。黒と白でぬられた車体と、赤いランプが特ちょうです。

»カーナビ
警察専用につくられたカーナビです。他のパトカーの位置情報を知ることができるものもあります。

»ストップメーター
走っている車のスピードを測定します。

»無線機
警察の本部や他のパトカーなどと連絡をとることができます。

»マイク
スピーカーを使って、外にいる車や人に呼びかけることができます。

»サイレンスアンプ
マイクとスピーカーをつなぐアンプです。音量などを調整します。

白バイ

白くぬられた警察のオートバイです。取り締まりだけでなく、マラソン大会の先導などに、幅広くかつやくしています。

見てみよう！ DVD 白バイのひみつ（警視庁）

»ヘルメット

白バイ隊員を事故やけがから守ります。

»白バイ隊員

養成所で訓練をうけ、試験に合格した人だけが白バイ隊員になれます。隊員になったあとも日々、運転技術をみがいています。

»サイドボックス

書類などを入れています。

»拡声器

車体の両側にひとつずつついています。

»赤色回転灯

前にふたつ、後ろにひとつついている回転灯です。

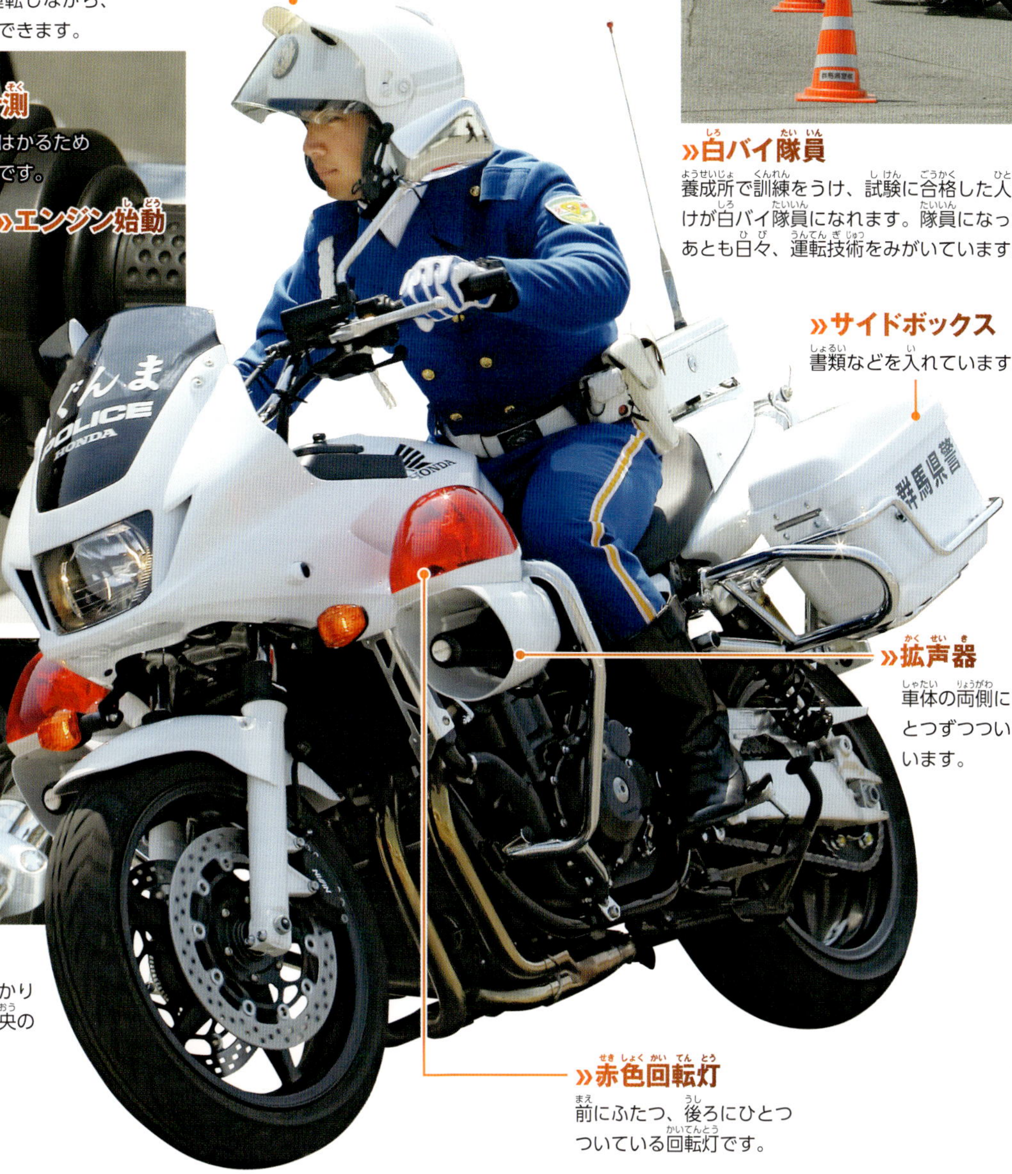

»集中操作ボタン

右ハンドルについているボタンです。運転しながら、さまざまな機能を片手で操作することができます。

»速度計測

車の速度をはかるためのスイッチです。

»エンジン始動

»拡声器

拡声器のスイッチです。

»サイレン

サイレンのスイッチです。

»速度計測用メーター

スピード違反をしている車両の速度がわかります。速度計測用スイッチをおすと、中央の画面に速度が表示されます。

都道府県ごとにちがう警察車両

見た目が似ていることが多いので、パトカーは全国共通のものと思われがちですが、じつは都道府県ごとに車種やデザインがすこしちがいます。また、白バイだけでなく「黒バイ」や「青バイ」など、役割や地域によってさまざまな種類がかつやくしています。

青森県警のパトカーには、ハクチョウのマークがついています。

覆面パトカー

ふだんは赤色警光灯をかくしているので、普通の車と同じ見た目です。一般車両にまぎれて捜査やパトロールをする車両です。

ミニパトカー

小型のパトロールカーです。広範囲でのパトロールではなく、おもに警察署の付近での見まわりや駐車違反の取り締まりに使われます。

高性能救助車

舗装されていないあれた道や、深さ1.2mまでの水の中を走行することができます。大雨、洪水などの災害現場などでかつやくしています。

高性能車両「ウニモグ」

「ウニモグ」はメルセデス・ベンツの自動車の名前です。どんな道でも走れる大きなタイヤが特ちょうで、災害が起きたときの救助活動だけでなく、自動車レースや農業、軍事目的などさまざまな場面でかつやくしています。

イギリスの洪水で救助活動をするウニモグ。

現場指揮官車

屋根の上に「指揮台」が設置されていて、人が乗って現場を指揮するために使われています。

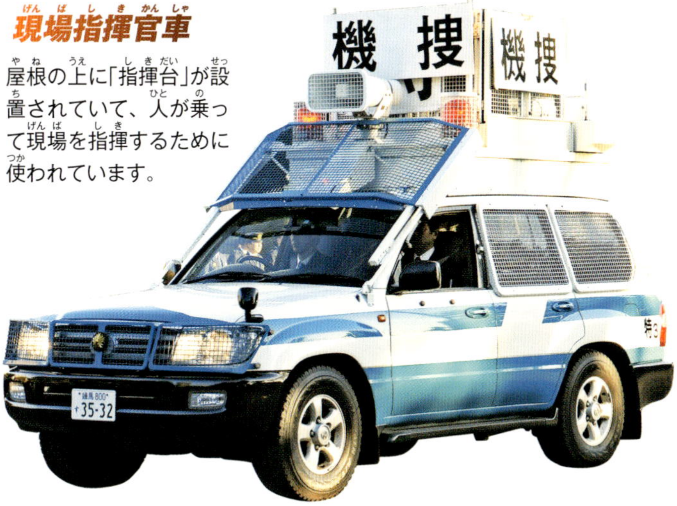

化学防護車

核兵器や化学兵器が使われた現場でかつやくします。乗っている人が危険なガスを吸いこまないように、外の空気が車内に入らないようになっています。

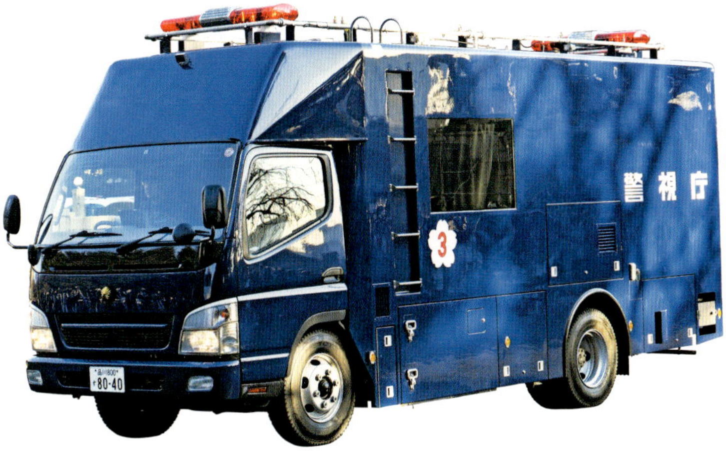

特型警備車

銃などが使用されている危険な現場でかつやくする装甲車両です。前面のガラスには防弾シャッターをおろすことができるなど、とてもがんじょうにできています。

常駐警備車

危険な場所を長いあいだ警備するときに使われます。人がよじのぼれないように凹凸がすくないつくりになっているので、人がおし寄せたときには、かべの役割をします。

ドバイの高級パトカー

アラブ首長国連邦のドバイ警察のパトカーにはたくさんの高級車が使われています。フェラーリやランボルギーニ、ブガッティなどの高級車メーカーのパトカーのなかには、1億円をこえるものもあります。

ランボルギーニ社製のドバイ警察の高級パトカー。

爆発物処理用具Ⅱ型

住宅の近くなどで爆発物の疑いがあるものが発見されたときに、あやしいものを目で確認しつつ作業します。大きな盾とアームを使って爆発物であるかどうかを確認して、処理をすることができます。

中型輸送車

警備につく警察官などを運ぶ車です。外側には金網を取りつけてあります。

投光車

大規模な交通事故が起こった際に出動します。夜の事件や事故の現場では大型の照明灯を使って証拠採取などを助けます。

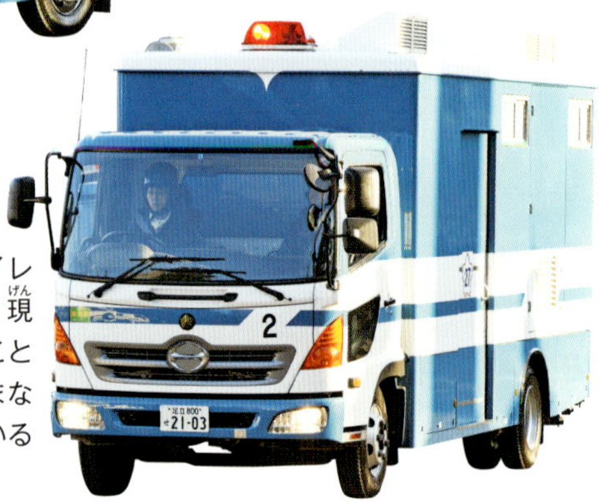

トイレカー

トラックの荷台にトイレが設置されています。現場にはトイレがないことが多いため、さまざまな場所でかつやくしている欠かせない車です。

水難救助車

台風などで水難事故が発生したときに出動する車です。水難救助に必要な器具を装備しています。

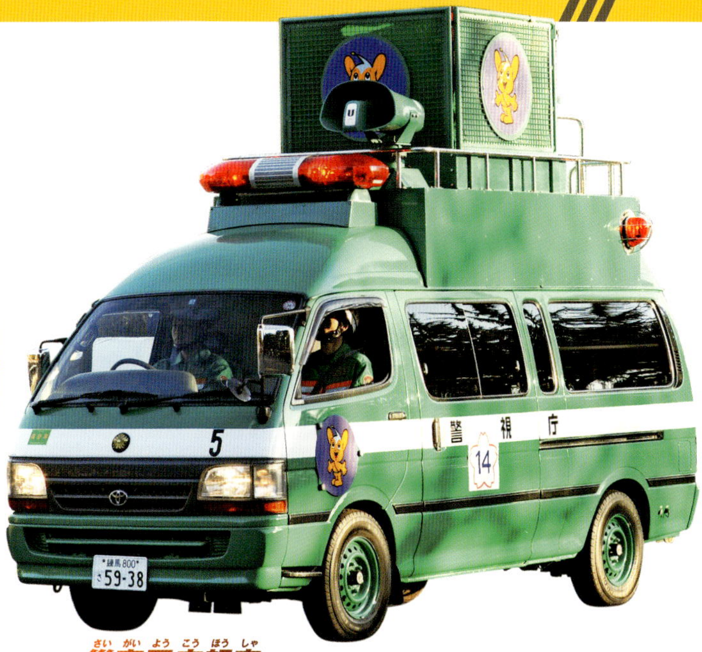

災害用広報車

災害が起きたときに避難の指示などの広報活動をおこないます。屋根の上にあるスピーカーで、まわりに情報を伝えます。

災害用ショベル車

土砂やがれきの除去にかつやくする車です。災害現場までかけつけてじゃまな石や土をどかします。

災害用レッカー車

故障してしまった車や事故で動けなくなった車を移動させることができます。乗用車だけでなく大型車両もひっぱることができます。

災害給水車

飲料水を10ｔ運ぶことができます。水道管がこわれて水が使えなくなった地域に水を届けます。

レスキュー車

別名「災害用救助車」。クレーンだけではなく、車体後部には削岩機やチェーンソーなど災害現場での活動に役に立つ装備品が積まれています。

未来の乗用車

ムーブはかせの「ここに注目!」

いまはまだ走っていないけれど、未来にはこんな乗用車が街を走っているかもしれない。見るだけでわくわくする未来の乗用車を紹介するぞ!

Jaguar FUTURE-TYPE

2017年にジャガーが発表した自動運転車です。音声で作動する人工知能(AI)を搭載しています。完全な自動運転車ですが、ドライバーが運転することもできます。2040年以降に実用化を目指しています。

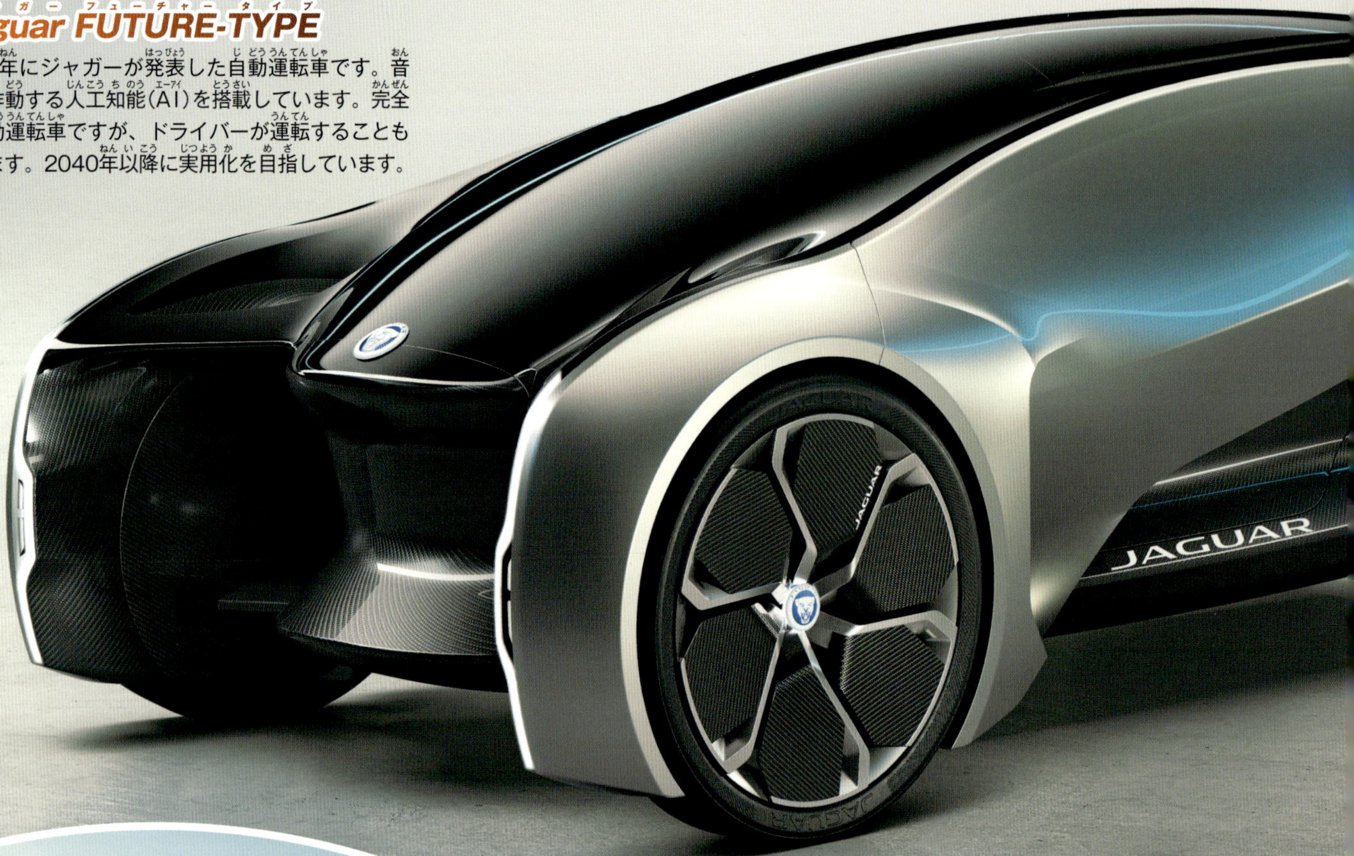

自動運転をしているときは、歩行者やほかの自動車とぶつからないように、相手との距離を自動的にはかって走ります。

正面から見たHover Rideです。

BMW Hover Ride

2017年にBMWとレゴが共同で発表した乗りものです。浮いて走るオートバイをイメージしてつくられたものですが、実際に走行する目的で製作されたものではありません。

おもちゃから生まれた空飛ぶバイク!?

▼レゴの上級者向けシリーズ「BMW R1200 GS ADVENTURE」です。このおもちゃのパーツをもとに空飛ぶオートバイをデザインしました。

▲BMWの技術者が実際に使われているオートバイのパーツで、製作しました。

上で紹介したHover Rideは、ドイツの自動車メーカーのBMWと、デンマークのおもちゃメーカーのレゴが共同で製作しました。もともとレゴから発売されているBMWのオートバイのおもちゃのパーツをもとに、レゴテクニックのデザイナーがデザインをして、BMWの技術者が実際のパーツで組み立てました。Hover Rideはあくまで新しい乗りもののイメージなので、実際に乗ったり飛ばしたりすることは、いまはできません。しかし、これだけリアルなものがつくれるなら、いつの日か空飛ぶオートバイが実現するかもしれません。

自動運転中は、対面式のシートにすることもできます。

エンジンを見てみよう

4サイクルエンジン

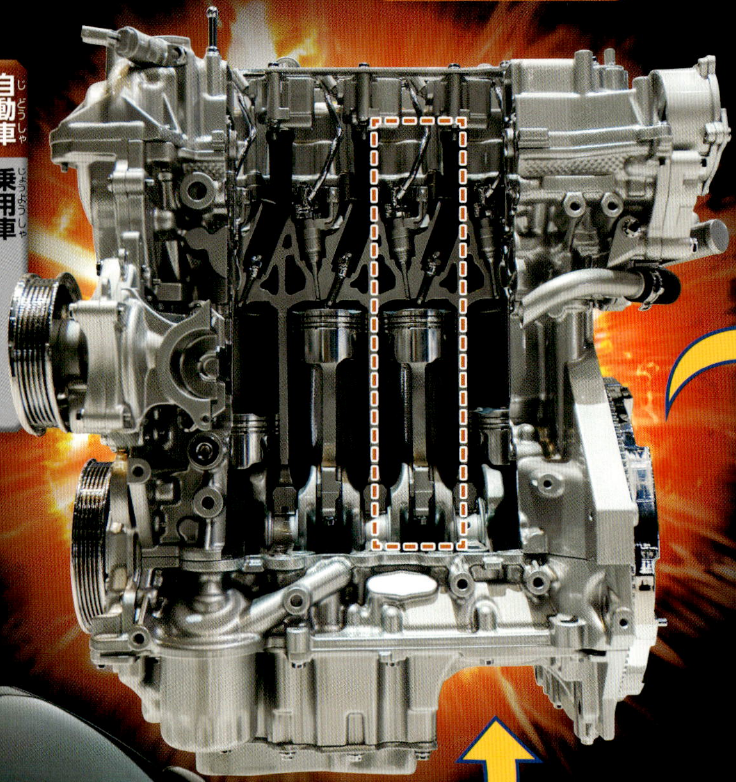

ムーブはかせの「ここに注目!」

エンジンは自動車の心臓だ。ここでは乗用車などで一般的に使われる4サイクルエンジンのしくみを紹介するぞ！

»バルブ
燃料の出し入れをする装置です。吸気側と排気側にそれぞれついていて、個数はエンジンのつくりによってちがいます。

»スパークプラグ
火花を発生させて、燃料に点火するための装置です。

»シリンダー（気筒）
ピストンが上下する円筒状の部分のことをいいます。シリンダーの数によって単気筒、4気筒などと呼びます。

»ピストン
シリンダーの内部を往復して動きます。

»クランクシャフト
ピストンの動きを回転力に変えて、車輪に力を伝えます。

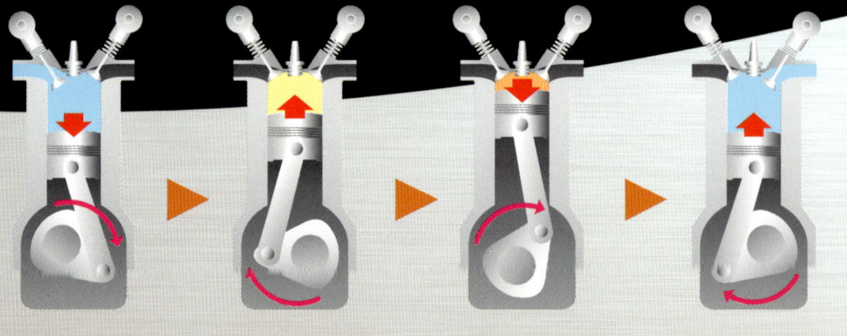

4サイクルエンジンのしくみ

右の4つの行程で1つの動きが完了するエンジンのことを「4サイクルエンジン」「4ストロークエンジン」などと呼びます。自動車以外にもプロペラ機や船など、さまざまな乗りもののエンジンで使われています。

吸気
吸気側のバルブが開き、燃料と空気を取りいれ、ピストンが下がります。

圧縮
吸気側のバルブが閉まり、ピストンが上がることで、空気が圧縮されます。

燃焼・膨張
スパークプラグで燃料に点火し、圧力を急激に上げ、ピストンを下げます。

排気
排気側のバルブが開き、ピストンが上がり、燃焼ガスを外に出します。

エンジン+モーターで走る

ガソリンで動くエンジンと、電気で動くモーターの両方をそなえているのが、Hondaのハイブリッドスポーツカー「NSX」だ。しくみや特ちょうを見てみよう！

エンジンの位置

自動車のエンジンは、小型車や中型車では車体前方にありますが、NSXのようなスポーツカーでは車体後方に置くことがあります。エンジンが後方にあると、ハンドルの操作が車に伝わりやすいという特ちょうがあります。

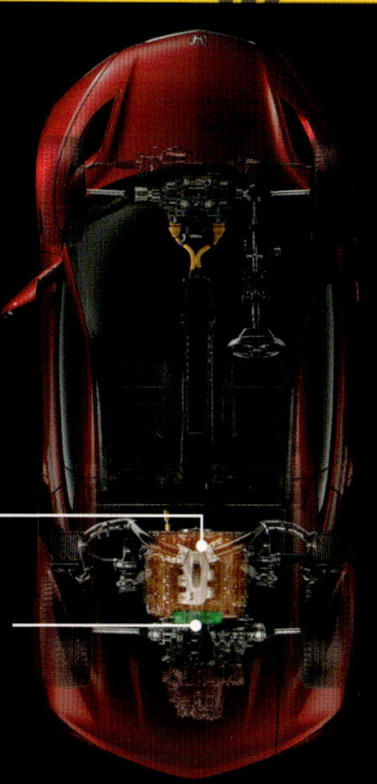

»ツインターボエンジン

燃料のガソリンと空気を燃やして、走る力を生み出します。

»ダイレクトドライブモーター

エンジンに直接つながっているモーターで、エンジンを手助けします。

»ツインモーターユニット

2つのモーターが左右にならんでいて、右のタイヤと左のタイヤをそれぞれ制御します。

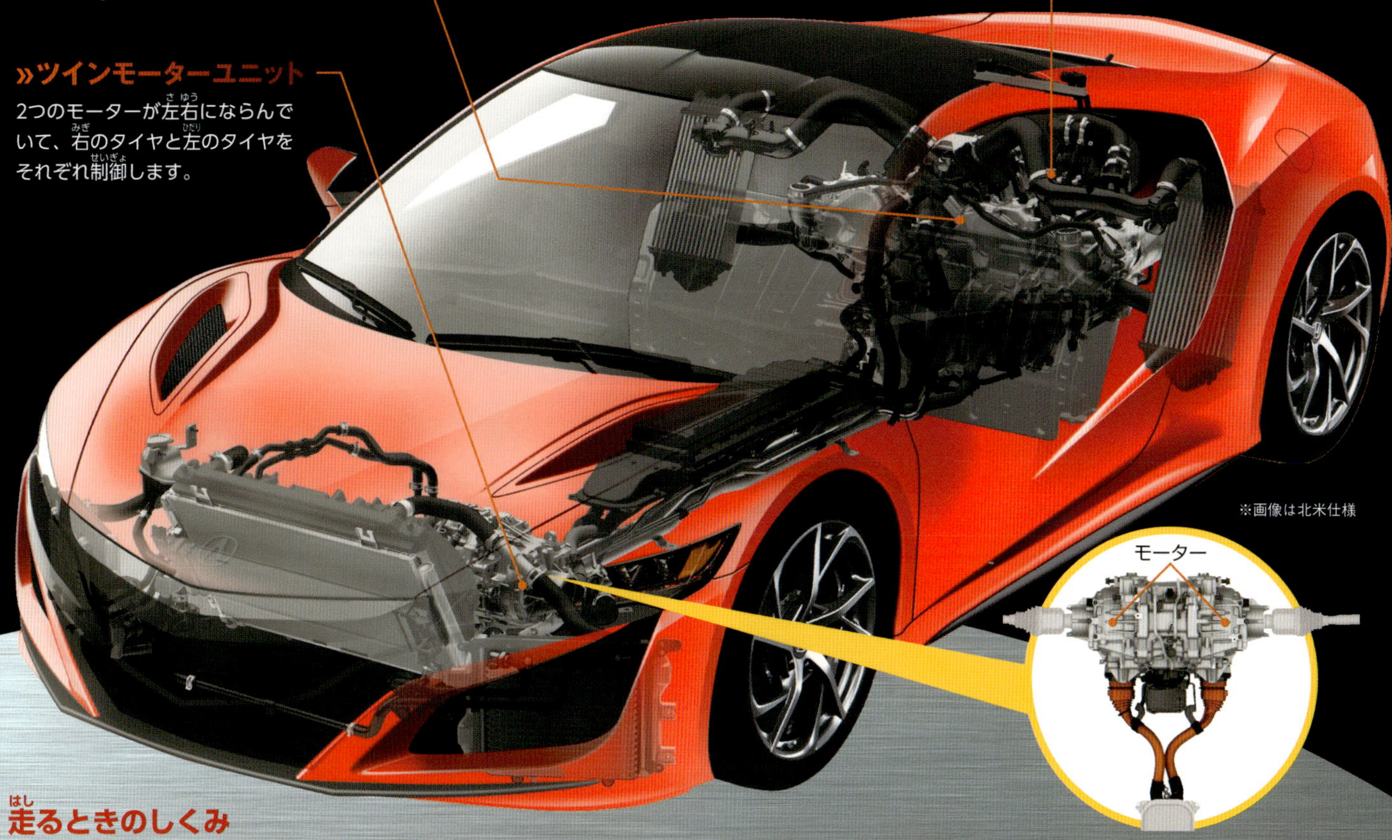

※画像は北米仕様

走るときのしくみ

発進・低速走行時

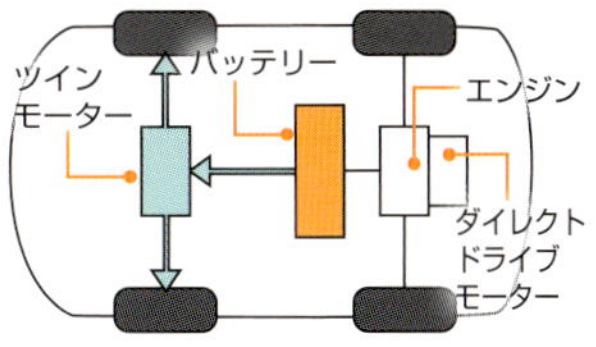

おもにツインモーターで走ります。バッテリーからの電力でモーターを回します。

ゆるやかな加速時

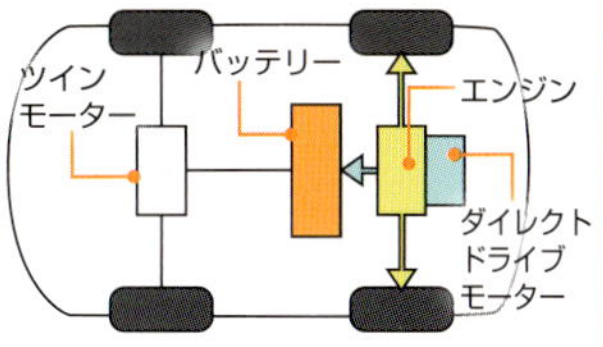

おもにエンジンで加速しながら、エネルギーをバッテリーにたくわえます。

急加速時

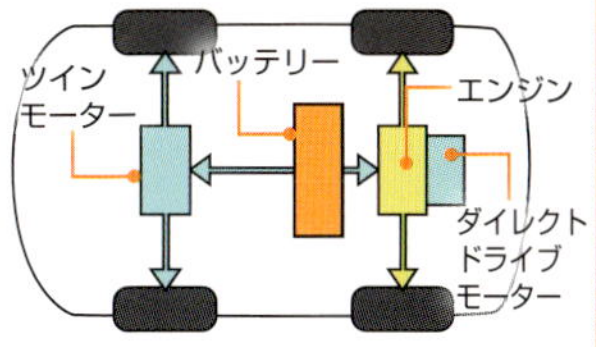

エンジンとモーターの両方を使って、最大限のパワーを生み出します。

減速時

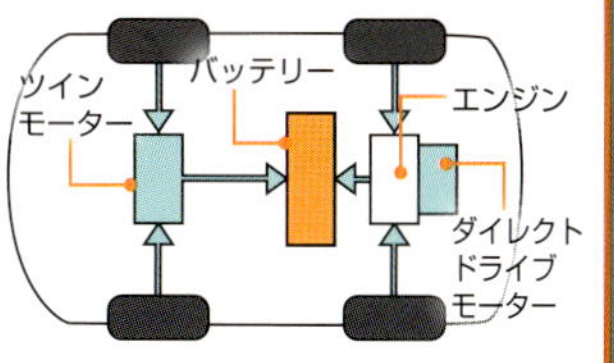

モーターを発電機として利用し、エネルギーをバッテリーにたくわえます。

いちばん身近な乗用車
パッセンジャーカー

ムーブはかせの「ここに注目!」

乗用車は、乗車人数や用途によって形がちがう。パッセンジャーカーという呼び名は乗用車を意味する英語での表現だ。

セダン レクサス LS600h

日本を代表する大型の高級セダンです。走りはスポーツカーにも負けません。■5.09×1.875×1.475m ■11.6km/L ■2320kg ■4968cc（ハイブリッドシステム） ■5

見てみよう! DVD 自動車の運転席をみてみよう

セダン 日産 スカイライン

長い歴史をもつセダンです。すぐれたエンジンや居心地のよい室内が特ちょうです。■4.8×1.82×1.44m ■17.8km/L ■1800kg ■3498cc（ハイブリッドシステム） ■5

コンパクトカー トヨタ ヴィッツ

車体が小さめで小回りがききます。初心者ドライバーでも運転しやすい車です。■3.945×1.695×1.5m ■34.4km/L ■1110kg ■1496cc（ハイブリッドシステム） ■5

軽自動車 ダイハツ コペン

電動の折りたたみオープンルーフがついています。■3.395×1.475×1.28m ■25.2km/L ■870kg ■658cc ■2

軽自動車 スズキ ハスラー J STYLE Ⅱ

人目をひくユニークなデザインの軽自動車です。かわいらしいスタイルと豊富なボディカラーが特ちょうです。■3.395×1.475×1.665m ■27.8km/L ■820kg ■658cc ■4

スポーツカー マツダ ロードスター

運転することを楽しむための車がスポーツカーです。運転者の意のままに楽しく走ることができるよう設計されています。■3.915×1.735×1.235m ■17.2km/L ■990kg ■1496cc ■2

SUV スバル レガシィ アウトバック

セダンの後部を荷物室にしたステーションワゴンがベースです。車高を上げることで、スポーティーなSUVとして高い人気をほこっています。
■4.815×1.840×1.605m ■14.6km/L ■1570kg ■2498cc ■5

SUV トヨタ C-HR

SUVとはスポーツユーティリティービークル（多目的スポーツ車）の略称です。日常生活からレジャーまで、さまざまな用途に対応しています。■4.36×1.795×1.55m ■30.2km/L ■1440kg ■1797cc（ハイブリッドシステム） ■5

ミニバン トヨタ ヴォクシー

実用性を重視したミニバンです。スポーティーな外観やインテリアの質感も人気です。
■4.71×1.735×1.825m ■23.8km/L ■1620kg ■1797cc（ハイブリッドシステム） ■7

ミニバン ホンダ フリード

コンパクトサイズのミニバンです。乗車人数に合わせて座席の数を変えることができます。
■4.265×1.695 ×1.71m ■27.2km/L ■1400kg ■1496cc（ハイブリッドシステム） ■6

2つのトランスミッション

トランスミッションとは、エンジンが生みだした動力を調整して、タイヤに伝える装置のことです。日本ではオートマチックトランスミッションが一般的です。かつては、価格が安い車やスポーツモデルを中心にマニュアルトランスミッションが使われていましたが、いまは一部の車にしか見られない、めずらしいしくみとなりました。

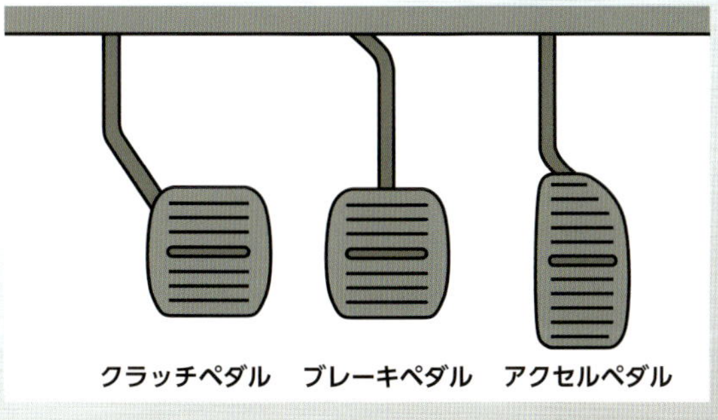

オートマチックトランスミッション

アクセルペダルをふみこむと、スピードに合わせて自動的にギアが切りかわります。クラッチペダルはありません。

マニュアルトランスミッション

運転者がスピードに合わせて自分でギアを切りかえます。エンジンをかけるとき、左足でクラッチペダルをふまないと始動できない安全装置がついています。

キャンピングカーの中を見てみよう

ムーブはかせの「ここに注目!」

キャンピングカーは、旅する家だ。長距離を移動しながら、快適に夜を過ごすことができるんだ。限られたスペースを最大限に活かす工夫がたくさんつまっているぞ。

»ベッドルーム

ベッドが2つあります。枕元に照明がついています。

»バスルーム

洗面台、シャワールーム、トイレがあります。120Lの給水タンクを利用して、温水を出せます。

キャンピングカー ML-T 540

ベンツのバンをベースにしているキャンピングカーです。キッチンやトイレ、ベッドなど、生活に必要な設備が備わっています。内装は自分流にカスタマイズすることができます。■6.36×2.22×2.9m ■8～11km/L ■3000～3500kg ■3000cc ■4 ■2+1

»収納庫

ベッドの下を収納庫にして、スペースを有効活用しています。

»クローゼット

洋服などを収納できます。車内にはほかにも大小さまざまな収納スペースがあります。

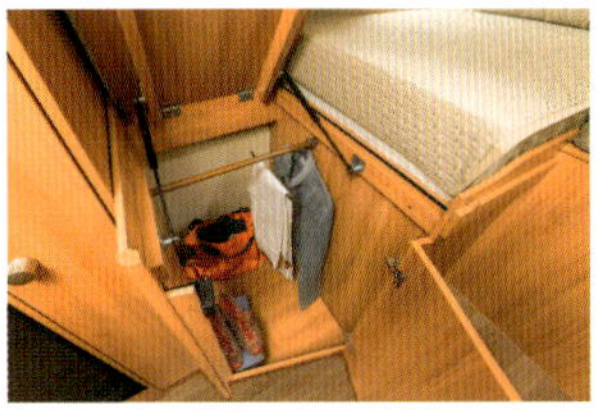

»リビングルーム

運転席と助手席を回転させると、4人でテーブルを囲むことができます。上部には収納があります。

軽キャンピングカー

かるキャン デッキクルーザー

軽自動車がベースです。屋根の上のテントはロックを外すだけでかんたんに展開することができ、車内から直接テントに登ることができます。■3.395×2.32×1.475m（テント収納時）■4 ■大人2+子ども2

»キッチン

キッチンボードを拡張し、作業スペースを広げることができます。となりには大きな冷蔵庫がついています。

»天井

大小３つの天窓があるので、たくさんの光が差しこみ、車内は明るく開放的です。

キャンピングカー シリウス6.7

マイクロバスがベースです。大容量の収納スペースや広々とした車内を実現しています。■6.69×2.1×3.15m ■7〜8km/L ■4300kg ■3000cc ■7 ■4

和室付き自作キャンピングカー

ふつうの車を改造してキャンピングカーをつくってしまう人もいます。東京都の熊田さんたちが２年と２か月かけてつくったキャンピングカーは、なんと２階建て和室付き。友だち同士でアイデアを出し合いながらつくり、日本一周の旅を実現したそうです。

»運転席

２階建て和室付きキャンピングカー

»デッキ

①和室
空気圧を利用して屋根をもち上げ、最短約30秒で和室が完成します。

②お風呂／トイレ
家庭用のバスタブや湯沸かし器、簡易水洗式のトイレ、換気扇がついています。

③キッチン
グリル付きコンロ、換気扇、湯沸かし器などがついています。

２階への階段
階段が収納になっています。

自動車
乗用車

並外れたスピードに究極のデザイン
スーパーカー

ムーブはかせの「ここに注目!」

スポーツカーのなかでも、特に高性能かつデザインが個性的で、存在感がある車のことを特別にスーパーカーと呼ぶんだ。

スーパースポーツカー
フェラーリ812 SUPERFAST
歴代最高出力をほこるイタリアのスーパーカーです。フェラーリの伝統というべきV型12気筒エンジンを車体の前部に搭載しています。■4.657×1.971×1.276m ■588kW ■1525kg ■6496cc ■2

スーパースポーツカー
ケーニグセグ アゲーラRSR
生産台数はわずか3台というレアモデルです。スーパーカー専門メーカーがすべて手づくりで仕上げています。■4.293×2.05×1.12m ■865kW ■1395kg ■5000cc ■2

スーパースポーツカー
ホンダ NSX
日本を代表するスーパーカーです。ハイブリッドシステムと組み合わせた4WDメカを採用。■4.49×1.94×1.215m ■373kW ■1800kg ■3492cc ■2

スーパースポーツカー
ランボルギーニ アヴェンタドールクーペ
うつくしくダイナミックなボディと、すばらしい性能をほこります。■4.78×2.03×1.136m ■515kW ■1575kg ■6498cc ■2

スーパースポーツカー
ブガッティ シロン
日本円で3億円をこえるスーパーカーです。最高時速は400km以上といわれています。■4.544×2.038×1.212m ■1103kW ■1995kg ■7993cc ■2

スーパースポーツカー　シボレー コルベット Z06

1953年に初代が登場しました。特別なレースカーの技術を活かしてつくられています。■4.515×1.97×1.23m ■485kW ■1610kg ■6153cc ■2

スーパースポーツカー　マクラーレン 720S

スーパーカーを専門に手がけているメーカーの最新モデルです。軽量化に力を注いだレースカーに近い設計です。■4.543×1.93×1.196m ■527kW（プラグインハイブリッドシステム）■1283kg ■3994cc ■2

スーパースポーツカー　BMW i8

電気モーターとガソリン・エンジンを組み合わせた、環境にやさしいドイツのスポーツカーです。家庭のコンセントからも充電ができます。■4.69×1.94×1.3m ■266kW（プラグインハイブリッドシステム）■1510kg ■1498cc ■4

スーパースポーツカー　アストンマーティン ヴァンキッシュ ザガート

クラシカルなデザインに最新のメカニズムをつめこんだマニアックなスーパーカーです。■4.73×2.067×1.295m ■432kW ■6000cc ■4

スーパースポーツカー　ポルシェ 911 GT3

耐久レース用のベースモデルとして世界中のレーシングコースでかつやくしています。■4.562×1.852×1.271m ■368kW ■1505kg（EU仕様基準）■3996cc ■2

昭和のスーパーカーブーム

1974年ごろから数年間、日本で流行したのがスーパーカーです。少年雑誌の連載マンガがきっかけとなったこのブームは、ほかの雑誌やテレビもまきこんだ一大ムーブメントでした。当時人気だったスーパーカーといえば、フェラーリ365GTB4/BB、ランボルギーニ カウンタックLP400、ポルシェ911 カレラRSなどが挙げられます。

ランボルギーニ カウンタック LP400

ユニークなデザインがそろう

世界の車

フォーマルリムジン 🇬🇧

ロールスロイス ファントム

「ファントム」は、歴代の最上級リムジンにあたえられる伝統的な名前です。世界中の要人がこの車を愛用しています。■5.84×1.99×1.655m ■338kW ■2320kg ■6749cc ■5

ムーブはかせの「ここに注目!」

外国の自動車の魅力は、国産車では見ることができないデザインだ。とても高価な車がたくさんあるぞ。

SUV ボルボ V90クロスカントリー 🇸🇪

ステーションワゴンをベースにしたSUV(81ページ)です。ボルボは昔から安全性にすぐれた車をつくるメーカーとして高く評価されています。■4.94×1.905×1.545m ■187kW ■1850kg ■1968cc ■5

セダン ベントレー フライングスパー W12S 🇬🇧

1950年代に初代が登場した伝統ある車です。W型12気筒というめずらしい構造のエンジンが採用されています。■5.315×1.985×1.49m ■460kW ■2540kg ■5998cc ■5

コンパクトカー フォルクスワーゲン ゴルフ 🇩🇪

初代は1974年に登場し、現行モデルで7代目です。世界を代表するファミリーカーです。■4.265×1.8×1.48m ■103kW ■1320kg ■1394cc ■5

SUV ベントレー ベンテイガ 🇬🇧

古くから高級で高性能なセダンをつくっていたメーカーが手がけた高級SUVです。■5.15×1.995×1.755m ■447kW ■2530kg ■5945cc ■5

■全長×全幅×全高 ■最高出力 ■重さ ■排気量 ■乗車定員

コンパクトカー ルノー トゥインゴ

日常生活で使いやすく、かわいらしいデザインのコンパクトカーです。■3.62×1.65×1.545m ■52kW ■960 kg ■998cc ■4

オフロード レンジローバー

高級オフロード車として1970年に登場しました。現在のモデルは4代目です。■5.005×1.985×1.865m ■375kW ■2550kg ■4999cc ■4

コンパクトカー ミニ ジョンクーパーワークス

1959年に登場した初代モデルのイメージを引き継ぎ生産されています。車名は、初代モデルのチューニングを手がけた人物の名に由来しています。■3.875×1.725×1.43m ■170kW ■1250kg ■1998cc ■4

※チューニングとは、もともとの設計に対して、さらに性能がよくなるように手を加えることです。

オフロード メルセデスAMG G65

メルセデス・ベンツの本格的なオフロードモデルをベースに、AMGという会社がチューニングを加えた高性能モデルです。■4.575×1.86×1.95m ■463kW ■2590kg ■5977cc ■5

フォーマルセダン メルセデス・ベンツ マイバッハ

メルセデス・ベンツのフォーマルモデルです。車名は、かつてドイツにあった超高級車メーカーに由来しています。メカニズム、動力性能、装備、そのすべてが超一流です。

過去のデザインをふり返る

ロールスロイスやベントレー、メルセデス・ベンツ、フィアットといった長い歴史をもつメーカーがつくる車の多くは、過去に自社がつくった名車をふり返っています。自社のデザインやコンセプト、歴史を大切にしているからです。

過去のフィアット500。右が現行モデル。

コンパクトカー フィアット 500

初代は1936年に誕生しました。現在のモデルは2007年に登場した3代目ですが、外観デザインは1957年から1977年にかけて生産された2代目をイメージしています。■3.57×1.625×1.515m ■51kW ■990kg ■1240cc ■4

歴史に名を残した名車たち
ヒストリックカー

ムーブはかせの「ここに注目!」

過去の名車は、それぞれの時代を象ちょうするすぐれたデザインやメカニズムの宝庫だ。いまはもう生産されていない希少な車の数々を紹介しよう。

スポーツカー

フェラーリ 250 GT ベルリネッタ・ルッソ

ルッソとは豪華であることを意味するイタリア語です。フェラーリが、はじめて自社工場ですべて製造するようになったプレミアムモデルです。■247hp ■1020kg ■2953cc ■水冷V型12気筒SOHC ■240km/h ■1962年

スポーツカー

メルセデス・ベンツ 300SL

ガルウイングドアを最初に採用した車です。ガルとはカモメを意味する言葉です。ドアを開いた状態の形がカモメの翼に似ていることからそう呼ばれるようになりました。
■4.52×1.778×1.302m ■212hp ■1293kg ■2996cc ■水冷直列6気筒SOHC ■217km/h ■1955年

スポーツカー

シェルビー コブラ 289FIAロードスター

イギリスのACというスポーツカーに、アメリカのフォードのエンジンを積んだ強力な車です。■3.848×1.549×1.245m ■271hp ■1050kg ■4727cc ■水冷V型8気筒OHV ■222km/h ■1964年

ツーリングカー

BMW 3.0CSL

パワフルで豪華な車をベースに、ツーリングカーレースに出場するためボディを軽量化したモデルです。CSLのLはドイツ語で軽量を意味するライトの頭文字です。■4.63×1.73×1.37m ■200hp ■1270kg ■3003cc ■水冷直列6気筒SOHC ■214km/h ■1972年

■全長×全幅×全高 ■最高出力 ■重さ ■排気量 ■エンジン型式 ■最高速度 ■登場した年

スポーツカー

ジャガー Eタイプ

それまでクラシカルなスポーツカーをあつかっていたイギリスのジャガーが、新しい時代に向けてつくったモデルです。前部が長いロングノーズのデザインは、多くの車に影響をあたえました。■4.375×1.657×1.225m ■265hp ■1234kg ■3781cc ■水冷直列6気筒DOHC ■241km/h ■1961年

スポーツカー

フォード マスタングGT

価格が安い大衆車をベースに、ボディや内装のデザイン、装備品などを見直し、世界的なベストセラーとなった車です。エンジンを強化したGTというモデルはレースでもかつやくしました。
■4.613×1.732×1.3m ■271hp ■1383kg ■4727cc ■水冷V型8気筒OHV ■217km/h ■1965年

スポーツカー

ロータス エリート

世界ではじめて、FRP（繊維強化プラスチック）をボディのすべてに採用した軽量スポーツカーです。■3.708×1.505×1.181m ■71hp ■506kg ■1216cc ■水冷直列4気筒SOHC ■180km/h ■1959年

スポーツクーペ

ベントレー コンチネンタルR

豪華なセダンだったベントレーの特別なモデルです。手づくりのボディが採用され、内装も専門の職人によって仕上げられていました。最高出力は伝統的に発表されていませんでした。■5.245×1.816（全高不明） ■1651kg ■4566cc ■水冷直列6気筒Fヘッド ■188km/h ■1952年

※hpはホースパワーの略で、馬力をあらわします。時代や国によって1馬力の定義は異なります。日本では0.75kWを1馬力としていました。

レーシングカー

ムーブはかせの「ここに注目!」

速く走ることだけを目指して設計されているのがレーシングカーだ。運転するには特別な訓練をうけなければならない。

GTカー

スーパーGT選手権 GT-R

市販車と同じような形をしていますが、GTレースカーは許されている改造範囲が広く、大々的に改造されています。

ル・マンプロトタイプレースカー

トヨタ TS050 HYBRID

プロトタイプカーは、フォーミュラカーにタイヤをおおうボディカウルをかぶせたような形をしています。耐久レースを戦うル・マンプロトタイプカーのエンジンは2.4リッターターボ。ハイブリッドシステムを使った四輪駆動です。車体はフォーミュラカーに近い構造です。

F1 フェラーリ SF70H

F1とはフォーミュラ1のことで、世界最高峰のレースのひとつ、またそのレースを走る車のことです。最新のF1は1.6リッターの小さなターボエンジンを使っています。すべてのエネルギーをむだなく使うことができるハイブリッドシステムが組み合わされています。

マシンを支えるピットクルー

F1のピット作業では、タイヤ交換をおこないます。何人もの人が車体をもち上げる作業やタイヤをつけかえる作業を分担し、秒単位ですばやく動きます。F1以外の多くのレースでもピット作業がおこなわれています。

ツーリングカー

ホンダ シビックWTCC

ツーリングカーは、市販車の形をベースにしています。中身はレースカー用に大きな改造がほどこされています。

オートバイ

ムーブはかせの「ここに注目!」

オートバイは運転者の操作がダイレクトに車体につたわる一体感が魅力だ。

ロードスポーツモデル

ドゥカティ スーパーバイク1299 パニガーレS

レーシングバイクに近い性能をほこるイタリア製のスーパーバイクです。■2.07×0.745×1.105m ■124kW ■175.5kg ■1285cc ■水冷L型2気筒

ロードスポーツモデル

ヤマハ MT-10SP

個性的かつダイナミックなデザインとすぐれた走行性能を両立した新しいロードスポーツモデルです。■2.095×0.8×1.11m ■118kW ■212kg ■997cc ■水冷直列4気筒

ツーリングモデル

カワサキ W800

1960年代のオートバイを思わせるデザインが人気です。ゆったりとしたツーリングに向いています。■2.18×0.79×1.075m ■35kW ■216kg ■773cc ■空冷並列2気筒

ツーリングモデル

ハーレーダビッドソン ローライダー

ロングツーリングから街乗りまで楽しめるアメリカの名門メーカーのオートバイです。低くたくましいスタイルが特ちょうです。■2.36×0.97×1.16m ■300kg ■1745cc

ロードスポーツモデル

スズキ グラディウス400 ABS

日本で人気がある400ccクラスのオートバイです。ヘッドライトやフレームのデザインが個性的です。■2.13×0.76×1.09m ■41kW ■206kg ■399cc ■水冷V型2気筒

ツーリングモデル

ホンダ NM4-01

スクーターのあつかいやすさとオートバイのすぐれた機能を合わせたオートバイです。街乗りからロングツーリングまでこなすことができます。■2.38×0.81×1.17m ■40kW ■245kg ■745cc ■水冷直列2気筒

競技でかつやくするバイク

レーシングバイク（トライアラー）

ホンダ RTL300R

オートバイ競技、トライアル専用のオートバイです。■2.01×0.83×1.13m ■15.5kW ■72.6kg ■288cc ■水冷単気筒

レーシングバイク（モトクロッサー）

ヤマハ YZ450F

人工的につくったオフロードでスピードを競うモトクロス用のオートバイのなかで、最強クラスです。衝撃吸収能力にすぐれた足まわりを備えています。■2.185×0.825×1.285m ■111kg ■449cc ■水冷単気筒

岩場を走るオートバイ

トライアルは、スピードではなく、自然の岩山のようなむずかしいコースをライダーがいかに足を着かずに通過できるかを競う競技です。高さが数メートルの垂直のかべを一瞬で登るといった信じられない動きを見せることもめずらしくはありません。

オフロードモデル KTM 690エンデューロR

パワフルな大排気量エンジンとはしご形のフレームをもつオーストリア製の強力なオフロードモデルです。走る場所を選びません。■非公表 ■49kW ■140kg ■690cc ■水冷単気筒

オフロードモデル ホンダ CRF1000L アフリカツイン

道なき道を長期間にわたって走る過酷なエンデューロ競技にも使える大排気量オフロードモデルです。すぐれた走行性能と耐久性をほこります。■2.335×0.93×1.475m ■70kW ■232kg ■998cc ■水冷直列２気筒

スクーター

スズキ スカイウェイブ650LX

一般道路はもちろん、高速道路も快適にツーリングできる大型スクーターです。2人乗りしやすい設計です。■2.265×0.81×1.42m ■37kW ■277kg ■638cc ■水冷直列２気筒

スクーター

ヤマハ ビーノ デラックス

オートバイをあまり知らない人にもおなじみのスクーターです。クラシカルかつかわいらしいデザインです。■1.675×0.645×1.005m ■3.2kW ■80kg ■49cc ■水冷単気筒

レーシングバイク ホンダ RC213V

MotoGPと呼ばれているロードレース世界選手権用にホンダがつくったバイクです。世界最高レベルの性能をほこります。■2.052×0.645×1.11m ■175kW以上 ■160kg以上 ■1000cc ■水冷V型４気筒

建機（建設機械）

掘る

ショベルカー
（98ページ）

アームの先についたバケットで地面を掘ったり、削ったりする建機です。さまざまな建設現場でかつやくします。

ムーブはかせの「ここに注目！」

建設現場などでかつやくする建機にはさまざまな種類がある。ここではおもな建機の役割と特ちょうを紹介するぞ！

930E
KOMATSU
»ベッセル
土や岩を積むところです。ベッセルをななめにして土をおろすこともできます。

運ぶ

ダンプカー
（104ページ）

ショベルカーなどの建機が掘った土や岩を受け取って、ほかの場所に運ぶ建機です。

つる

クレーン

（110ページ）

ブームをのばして、フックに重い積み荷をかけて、つりあげる建機です。ビルやマンションなどの高い建物を建てるときにもかつやくします。

力強くショベルを動かす！

土を掘る建機

見てみよう！ DVD はたらく乗りもの　巨大強力編

ムーブはかせの「ここに注目!」

鉱山などでかつやくする大型のショベルカーなどの土を掘る建機や、トンネルを掘るのが得意な機械まで紹介するぞ！

ショベルカー ***PC8000***

街の工事現場などではなく、鉱山や採石場などではたらいている超大型の油圧ショベルです。大きさは世界最大級です。

■ 18.5 × 10.1 × 10.7m ■ 752t ■ 42㎥ ■ 1500kW × 2

ショベルカー
PC01

まるでミニチュアモデルのようですが、花壇や家庭用の畑などでも作業をこなすことができる世界最小級の油圧ショベルです。■2.1×0.58×1.1m ■300kg ■0.008m^3 ■2.6kW

たてに穴を掘る建機「アースドリル」

ビルやマンションなどの高い建物をつくるときは、建物をささえるために杭をつくることがあります。杭をつくるときにかつやくするのが、地面にたてに穴を掘ることができるアースドリルです。ショベルカーなどとくらべて、より深い穴を速く掘ることができます。

たてに掘った穴には鉄筋を立てこみ、コンクリートを流しこんで、杭をつくります。たくさんの杭をつくることで、「基礎」と呼ばれる、建物をささえる部分ができあがります。

ショベルカー EX8000

世界最大級の油圧ショベルです。世界中の鉱山などで広くかつやくしています。

■20.5×10.67×9.9m ■811t ■40m^3 ■1450kW×2

ショベルカーのなかまの建機

見てみよう！ DVD はたらく乗りもの　巨大強力編

»主腕
ブームとアームからなるうでです。先端には、いろいろなアタッチメントがつけられます。
»フォークグラップル
ものをつかむためのアタッチメントです。ほかにも、コンクリートなどをくだくための「ブレーカ」というアタッチメントなどがあり、作業ごとにつけかえることができます。
»主腕ブーム
»主腕アーム
»ピストンロッド
»油圧シリンダー
シリンダーの中にはピストンロッドが入っていて、油圧ポンプから送られる油で動きます。
»本体
油圧ポンプとそれを動かすディーゼルエンジンなどが入っています。レバーの操作で360度旋回します。

ムーブはかせの「ここに注目！」

ショベルカーのなかまだけどアームの先がバケットではないものもある。これらはおもに解体作業の現場でかつやくする建機だ！

双腕仕様機　アスタコNEO

２本のうでが特ちょうの建機です。解体物を鉄とコンクリートに分けるといった、これまで人間や複数の機械がおこなっていた作業を１台でこなすことができます。そのため、作業する人間や機械がたくさん必要な、災害救助の現場でも力を発揮します。

■7.4×2.64×2.78m ■16.2t ■69kW

アスタコNEOのデータ

重さ	最高走行時速	燃料タンク容量
16.2 t	5.5 km	220 L

»副腕

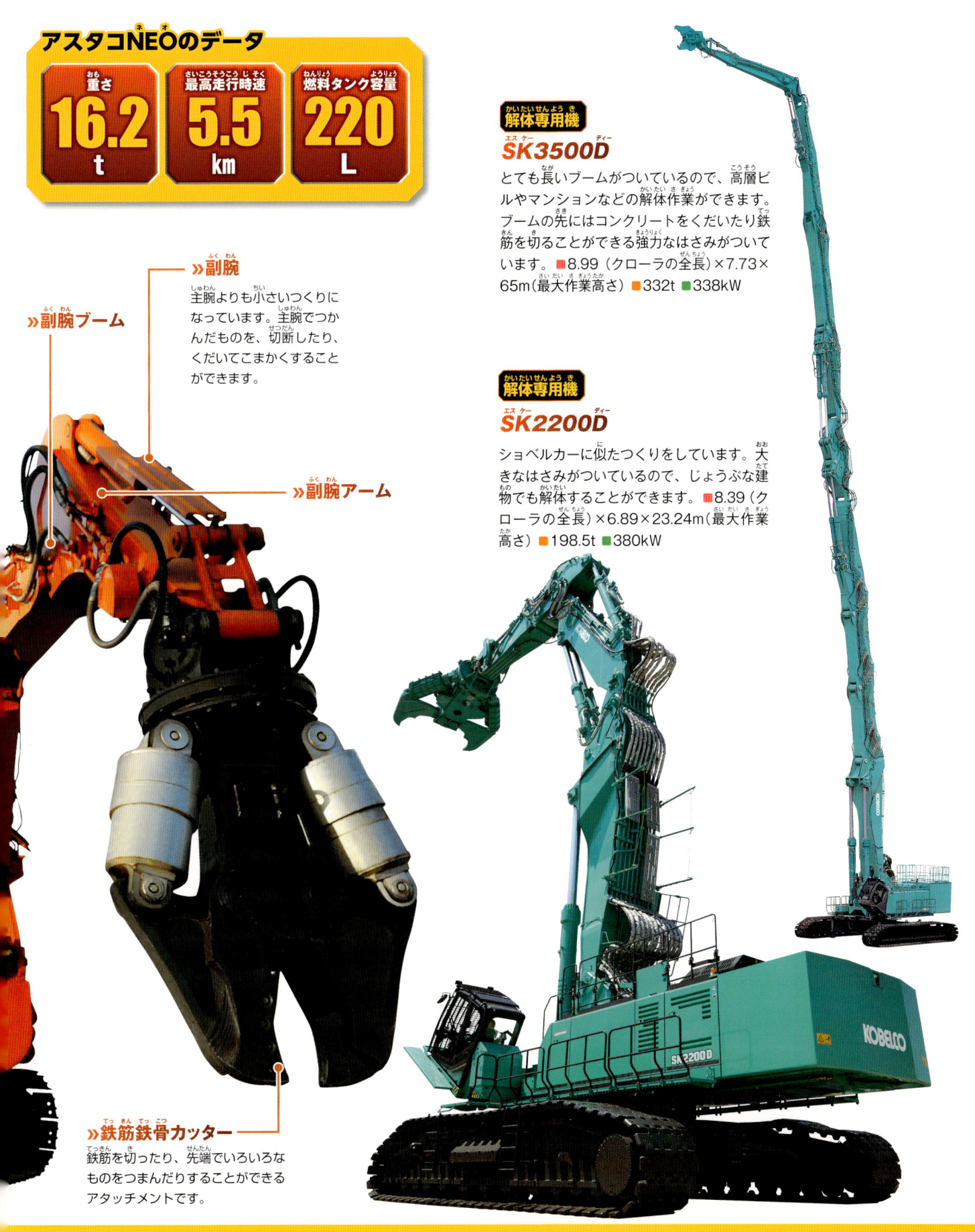

主腕よりも小さいつくりになっています。主腕でつかんだものを、切断したり、くだいてこまかくすることができます。

»副腕ブーム

»副腕アーム

»鉄筋鉄骨カッター

鉄筋を切ったり、先端でいろいろなものをつまんだりすることができるアタッチメントです。

解体専用機

SK3500D

とても長いブームがついているので、高層ビルやマンションなどの解体作業ができます。ブームの先にはコンクリートをくだいたり鉄筋を切ることができる強力なはさみがついています。■8.99（クローラの全長）×7.73×65m（最大作業高さ）■332t ■338kW

解体専用機

SK2200D

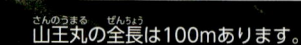

ショベルカーに似たつくりをしています。大きなはさみがついているので、じょうぶな建物でも解体することができます。■8.39（クローラの全長）×6.89×23.24m（最大作業高さ）■198.5t ■380kW

トンネルを掘るのが得意な機械

ムーブはかせの「ここに注目!」

日本のように山の多い国では、道路や鉄道の線路を通すために、たくさんのトンネルが掘られている。ここでは、トンネルを掘ることを得意とする機械を紹介しよう！

山王丸の全長は100mあります。

トンネルワークステーション
山王丸

トンネルを掘り進めるためのドリルや、削った土砂を後方に送るためのベルトコンベアなどがついています。後方ではトンネルのかべを組み立てることもできます。

トンネルドリルジャンボ

JTH3200R-Ⅲ

高速道路や新幹線を通すために、山を掘ってトンネルをつくる機械です。「油圧ドリフタ」という装備で、かたい地下でも打撃をあたえることで穴を掘り進められます。

シールドマシン

Bertha

シールドマシンは、建設するトンネルの直径に合わせて専用設計されます。前面の「カッターヘッド」を回転させてトンネルを掘り進めます。Berthaはアメリカのシアトルの地下に、道路となるトンネルを掘るために、日立造船が開発した世界最大のシールドマシンで、全長91m、カッターヘッドの直径は17.45mあります。

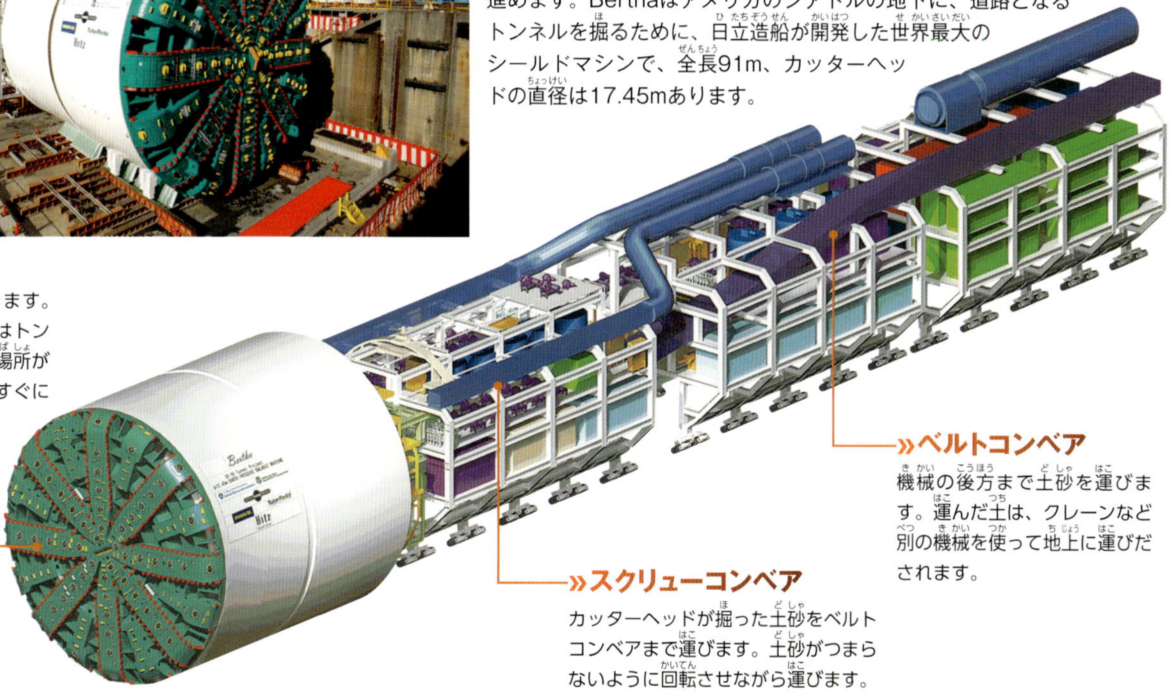

»カッターヘッド

この部分で地下を掘ります。カッターヘッドの裏にはトンネル用のかべをつくる場所があるので、掘ったあとすぐにかべをつくります。

»ベルトコンベア

機械の後方まで土砂を運びます。運んだ土は、クレーンなど別の機械を使って地上に運びだされます。

»スクリューコンベア

カッターヘッドが掘った土砂をベルトコンベアまで運びます。土砂がつまらないように回転させながら運びます。

重い土砂も軽々運ぶ！

土砂を運ぶ建機

見てみよう！ DVD はたらく乗りもの　巨大強力編

ムーブはかせの「ここに注目！」

建設現場などで出たじゃまな土砂、岩、がれきなどを運んだり、どかしたりできる建機を紹介する。大きなタイヤや土をどかすパワーに注目しよう！

ダンプカー

Belaz 75710

ベラルーシという国の会社がつくっている、世界最大の積載量をほこる超大型ダンプカーです。街中で見かけるダンプカー40台以上の土砂を積むことができます。■20.6×9.75×8.17m ■360t ■450t ■1715kW×2

ダンプカー 770G

公道を走行できないタイプのダンプカーとしては、やや小型ですが、それでも街中で見ることができるダンプカーよりはかなり大きいです。■ 8.8 × 3.93 × 4.12m ■ 36.0t ■ 35.3t ■ 356kW

機械の後方のベッセルでショベルカーなどから土砂を受け取って、別の場所へ運びます。

725Cの運転席です。

ダンプカー 725C

「アーティキュレーテッド」という車体の中心部が折れ曲がるダンプカーです。でこぼこの道やぬかるみに強いつくりです。■ 10.45 × 2.88 × 3.49m ■ 23.6t ■ 23.6t ■ 234kW

ブルドーザー D575A

世界最大級の超大型ブルドーザーです。大きなブレードを使って大量の土砂を別の場所へ移動させます。超大型ダンプカーや超大型油圧ショベルと同じく鉱山などでかつやくしています。■12.1×5.88×4.88m ■131.4t ■783kW

»ブレード
土砂をおしたり、地面を整えたりする部分です。

D575Aのブレードは車よりも大きいサイズです。

ホイールローダー WA1200

大きなタイヤを活かして時速18.7kmで走ることができます。時速10kmほどのものが多いブルドーザーとくらべてすばやいのが特ちょうです。■18.3×6.55×6.97m ■216.4t ■20m³ ■1411kW

グレーダー 16M3

ほかの建機が安全に移動できるように路面を整備するのがグレーダーの役目です。道路工事現場などでも見ることができます。■12.05×3.41×3.72m ■32.4t ■216kW

世界最大級の建機

ムーブはかせの「ここに注目！」

「掘る」と「運ぶ」を同時におこなうことができる巨大な建機がある。その名は「バケットホイールエクスカベーター」だ！

バケットホイールエクスカベーターKU800のデータ

全長	高さ	重さ	運転士の数
150 m	51.3 m	4300 t	5 名

バケットホイールエクスカベーター

KU800

ロシアなどの国でかつやくしている巨大な建機です。ショベルカーのように油圧の力でバケットを動かしています。

掘る

»バケットホイール

たくさんのバケットがついたバケットホイールの直径は13mです。

運ぶ

»ベルトコンベア

バケットから流れてきた土を機体側へ運びます。

バケットと人をくらべると、大きさがよくわかります。

»休憩室

家のように広いスペースがあり、電源なども設置されています。休憩室の前方には運転席があります。

»台車

左右の部分をあしのように動かして、位置を変えることができます。この部分がクローラになっているバケットホイールエクスカベーターもあります。

さらに巨大な走れる建機！

バケットホイールエクスカベーターにはいくつかの機種があります。ドイツのTAKRAF社には、全長200m以上、高さ90m以上、重さ1万t以上の世界最大サイズのモデルもあります。この機種にはクローラがついているので、自分の力で走ることもできます。

高さが自慢のクレーン車！

物をつる建機

ムーブはかせの「ここに注目！」

大きなビルや橋などを建設する現場でかつやくしているのがクレーンだぞ。高さだけでなく、足元にも注目してみよう！

クレーン車（ホイール）

GR-700N

ホイール式のクレーン車はクローラ式とくらべると小型ですが、自分だけで道路を走ることができます。いろいろな建設現場でよく見かける建機です。

■12.77×2.78×63m（高さは最大地上揚程）■41.3t ■70t ■283kW

自動車のよりも大きなタイヤを8つ使っています。

クレーン車（クローラ）

7120G

クローラを使ったクレーン車は別の乗りものに運ばれて現場まで移動します。足場が安定しているので、大きく重いものをつることができます。■7.9（クローラ部）×6.31×15.2〜91.5m ■123t ■120t ■271kW

»カウンタウエイト

クレーン車（クローラ）

SL16000J-H

最大で1250tものつりあげ能力がある超大型クレーンです。重いものをつるときに、その重みでたおれないように「カウンタウエイト」をのせた台車が接続されています。■14.1（クローラ部）×12.5×40～180m ■1582t ■1250t ■330kW

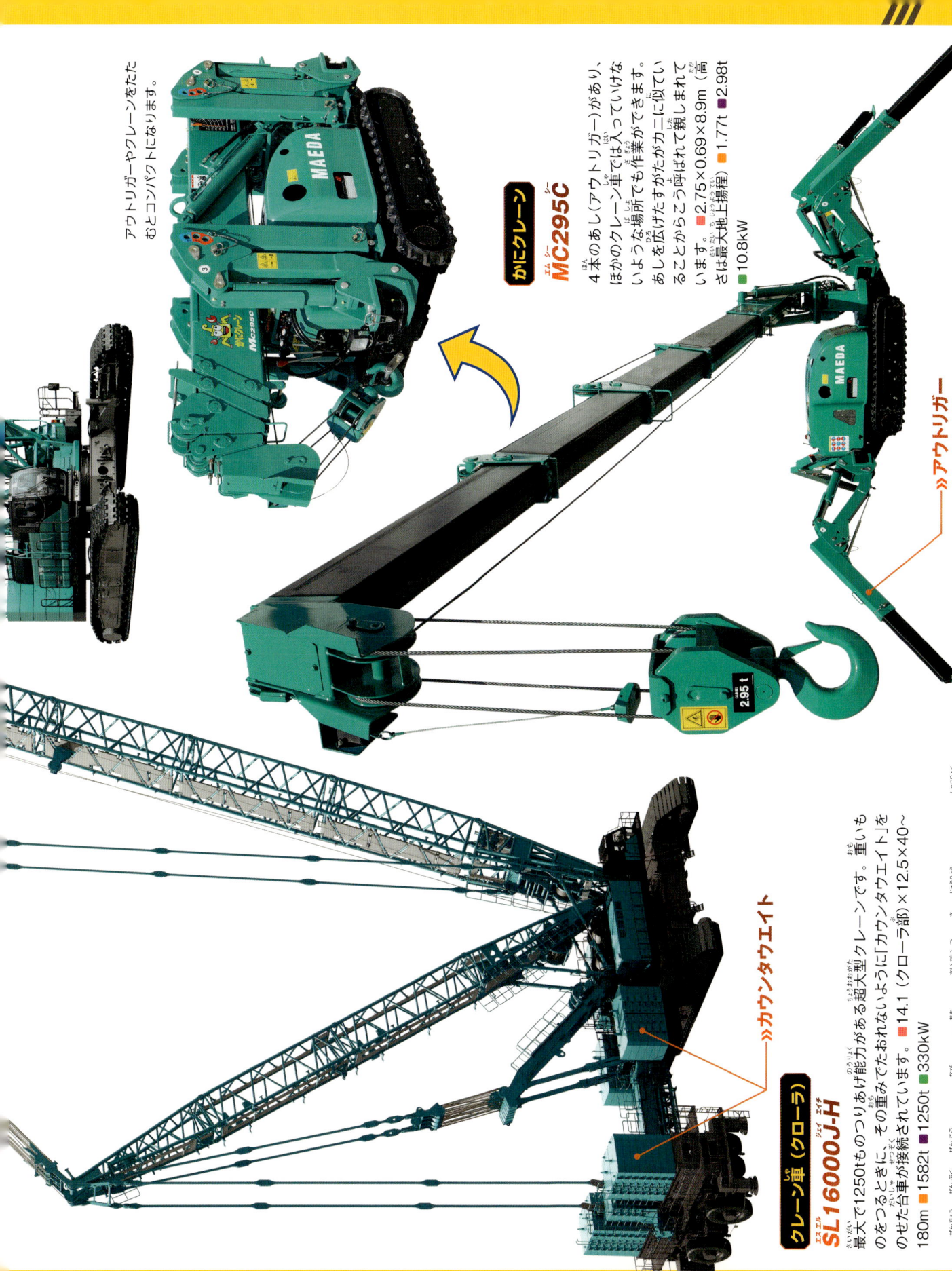

アウトリガーやクレーンをたたむとコンパクトになります。

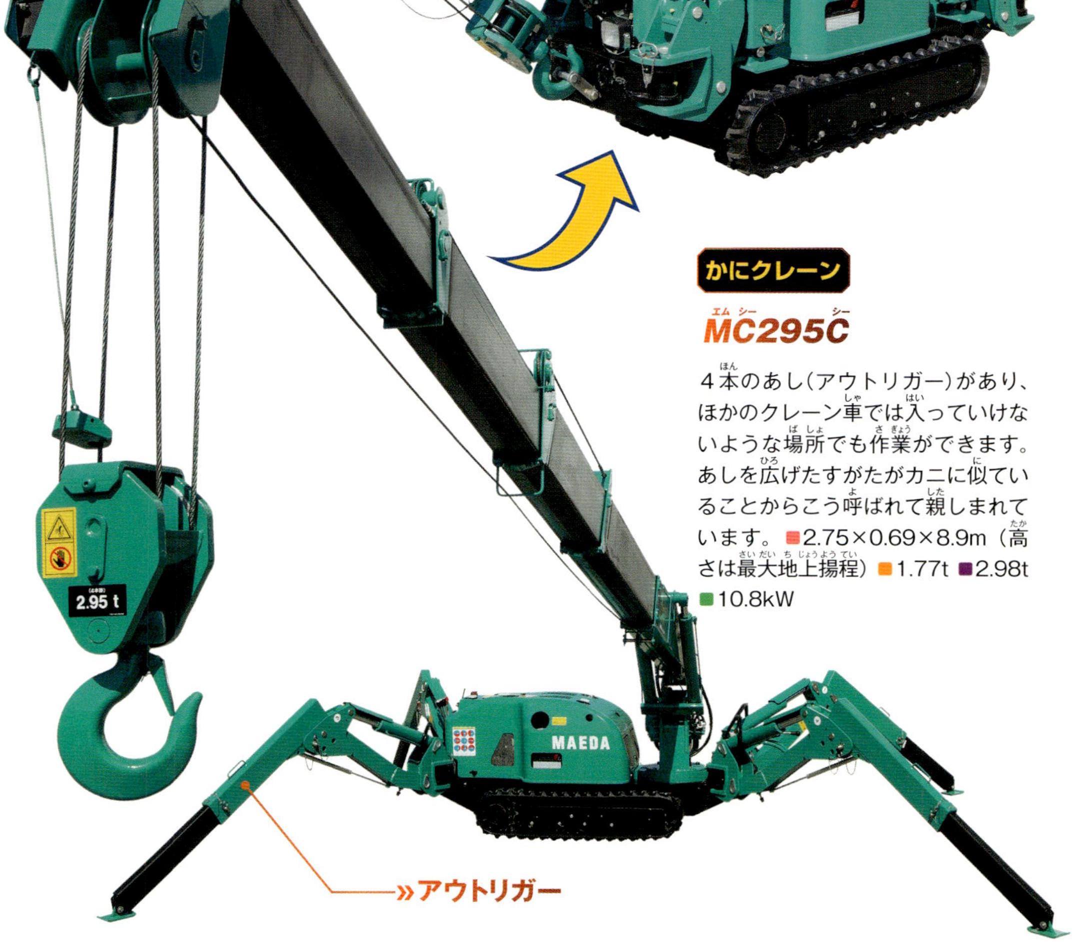

»アウトリガー

かにクレーン

MC295C

4本のあし（アウトリガー）があり、ほかのクレーン車では入っていけないような場所でも作業ができます。あしを広げたすがたがカニに似ていることからこう呼ばれて親しまれています。■2.75×0.69×8.9m（高さは最大地上揚程）■1.77t ■2.98t ■10.8kW

■全長×全幅×全高（ブーム長さ）■重さ ■最大吊り下げ重量 ■エンジン出力

大きな建物をつくる建機

ムーブはかせの「ここに注目！」

大きな建機よりもさらに大きな建物は、いったいどのようにつくられているのか……。大きな建物をつくるときにかつやくする建機を見てみよう！

タワークレーン

クレーン車が届かないような高い場所でも、自分が上にのぼって作業をすることができます。

クレーン車（クローラ）

地上にある鉄筋などの資材を上に運びます。建物数階分の高さくらいならほかのクレーンなどに持ち上げてもらうことができます。

»東京スカイツリー

2012年に建設された、高さ634mの世界でいちばん高い電波塔です。展望台や商業施設もあり、東京の新しい観光名所になっています。

大きな建物の地下はどうなってるの？

大きな建物をつくるときは、アースドリル（99ページ）のように、建物の基礎となる杭を打つための穴を掘る「掘削機」がかつやくします。スカイツリーの建設では、複雑な形の杭をつくるために、数種類の掘削機を使いました。

クレーン タワークレーン

大きな建物を建設するためのクレーンです。台座ごと建物をよじのぼっていくフロアークライミング方式と、支柱を上に継ぎ足しながらのぼっていくマストクライミング方式があります。スカイツリーの建設では両方の方式が使われています。

»ジブ
タワークレーンの上に突き出しているうでのような部分です。上下に動かすことで、つり上げる資材の位置を調整します。

»フックブロック
資材をつり上げるためのフックと、巻き上げ用の動滑車です。

»巻き上げ装置
ワイヤーを巻き上げます。

»制振ダンパー
地震などのゆれを吸収する装置です。

»電気室
タワークレーンのモーターを制御しています。

»運転室
タワークレーンを操縦する運転席があります。ここで長い時間作業をすることもあるので、トイレや冷蔵庫もあります。

»ステー
タワークレーンが自立できる高さをこえると、この部分で建物とクレーンをつなぎます。

»マスト
タワークレーンの支柱です。マストを継ぎ足すことで、より高い位置で作業することができます。

あんなに高いところにあるタワークレーンを、どうやって解体するの？

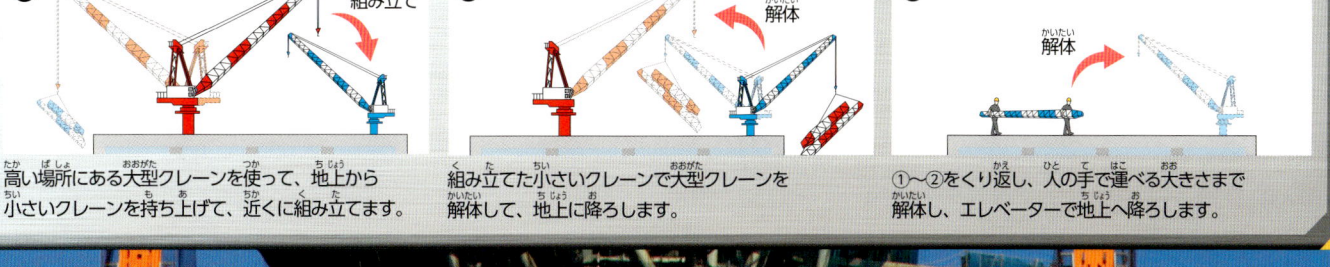

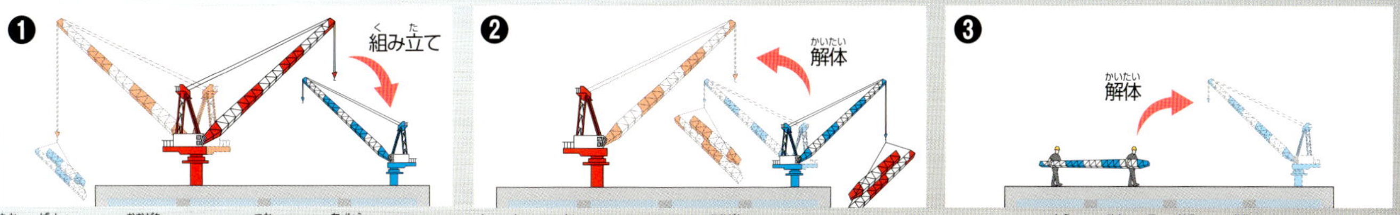

❶ 高い場所にある大型クレーンを使って、地上から小さいクレーンを持ち上げて、近くに組み立てます。

❷ 組み立てた小さいクレーンで大型クレーンを解体して、地上に降ろします。

❸ ①～②をくり返し、人の手で運べる大きさまで解体し、エレベーターで地上へ降ろします。

はたらく車

自動車

はたらく車

ムーブはかせの「ここに注目!」

「はたらく車」にはさまざまな種類がある。ここではみんながふだん通っている道路や住んでいる家をつくるときにかつやくする機械を紹介するぞ！

2016年11月に福岡市内でおきた道路の陥没事故のときには、コンクリートポンプもかつやくしました。セメントと土砂をまぜたものを流し込み、穴を埋めもどす作業をしました。

コンクリートポンプ（スクイーズクリート）

PH65A-19B

ピストン式よりも小型のコンクリートポンプです。個人の住宅や事務所など、ビルなどとくらべて小さな建物をつくるときにかつやくします。

■7.5×2.24×18.6m（高さは最大値）■8.85t

コンクリートポンプ（ピストンクリート）

PY125-36A

ビルの建築現場などで、コンクリートを高い場所や遠くの場所に送るための車です。固まる前の生コンクリートに圧力をかけてブームの先へ送り出します。

■11.98×2.49×35.6m（高さは最大値）■24.99t

最大地上高約36mの長いブームの先から生コンクリートをピンポイントで流し込みます。

コンクリートミキサー車

MR5030L

工場でつくった生コンクリートを建設現場まで運びます。ドラムを回転させることで、コンクリートが固まるのを防いでいます。ドラムを逆回転させると、中にあるコンクリートが外に出てくるしくみになっています。■8.01×2.49×3.7m ■約8.35t

アスファルトローリー アカツキ AOP-22

道路の表面を舗装するためのアスファルトは、柔らかい液体の状態で運ばれています。このトラックにはアスファルトが固まらないように、保温し運ぶ装置がついています。■9.27×2.49×3.3m ■11t

ロードローラー サカイ R2-4

道路に敷いたアスファルトの表面が平らになるように踏み固めるための車です。重く平らなローラー車輪がついています。■5.02×2.1×3.06m ■10.1t

▶アスファルトを削り、ベルトコンベアでトラックに運びます。

コールドプレーナー CRP-120FLC

傷んだり、古くなったアスファルトを削る車です。車体の後ろにある切削ドラムを回転させ、路面を削ります。粉々になったアスファルトは、ベルトコンベアで前方に待機するトラックに運ばれます。

■11.7×1.85×4.44m（高さは最大値） ■18.45t

▼道路の幅に合わせて、平らになるようにアスファルトを敷いていきます。

アスファルトフィニッシャ F45W5

道路にアスファルトを敷くために使われる車両です。ダンプトラックからアスファルトを受け取り、車体の後ろから道路に流し、スクリードという部分で道路の幅に合わせて、平らにならします。■5.37×2.47×1.92m ■7.56t

わたしたちを乗せて街を走る

人を運ぶ車

見てみよう! DVD バスの運転席

ムーブはかせの「ここに注目!」

より快適で便利に移動することができるように、さまざまな車が人を目的地まで運んでいるぞ！

タクシー

日の丸交通

予約をするか、街中で呼び止めると、行きたい場所まで乗ることができます。乗った距離や時間で、料金が決まります。セダン(80ページ)タイプのタクシーが多くかつやくしています。

多くの人が乗れるワゴンタイプのタクシーなど、さまざまな種類があります。

▲「ユニバーサルデザインタクシー」は、スロープがついているので、車椅子に乗ったまま乗り降りができます。

世界のタクシー

イエローキャブ

アメリカのニューヨークなどを走っている黄色く塗装されたタクシーを「イエローキャブ」と呼びます。アメリカ製の車だけではなく、日本製の車も多く見られます。

オートリクシャー

インドを走っている三輪車タイプのタクシーです。リクシャーとはもともと「人力車」という意味で使われていた言葉です。

ブラックキャブ

イギリスのロンドンなどを走っているタクシーです。高い屋根の車体は、英国紳士がシルクハットをかぶったまま乗ることができるように設計されたといわれています。

ココタクシー

キューバのハバナを走っている三輪車タイプのタクシーです。丸くてかわいいココナッツのような見た目から、この名前がつきました。

連節バス　南海バス

２台分の車体をつなげて、一度に乗れる人数を多くしたバスです。写真の連節バスは、関西国際空港にある２つのターミナルビルの間を走っています。

路線バス　西武バス

決まった時間に、同じところを走るバスです。停留所にある時刻表や、バスの表示で、行き先や時間を確認します。

観光バス　オー・ソラ・ミオ

観光に使われるバスです。「オー・ソラ・ミオ」は東京を走る観光バスで、窓が大きく屋根を開くこともできるので、眺めが楽しめるのが特ちょうです。

夜行バス　ドリームスリーパー

おもに、夜間に長距離を走るバスです。乗客が眠れるように工夫がされています。写真のバスは乗客がよりくつろげるよう、11席しかなく、すべてが個室です。

ゼログラビティシートという、ぐっすり眠ることのできる座席です。

川を走る観光バスもある？

大阪府の大川を走る水陸両用バス。

陸上と水上、どちらも走ることができる水陸両用の観光バスもあります。おもに観光客を乗せて、景色のよいところを走ります。

荷物をのせて長距離を走る

荷物を運ぶ車

ムーブはかせの「ここに注目!」

いろいろなものを運ぶために特別につくられたトレーラーやトラックを紹介するぞ。

ロードトレイン

オーストラリアを走るトレーラーで、世界でいちばん長い自動車といわれています。コンテナやタンクなどをトレーラーに積み、複数台を連結させて大型トラクターで引っ張ります。その長さは100mをこえることもあります。

»大型の変圧器

シュナーベルトレーラーが、大型の変圧器を、交通量の少ない深夜から明け方にかけて運んでいます。

カーキャリア

自動車工場から車を売る店まで、新車を運ぶトレーラーです。道路でも見かけることがあります。

▲新幹線の「こまち」(17ページ) を運んでいます。

新幹線輸送車

新幹線の車両を工場から車両基地まで運ぶトレーラーです。道路を走るためには特別な許可が必要で、走るのは深夜や早朝の道が空いている時間帯に限られています。

専用道路を走るトレーラー

宇部興産というセメントをつくっている会社は、鉱山からセメント工場まで原料を運ぶために専用の道路を持っています。その道路を走る車は通常の道路交通法などの法令にはしばられないことから、40t積みを2両連結した特別に大きなトレーラーが使われています。

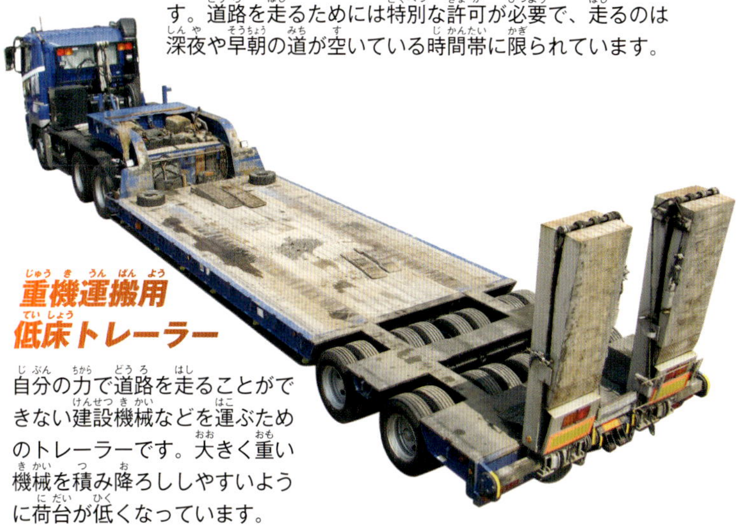

重機運搬用低床トレーラー

自分の力で道路を走ることができない建設機械などを運ぶためのトレーラーです。大きく重い機械を積み降ろししやすいように荷台が低くなっています。

重量物搬送シュナーベルトレーラー

発電機や変圧器などの重いものを運ぶトレーラーです。タイヤがたくさんついているのは道路にかかる重さを分散させるためです。道路を走るときには特別な許可が必要です。

建設現場で使う機械を運んでいます。

タンクローリー

ガソリンや天然ガスなどを運ぶための専用トラックです。運ぶものによって細かなちがいはありますが、大きなタンクが荷台になっているのはどれも同じです。

馬運車

競走馬がいる厩舎から、レースをおこなう競馬場まで安全に運ぶための専用車です。馬にストレスがかからないように、騒音や振動に配慮してつくられています。

魚を生きたまま運びます。

活魚運搬車

港から魚市場まで、魚を新鮮なまま運ぶための専用車です。荷台の水槽には、魚が呼吸できるように空気を送りこむ設備がついています。

家運搬車

家を購入したときや引っ越しをするときなど、トレーラーに家ごとのせて運びます。積み荷が特大サイズであることを表す「OVERSIZE LOAD」と書かれたプレートをつけた車が、アメリカやオーストラリアの道幅の広い地域などでかつやくしています。

店や施設がやってくる！

サービスを運ぶ車

ムーブはかせの「ここに注目！」

都市ではあまり見かけないものもあるけれど、日常生活で利用している施設を運んでくれる車もあるぞ。どんな車か見てみよう！

◀銀行にお金をあずけたり引き出したりすることができます。

移動銀行窓口

銀行の窓口機能がある車と、写真のようにATMを搭載した車の２種類があります。被災地や交通が不便な地域などでかつやくしています。

移動郵便局

郵便局が一時的に利用できなくなった地域で、荷物をあずかったり、はがきや切手を売ったりします。「ポストオフィス（郵便局）」と「来る」をかけあわせて、「ポスクル」と呼ばれています。

移動天文車

天体望遠鏡など、天体観測のための装置をのせた車です。写真の「きらら号」は、三重県四日市市内での観望会に使われており、学校に呼ぶこともできます。

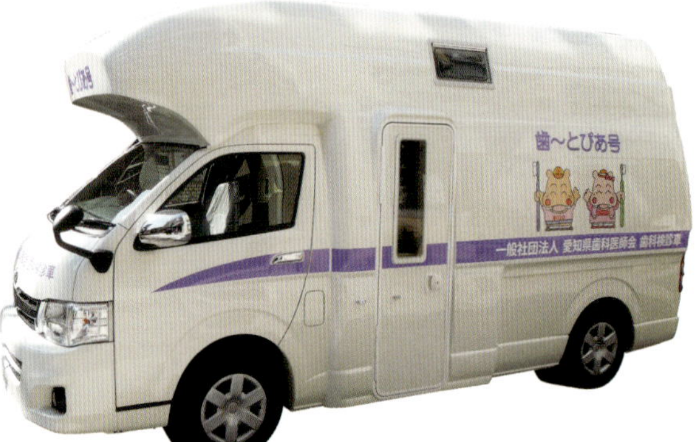

歯科検診車

歯科検診や災害時の歯科診療のための道具をのせて走ります。写真の「歯～とぴあ号」は、愛知県内でかつやくしています。

絵本キャラバンカー

全国の子どもたちに本となかよくなってもらうために、約550冊の絵本をのせて全国各地をめぐっています。

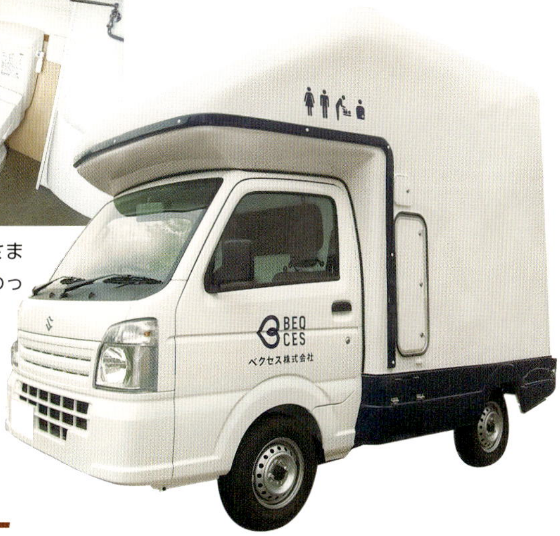

トイレは広く、さまざまな機能が備わっています。

▶「とくし丸」には約400品目、1200〜1500点の商品が積まれています。

トイレカー

トイレを備えたトラックです。花火大会や式典など、野外でトイレが必要な場所に出動します。温水洗浄便座やおむつ交換台など便利な機能が備わっています。

移動スーパー

店が家から遠かったり、体の具合が悪かったり、買い物にでかけることがむずかしい人のもとへ直接商品を届けています。肉、野菜、果物、日用品など、多くの商品をのせています。

車いすに乗ったままトラックに乗り、髪を切ることができます。

トラックの中とは思えないほど、本格的なつくりです。

移動パン販売車

より多くの人に届けるために、焼きたてのパンを運んで販売しています。ランチタイムの時間帯にオフィス街などでも見かけることがあります。

移動美容室

美容室の設備が備わったトラックです。写真の車両は、病院や福祉施設など、髪を切りにいくことがむずかしい人のもとに向かいます。

変わった形の乗りもの

ムーブはかせの「ここに注目!」

ここではちょっとめずらしい、ふしぎな形をした乗りものを紹介するぞ！

スマートモビリティ

ニューモビリティコンセプト

普通の乗用車よりも手軽に乗れて、短い距離を走るのが得意です。高齢者や少人数の移動に最適です。■2.34×1.23×1.45m ■500kg ■2名 ■80km/h

車体が小さいのでせまい道でも走りやすいのが特ちょうです。

スマートモビリティ

i-ROAD

乗用車のように安全かつ快適で、オートバイのように使い勝手のよい乗りものです。オートバイのように曲がるときに車体が傾きます。■2.35×0.87×1.46m ■300kg ■日本：1名、欧州：2名 ■日本：60km/h、欧州：45km/h

 ■全長×全幅×全高 ■重さ ■定員 ■最高速度

パーソナルモビリティで道路を走れるの？

上の写真は、パーソナルモビリティに乗ったドイツの警察官です。パーソナルモビリティは、すばやく動くことができるので、パトロールをするのに便利なのです。現在の日本の法律では、パーソナルモビリティを使って公共の道路を走ることはできませんが、これから先はさまざまなパーソナルモビリティで移動する時代がくるかもしれません。

パーソナルモビリティ　セグウェイ

体重をかける向きを調節することでかんたんに操作することができる電動立ち乗り二輪車です。観光地やゴルフ場など世界中のさまざまな場所でかつやくしています。

パーソナルモビリティ　ninebot-one-s2

専用のアプリと連携することで自分好みの乗りごこちをセッティングすることができます。ほかのパーソナルモビリティよりもかなりコンパクトなので持ち運びがしやすいです。

パーソナルモビリティ　onewheel

電動の一輪バイクです。乗ったまま後退や静止ができるほど安定しています。

飛行機のまわりで大かつやく

空港ではたらく車

ムーブはかせの「ここに注目!」

飛行機のまわりでかつやくしている車はどんな車だろう。それぞれの役割や特ちょうを見てみよう！

トーイングカー

地上にとまっている飛行機を移動させることができる特殊な車です。飛行機を出発できる位置まで引っぱることを「トーイング」と呼びます。

マーシャリングカー

作業台を飛行機のコックピットと同じ高さまで上げ、空港に到着した飛行機を停止位置まで誘導します。

ハイリフトローダー

飛行機の近くまで運ばれてきたコンテナなどの貨物を、リフトでもちあげて機内に積みます。

トーイングトラクター

いろいろな荷物が入ったコンテナを空港内のさまざまな場所へ運びます。

ウォーターカー

飲み水やトイレ用の水など、機内で使う水をタンクにのせて運ぶタンク車です。飛行機の下にもぐりこみ、給水します。

手荷物構内搬送車

乗客の荷物を行き先ごとに仕分けするときに使われます。

パッセンジャーステップ

乗客が飛行機から乗り降りするときに使われる、階段がついた車です。ターミナルから遠い位置にいる飛行機に乗るときや小規模の空港で使われています。

ベルトローダー

乗客のスーツケースなどの荷物を、ベルトコンベアを使って飛行機に積んだり降ろしたりします。

ラバトリートラック

飛行機の下にもぐりこみ、トイレなどから出た汚い水を回収して、処理場まで運んでいきます。

給油車

飛行機に燃料を給油します。

たくさんの荷物を運ぶ

港ではたらく車

ムーブはかせの「ここに注目!」

港では毎日たくさんの荷物を効率よく運び、積み降ろしするためにいろいろな種類の車がかつやくしているぞ。

トランスファークレーン

コの字形のクレーンです。コンテナを吊りあげて移動させることができます。タイヤがついているので、移動することもできます。

リーチスタッカー

大型のコンテナを吊りあげて移動させたり、コンテナを積めるトラックにコンテナを渡したりすることができます。

トップリフター

港に運ばれてくる大型コンテナを運んで移動させます。複数のコンテナを高く積むときにかつやくします。

走行台車

最大1000tもの重さの荷物を運ぶことができます。船などに使われる大きくて重い部品を運びます。

コンテナ船

➡ 176 ページ

ガントリークレーン

船にコンテナを積んだり、受け取ったりするときにかつやくします。運転するには免許や技術が必要な、大きなクレーンです。

ターレットトラック

ほぼ直角に曲がることができ、小回りもきくので港や工場、市場などでかつやくしています。

ターレットトラックは、市場では食材や荷物の運搬に利用されています。

フォークリフト

前についている２本のフォーク（爪）に荷物をのせて、積み降ろしをしたり運んだりします。

専用の機械がたくさんある！

見てみよう！ DVD はたらく乗りもの スゴワザ編

農業ではたらく車

ムーブはかせの「ここに注目！」

畑や水田などではたらく農業機械は、トラクターのように作業機をけん引することが役割のものから、特定の農作業のためだけにつくられているものまでいろいろあるぞ。

いろいろな作業機を装着することで、土地をならしたり、畑を耕したり、さまざまな作業をすることができます。

トラクター ***YT5113***

農業機械のなかで、もっとも基本となるのがトラクターです。車体の前後には油圧で作動するアームやエンジンからの動力取り出し装置があり、いろいろな作業機を装着することができます。 ■4.29 × 1.82 × 2.75m ■3.64t

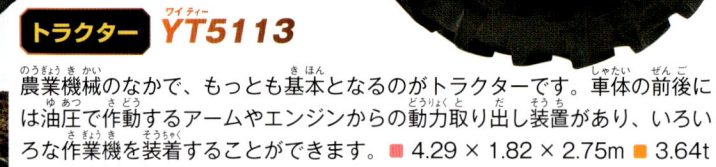

実った稲を刈りとります。

コンバイン ***YH590***

水田で稲を刈り、そのまま走りながら脱穀までをおこなうことができる機械です。日本では稲を刈る機械が主流ですが、「コンバイン」という呼び名で、小麦やトウモロコシを収穫する機械のほうが世界では多く普及しています。 ■4.55 × 2.1 × 2.54m ■3.73t

田植機 ***YR8D***

ある程度の大きさまで育てた稲の苗を水田に植えつけることが仕事の機械です。苗をやさしく、かつしっかりと植えることができます。 ■3.49×2.2×1.82m ■0.86t

茶摘採機 ***OHC-5DVB***

繊細なお茶の葉を傷つけることなく、すばやく収穫するための機械です。人の手でおこなわれていた作業を効率よくおこなうことができます。
■2.51×2.2×2.06m
■1.65t

キャベツ収穫機 HC1400

特定の農作業に特化した機械です。傷がつかないようにしながら、すばやくキャベツを収穫することができます。■ 5.56 × 2.61 × 2.75m ■ 2.59t

収穫されたジャガイモは自動でかごに運ばれます。

ニンジン収穫機 HN2400

キャベツ収穫機と似た見た目の農業機械です。浅いところに埋まっているニンジンを効率よく収穫することができます。■4.91×2.73×2.73m ■2.91t

ジャガイモ収穫機 TOP-1CVF

トラクターでけん引してジャガイモを収穫するための機械です。このモデルは日本国内での使用に適したサイズですが、世界的にはもっと大きなものもあります。■ 8.5 × 3.0 × 3.32m ■ 6.3t

ビート収穫機 TBH45A

「ビート」は、砂糖の原料となる「てんさい」のことです。ビートの葉を切ってから掘りとるなど、ビートの収穫に特化したつくりの収穫機です。■ 5.05 × 2.7 × 3.05m ■ 3.05t

サトウキビ収穫機 MCH15WE2

サトウキビの収穫は、人力でおこなうと重労働です。この機械はサトウキビを切断しながら収穫できるなど、作業を楽にすることに大きく貢献しています。■ 6.79 × 2.03 × 3.1m ■ 4.08t

世界から地雷をなくす！

平和のためにはたらく車

ムーブはかせの「ここに注目!」

見た目は建設機械のようだが、特別な役割をもってはたらく車がいるぞ！

対人地雷除去機 コマツ D85MS

ブルドーザーをもとにしてつくられました。前についたローターを回転させ、対人地雷を爆破させ、除去します。ローターの代わりにブレードをつけることで、ブルドーザーとしても使えます。

対人地雷除去機

日建 BM307-FV30

「フレールハンマ」という重りのついた鎖を回す、プッシュフレール方式で対人地雷を爆破させ、除去します。

対人地雷除去機（旋回型）

日建　BM307-V24

ショベルカーをもとにつくられました。あれた土地や斜面など、地面の形にあわせて車体を旋回させ、対人地雷を除去します。バケットをつければ、ショベルカーとしても使えます。

世界中で進む地雷除去

「対人地雷」とは、地中に埋まっている弾薬のことです。人間が踏むと爆発するように設計されています。現在、世界には１億個以上の地雷が地中に残されたままになっているといわれています。地雷原をもつ国々は、コツコツと地雷除去を進めてきましたが、手作業で地雷を除去するのは、とても危険です。対人地雷除去機が開発されたことで、事故の可能性をおさえながら、手作業の何十倍もの速さで地雷除去を進めることができるようになりました。

対人地雷除去が終わった土地が、畑として耕されています。子どもたちが種をまいています。

地元の人々は地雷におびえながら畑作業をしていましたが、除去後は安心して畑を耕せるようになりました。

陸上自衛隊の車

ムーブはかせの「ここに注目!」

陸上自衛隊の車には守りのための車や隊員の活動を支援するための車など、さまざまなものがあるぞ。

機甲科 **16式機動戦闘車**

装輪装甲車（135 ページ）の車体に戦車と同じ性能の強力な主砲を搭載した車両です。世界的にこのタイプの車両がふえています。
■ 8.45 × 2.98 × 2.87m、主砲105㎜ ■ 26t ■ 4 名 ■ 100㎞/h

機甲科 **90式戦車**

装甲や主砲の性能がとてもよい、1990 年代を代表する主力戦車です。現在も陸上自衛隊では主力を務めています。■ 9.8 × 3.4 × 2.3m、主砲120㎜ ■ 50t ■ 3 名 ■ 70㎞/h

機甲科 **10式戦車**

装甲、主砲、走行装置などに最新の装備が採用された戦車です。機動性を強化するため、先代の 90 式戦車と比較してやや小型になっています。■ 9.4 × 3.2 × 2.3m、主砲120㎜ ■ 44t ■ 3名 ■ 70㎞/h

普通科

96式装輪装甲車

装甲車は普通科の隊員を安全に前線に運んだり撤収したりするのが任務です。8輪のタイヤですばやく移動できます。■ 6.84 × 2.48 × 1.85m ■ 14.5t ■ 10名 ■ 100km/h

化学防護

NBC偵察車

放射線、生物兵器、化学兵器などが使用されたと思われる地域でも安全に偵察調査をおこなうことが任務です。隊員の身を守るための防護装置や周辺の環境を測定する装備が完備されています。■ 8 × 2.5 × 3m ■ 20t ■ 4名 ■ 95km/h

普通科

軽装甲機動車

戦車や装甲車に比べるととても小さな車両です。前線での偵察や支援活動をおこないます。■ 4.4 × 2.04 × 1.85m ■ 4.5t ■ 4名 ■ 100km/h

特科

99式自走155mmりゅう弾砲

戦車と似た形をした車ですが、自走砲は最前線の後方から長距離射撃をおこなうのが役目なので、最前線でかつやくする戦車とは任務がことなります。■ 12.22 × 3.2 × 3.02m、主砲 155mm ■ 40t ■ 4名 ■ 47km/h

偵察科

10式雪上車

雪の深い地域などで偵察をおこなったり、前線へ人員や物資を輸送したりします。■ 4.65 × 2.25 × 2.38m ■ 5t ■ 10名 ■ 45km/h

道路をきれいにする車

ムーブはかせの「ここに注目!」

人が通りやすいように道路をきれいにしてくれる車たちを紹介するぞ！

道路清掃車

イギリスの道路清掃車です。車体の前についた大きなブラシで道をきれいにしていきます。落ちているゴミを吸いこんで、後ろのゴミタンクに入れることもできます。

見てみよう！ DVD はたらく乗りもの　スゴワザ編

除雪車

雪が多く降る地域で大かつやくする車です。道路などに積もった雪をオーガでかきとり、シュートから吐きだします。

ロードスイーパー

車体についたブラシで道をきれいにしていきます。落ちているゴミを吸いこんでホッパーにためて、ダンプトラックなどにゴミをうつすことができます。

世界を変えた乗りもの偉人伝

人びとの喜びを大切にしたものづくり

本田宗一郎

【1906年11月17日〜1991年8月5日】

現在、世界でもっとも多くのオートバイを販売している会社、ホンダは、「三つの喜び」——製品を買う人に喜んでもらうこと、そしてその喜びが売る人の喜びにつながること、さらに、喜んでいただくためによりよい商品をつくること——を目指しています。そのことは、ホンダの創業者・本田宗一郎が生みだした最初の商品から、ずっと受け継がれてきました。

宗一郎は、はじめは自動車修理工場ではたらき、そののちに乗りものの部品工場を経営していました。当時は自動車もオートバイも高級品で、それらはもっぱら、お金のある人や会社、国のための製品でした。

手先が器用で機械が大好きだった宗一郎は、たくさんの特許を取っていましたが、第二次世界大戦を機に部品工場を手放して、新しく自分の会社を立ち上げます。それが、ホンダの前身となった「本田技術研究所」です。

「本田さんに見せたいものがあるんだよ。」

時は1946年9月。宗一郎は、ふと立ち寄った友人の家で、両手ほどの大きさのエンジンを見せられました。それは無線機を動かす電気をつくるために、かつて陸軍が使っていたものでした。とたんに、宗一郎が目をかがやかせます。

「これは、使わせてもらってもいいの？」

「なにかつくれそうなのか？」

宗一郎はエンジンを手にとり、大きくうなずきました。

宗一郎は、自転車のように一般庶民にも手がとどく乗りものを思いえがいていました。

「自転車にこのエンジンを改造したものを取りつけて補助動力にすれば、移動が楽になるだろう。ものを運ぶのにもいい。安くつくれるし、たくさんの人に喜ばれるはずだ。」

バタバタバタバタバタ……。

その日、まだ空き地だらけの町に、ふるえるような高音がひびきわたりました。

人びとが思わず足をとめ、ふり返ると、エンジンのついた自転車が目に飛びこんできました。乗っているのは、いまから買いものにでも行こうかというようなようすで、すこしだけ身ぎれいにした宗一郎の妻、さちでした。

これは、宗一郎がつくった自転車用補助エンジン第１号の、宣伝もかねたテスト走行でした。

ひとしきり町を走ってきたさちは、宗一郎のもとへもどると、言いました。

「これじゃあだめですよ、お父さん。買ったお客さまにしかられてしまいますよ。」

見ると、さちのはいていたモンペが燃料油でべっとりとよごれています。宗一郎はすぐに改良の作業に取りかかりました。

こうしてつくられた自転車用補助エンジンは、その排気音から「バタバタ」と呼ばれ、当時の日本でたいへんな人気を集めました。軍で使われていた小型エンジンをあらかた集め、使いつくしてしまったころには、自社製の自転車用補助エンジンや、オートバイをつくるようになっていきます。そして生涯、人びとの喜びのためにものをつくりつづけることに力を注いだのでした。

急速な進化をとげた飛行技術

航空機の歴史としくみ

ムーブはかせの「ここに注目!」

人間は大昔から空を飛ぶことを夢見てきた。鳥の翼をまねて飛行機をつくり、その夢が現実のものとなったのは、わずか100年ほど前のことなのだ。

リリエンタール以前に空を飛んだ!? 日本人

1785年、備前国(現在の岡山県)の浮田幸吉は、手づくりの翼で50mほど滑空することに成功したといわれています。ハトの翼の比率をはかり、自分の体に合う翼をつくったそうです。

浮田幸吉の自作飛行機のレプリカ。竹と紙でつくられている。

写真：otakara-iwata.net

歴史

飛行機の翼は鳥がお手本

1891年、グライダー飛行に成功したドイツのオットー・リリエンタールは、鳥をお手本に空気の力を研究し、ライト兄弟に大きな影響をあたえました。

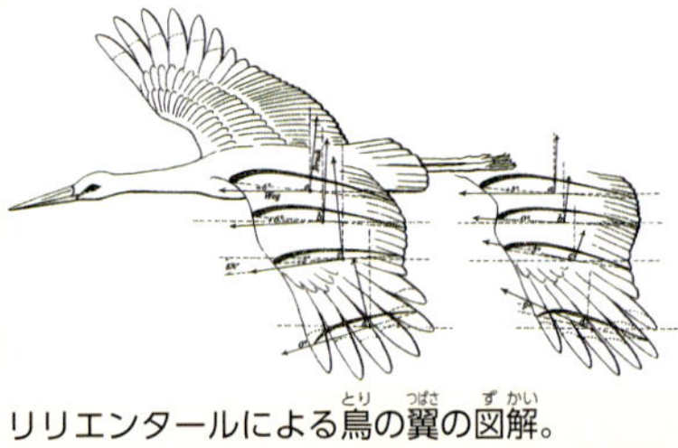

リリエンタールによる鳥の翼の図解。

歴史

世界初の動力飛行機

アメリカのライト兄弟は、ガソリンエンジンを動力とする飛行機を製作し、1903年に世界初の動力飛行に成功しました。

ライト兄弟

ウィルバー・ライト

オービル・ライト

飛行技術の実験・実用化

ライトフライヤー号
»1903年

リリエンタールのグライダー
»1891～1896年

レオナルド・ダ・ヴィンチ
飛行機械のスケッチ
»15世紀

モンゴルフィエ
兄弟の熱気球
»1783年

ツェッペリン
飛行船LZ1
»1900年

※揚力とは、進行方向に垂直な力の成分です。

しくみ 飛行機が空を飛べるのはなぜ?

飛行機は翼で揚力を発生させ、空を飛んでいます。飛行機の翼は、上側が丸みをおびており、前方からうけた空気が、上側では曲面に沿って流れるので、下側よりも速く流れます。すると、ベルヌーイの定理により、上側の気圧が低くなるので、上方向に揚力が生まれます。

ベルヌーイの定理

スイスの物理学者ベルヌーイは、空気の流れの速いところはおそいところよりも圧力が下がることを発見した。空気は圧力が低いほうへ引き寄せられる性質がある。たとえば、図のように2枚の紙の間に空気をふきこむと、紙の間の圧力が下がるため、紙同士は引き寄せられる。

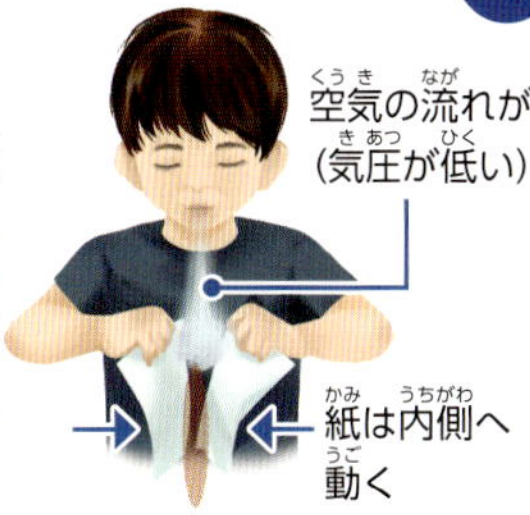

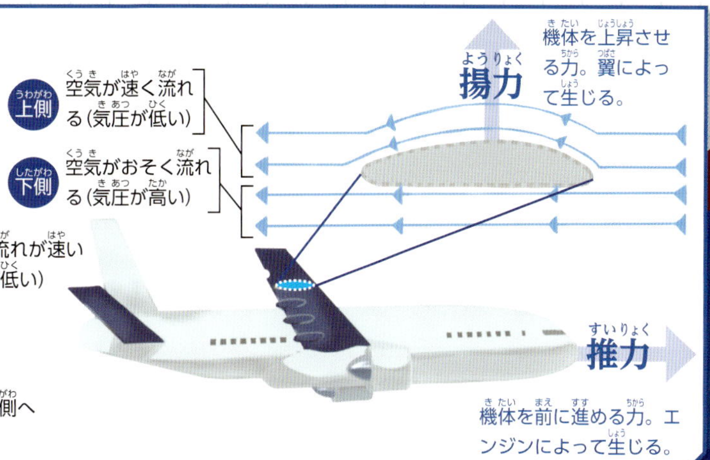

軍事利用による技術と性能の向上

第二次世界大戦 1939〜1945年

歴史 水の上を走る飛行機

1910年、フランスのアンリ・ファーブルが、水面から離発着する水上機の初飛行に成功しました。

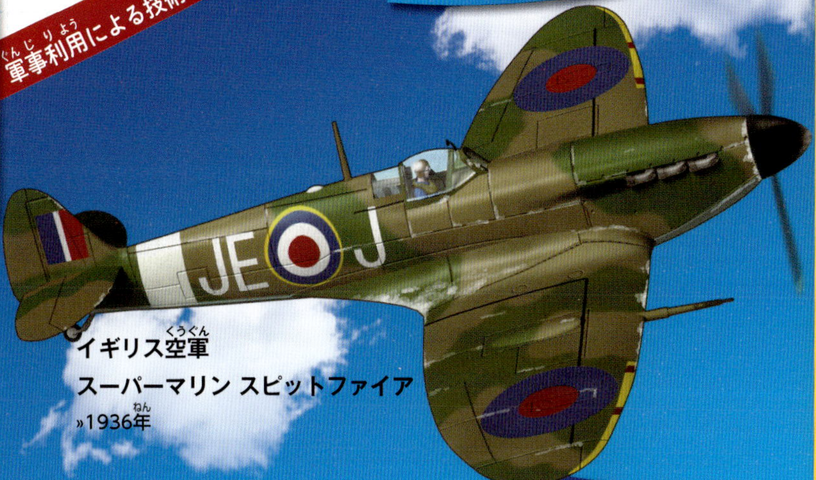

イギリス空軍
スーパーマリン スピットファイア
»1936年

大記録時代

ファーブルの水上機
»1910年

第一次世界大戦 1914〜1918年

ブレリオXI
»1909年

ドイツ空軍
フォッカー Dr. I
»1917年

歴史 海を渡る大飛行

20世紀に入ると、前人未到の長距離飛行の記録がつぎつぎに打ち立てられていきました。フランスのブレリオが30kmをこえるドーバー海峡を横断し、アメリカのリンドバーグはニューヨーク〜パリの5809kmを横断しました。

1927年、大西洋単独横断飛行に成功したチャールズ・リンドバーグ。

歴史 戦争と軍用機

第一次世界大戦の幕開けとともに、多くの軍用機がつくられるようになりました。

試行錯誤の実験機

XFY-1 ポゴ

コンベア社が製作したアメリカ海軍の垂直離着陸機。1954年初飛行。着陸時、コックピットから地上が見えにくかったため、操縦に問題があった。

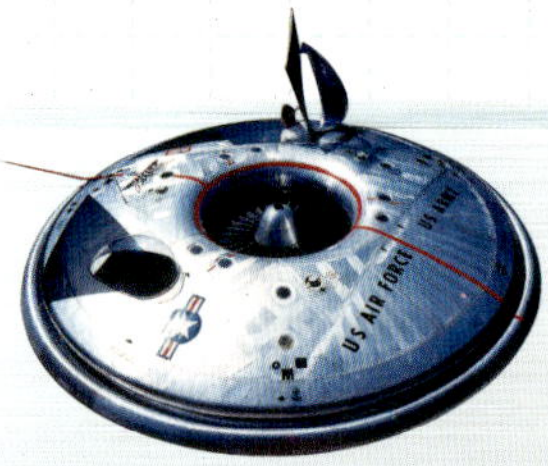

VZ-9 アブロカー

1950年代に開発されていた円盤型飛行機。音速で飛ぶはずだったが、飛行が不安定に。

P-82
ツインマスタング

1940年代に開発されたノースアメリカン社の戦闘機。2機が連結しているので交代で操縦できる。

HZ1

デラックナー社が開発したアメリカ陸軍の偵察用実験機。「エアロサイクル」と呼ばれていた。

C450
コレオプテール

1950年代にフランスのSNECMA社で開発された、垂直離着陸機。

BV141

第二次世界大戦中のドイツ航空省試作偵察機。左右が非対称。

AD-1

ななめの翼の角度が変わるNASAの実験機。1979年初飛行。

©NASA

歴史

エンジンのジェット化

戦時中、軍用機の開発により航空技術が飛躍的に発展。レシプロエンジン(152ページ)とプロペラの組み合わせにかわって、高速飛行に適した推力の大きいジェットエンジンが使われるようになりました。

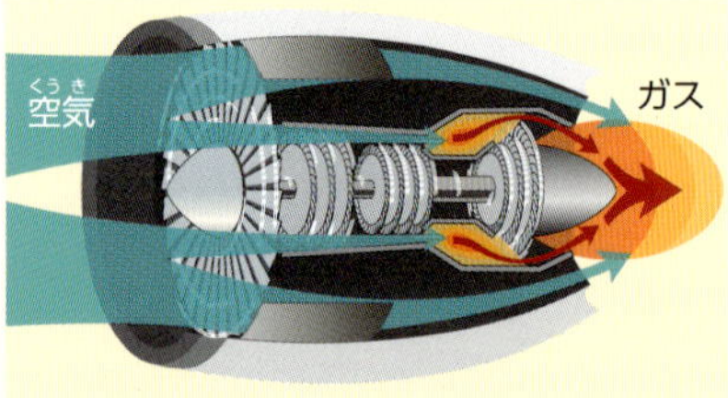

ジェットエンジン

歴史

ジャンボジェットの登場

1970年代に入るとジャンボジェットが定期路線に登場しました。それまで200に満たなかった座席を一気に500までふやした、画期的な大型旅客機です。

機体のジェット化

本格的なジェット旅客機登場
DH104コメット
»1945年

世界初の超大型機
ボーイング747
»1969年

第二次世界大戦 ～1945年

国産初のターボプロップ旅客機
YS-11
»1962年

世界初の実用ヘリコプター
VS-300
»1940年

ジェット旅客機の各部の名称と役割

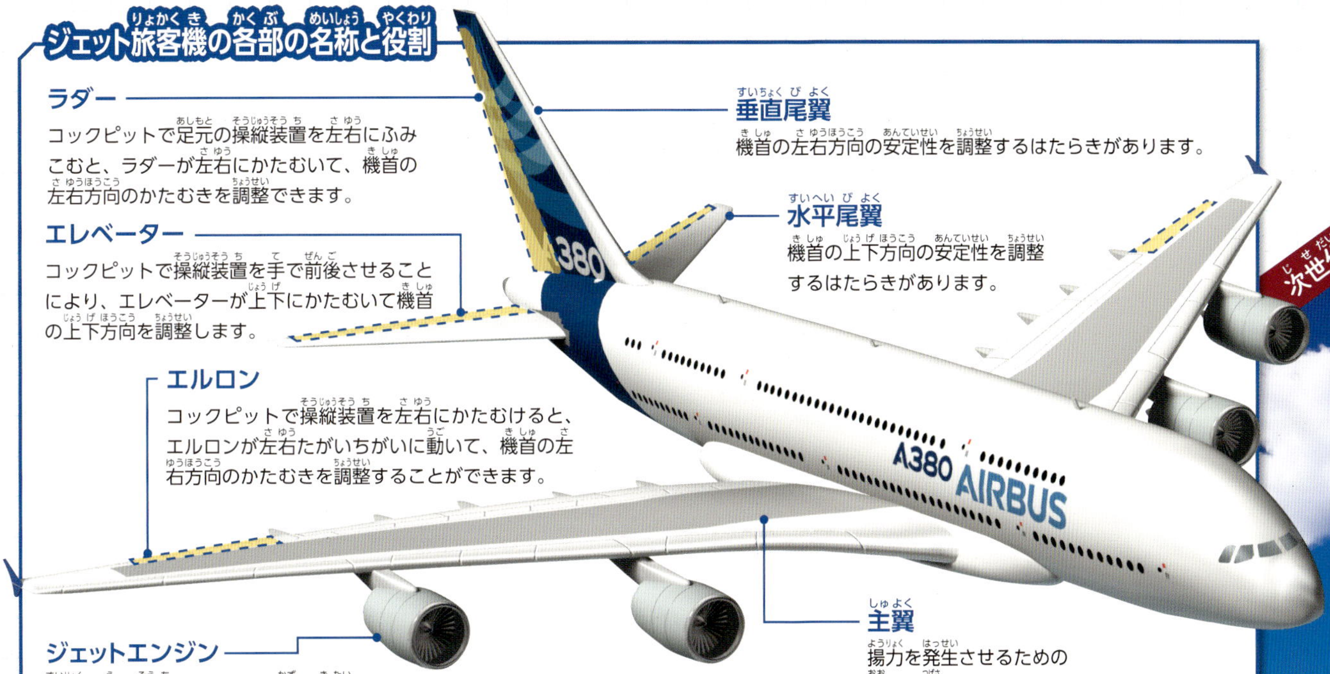

ラダー
コックピットで足元の操縦装置を左右にふみこむと、ラダーが左右にかたむいて、機首の左右方向のかたむきを調整できます。

エレベーター
コックピットで操縦装置を手で前後させることにより、エレベーターが上下にかたむいて機首の上下方向を調整します。

エルロン
コックピットで操縦装置を左右にかたむけると、エルロンが左右たがいちがいに動いて、機首の左右方向のかたむきを調整することができます。

ジェットエンジン
推力を得る装置。エンジンの数は機体によってちがいます。

垂直尾翼
機首の左右方向の安定性を調整するはたらきがあります。

水平尾翼
機首の上下方向の安定性を調整するはたらきがあります。

主翼
揚力を発生させるための大きな翼です。

次世代機へ

機体の高性能化

超大型２階建て旅客機
エアバス A380
»2005年

ティルトローター機（転換航空機）
V-22
»1989年

VTOL機（垂直離着陸機）
AV-8B ハリアーⅡ
»1978年

可変後退翼機
F-14トムキャット
»1970年

SST（超音速旅客機）
コンコルド
»1969年

未来の航空機

右はエアバス社が想像する2050年の未来の旅客機です。天井が透明になり、星空をながめながらのフライトが実現するかもしれません。

空港を見てみよう

ムープはかせの「ここに注目!」

東京国際空港(羽田空港)は2～3分に1回離着陸がある日本一いそがしい空港だ。管制塔や滑走路などのさまざまな設備があり、航空機以外の乗りものも数多くかつやくしているぞ。旅客ターミナルをのぞいてみよう。

»ケータリング工場

機内食をつくる工場です。日本を出発する海外の航空会社の機内食もつくっています。飛行機からもどってきた食器の洗浄などもおこないます。

»貨物ターミナルビル

機体にのせる貨物をまとめ、機体からおろした貨物を分類する場所です。保管もできます。

トーイングカー

➡126ページ

ウォーターカー

➡127ページ

ハイリフトローダー

➡126ページ

ラバトリートラック

➡127ページ

フードローダー

ケータリング工場でつくった機内食をのせて運び、荷台をドアの位置まで上昇させて機内に積みこみます。

コンテナドーリー

旅客があずけた荷物をのせたコンテナを、機体まで運ぶための台車です。

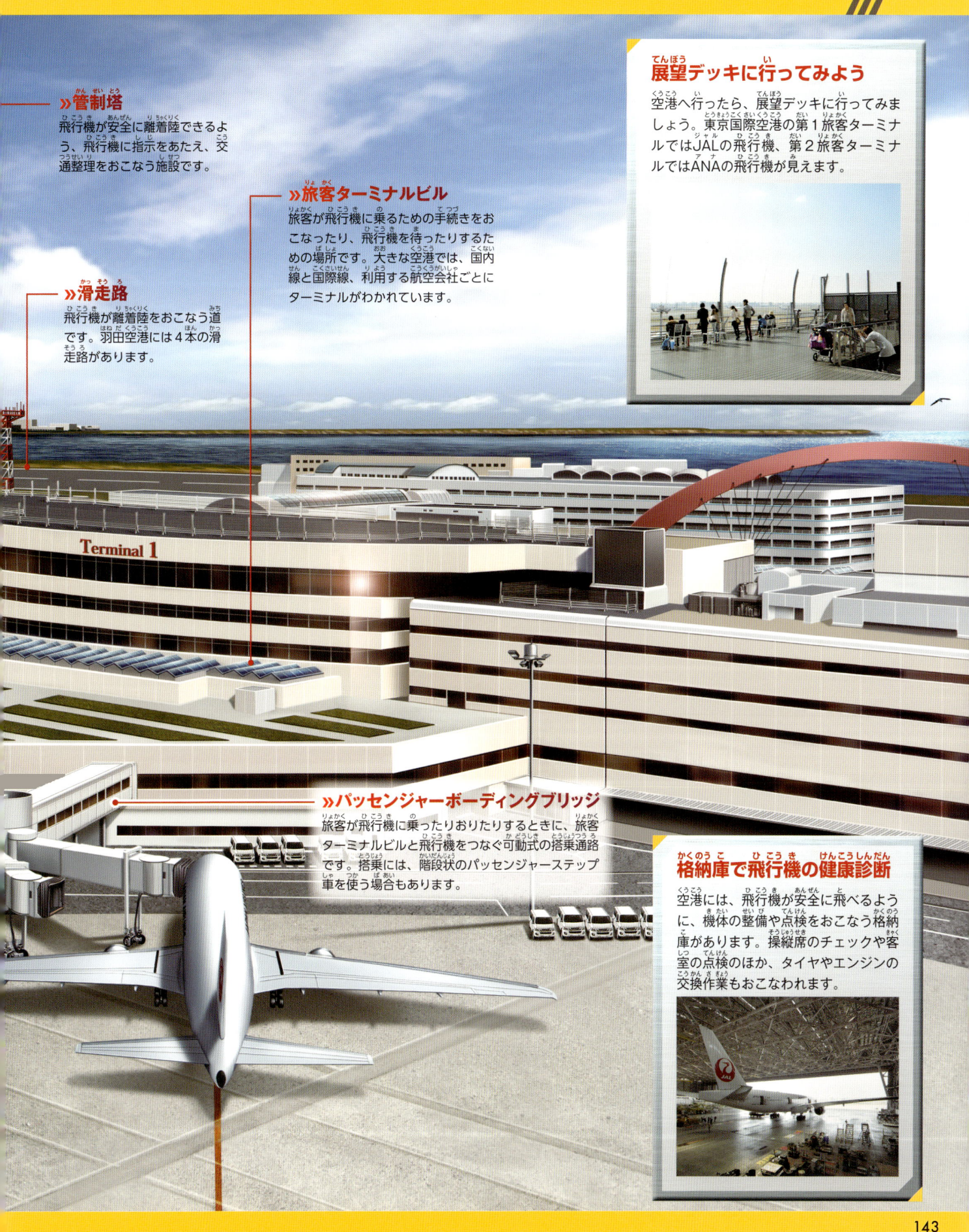

トーイングトラクター

コンテナドーリーを機体まで運ぶ牽引車です。

»管制塔

飛行機が安全に離着陸できるよう、飛行機に指示をあたえ、交通整理をおこなう施設です。

»旅客ターミナルビル

旅客が飛行機に乗るための手続きをおこなったり、飛行機を待ったりするための場所です。大きな空港では、国内線と国際線、利用する航空会社ごとにターミナルがわかれています。

»滑走路

飛行機が離着陸をおこなう道です。羽田空港には４本の滑走路があります。

展望デッキに行ってみよう

空港へ行ったら、展望デッキに行ってみましょう。東京国際空港の第１旅客ターミナルではJALの飛行機、第２旅客ターミナルではANAの飛行機が見えます。

»パッセンジャーボーディングブリッジ

旅客が飛行機に乗ったりおりたりするときに、旅客ターミナルビルと飛行機をつなぐ可動式の搭乗通路です。搭乗には、階段状のパッセンジャーステップ車を使う場合もあります。

格納庫で飛行機の健康診断

空港には、飛行機が安全に飛べるように、機体の整備や点検をおこなう格納庫があります。操縦席のチェックや客室の点検のほか、タイヤやエンジンの交換作業もおこなわれます。

旅客機

旅客機の中を見てみよう

A380のデータ

全長	最大乗客数
73 m	853 人
巡航速度	**航続距離**
907 km/h	15200 km

ムーブはかせの「ここに注目!」

旅客機とは、おもに人が移動のために乗る飛行機のことだ。プライベートで利用される小型ジェット機から、エアバス A380のような超大型ジェット機まで、たくさんの種類があるぞ。

»コックピット

パイロットが乗る操縦席です。操縦装置で機体の姿勢を変えたり、スロットルレバーでエンジンの出力を調整したりして、機体の方向や高度を変えることができます。

©AIRBUS

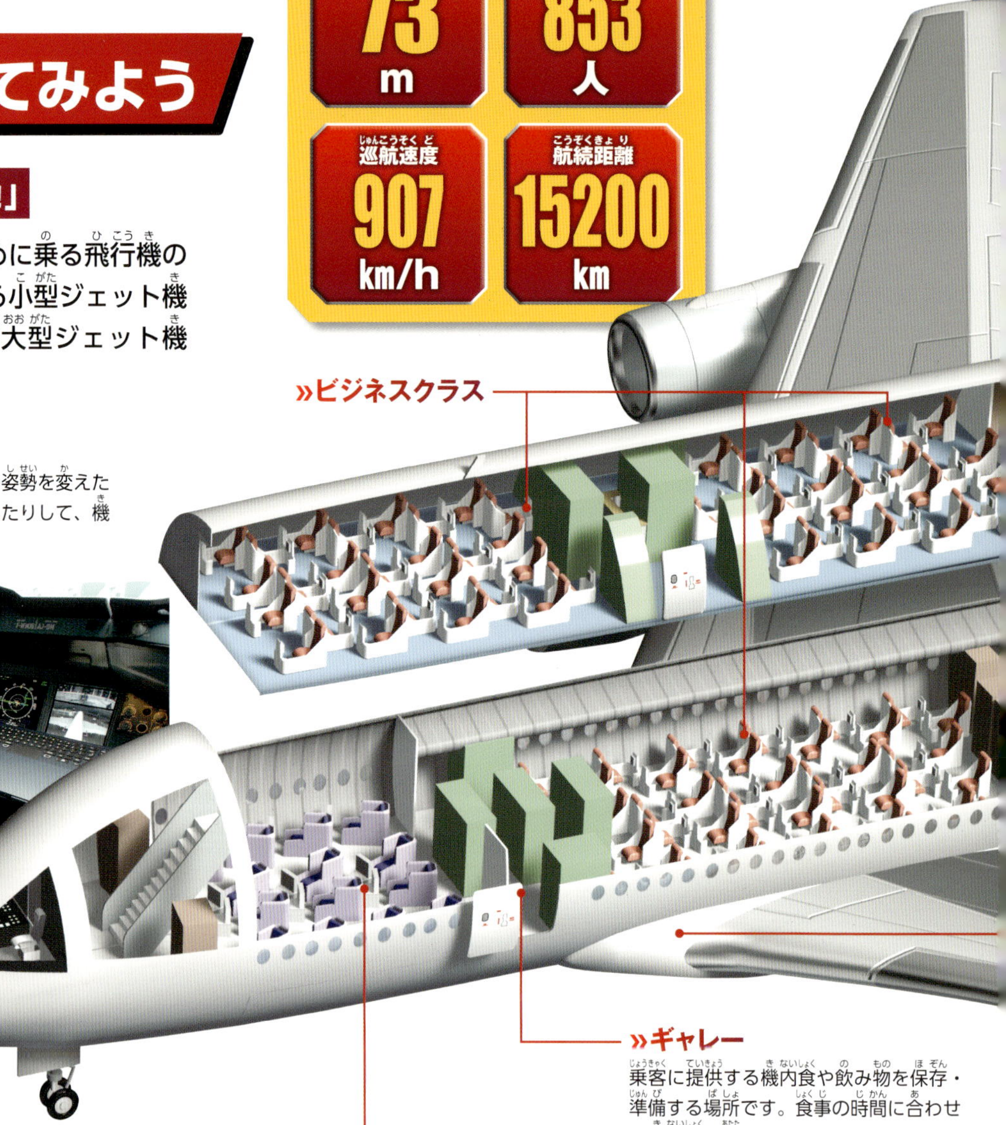

»エルロン

»ビジネスクラス

»気象レーダー

天候状態や地形などの情報をキャッチし、ディスプレイに映しだします。

»ギャレー

乗客に提供する機内食や飲み物を保存・準備する場所です。食事の時間に合わせて機内食を温めることができます。

»ファーストクラス

各席には、映画やビデオゲームが楽しめるパーソナルテレビが付いています。ファーストクラスは、豪華な個室のようになっていることが多く、航空会社によっては、シャワールームやバーがある機体まであり、まるで空を飛ぶホテルのようです。

©AIRBUS

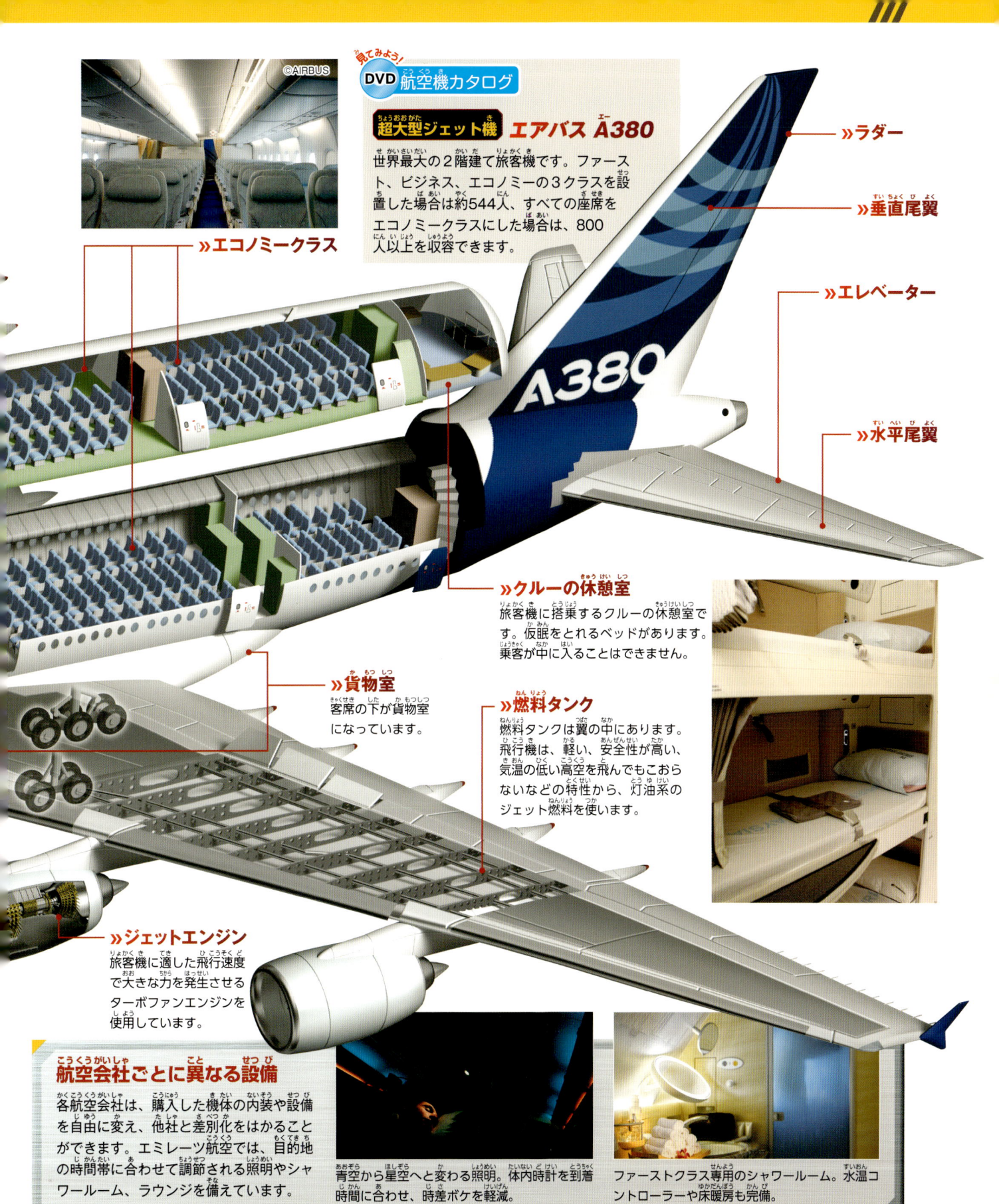

見てみよう！ DVD 航空機カタログ

超大型ジェット機 エアバスA380

世界最大の２階建て旅客機です。ファースト、ビジネス、エコノミーの３クラスを設置した場合は約544人、すべての座席をエコノミークラスにした場合は、800人以上を収容できます。

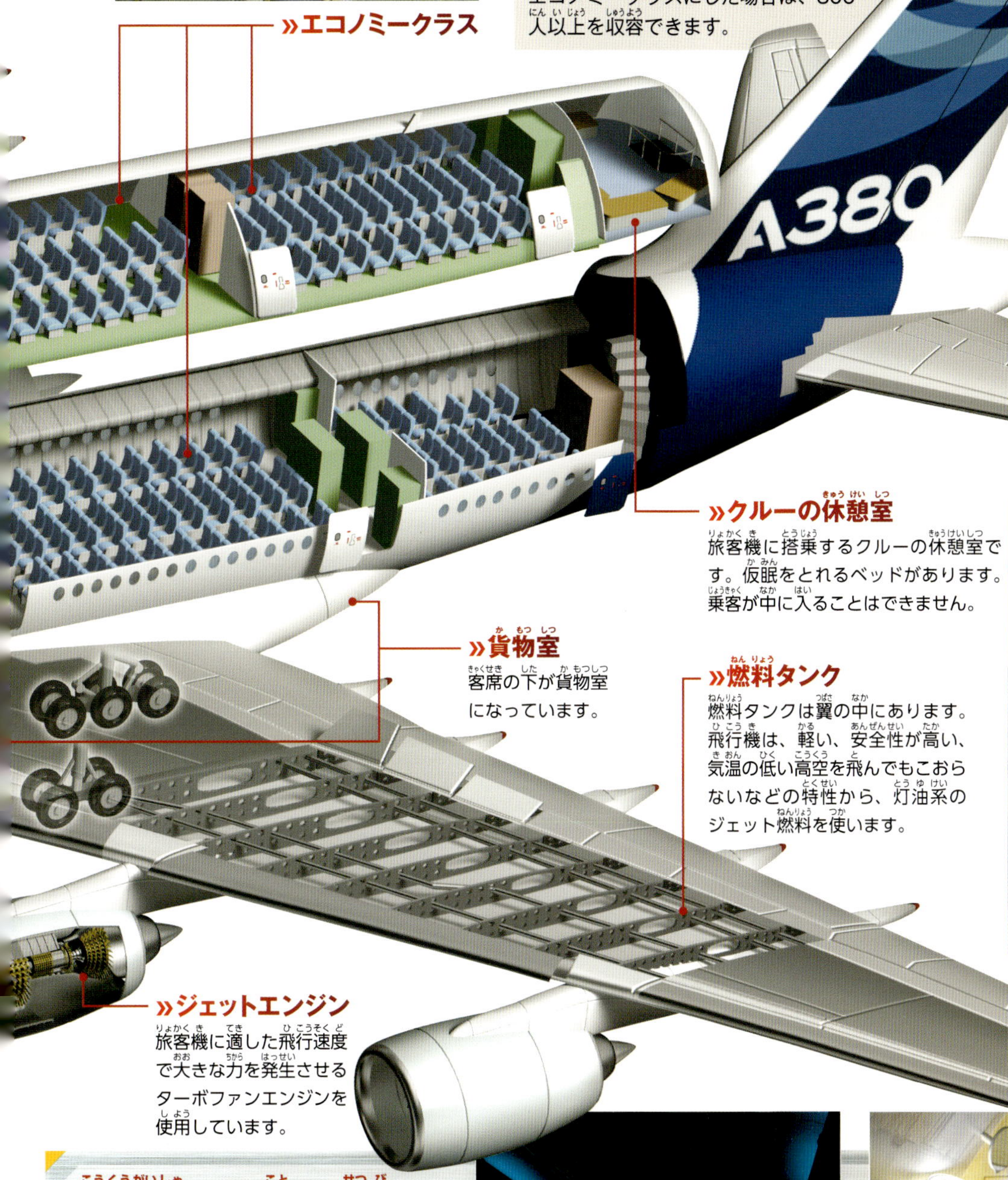

»クルーの休憩室

旅客機に搭乗するクルーの休憩室です。仮眠をとれるベッドがあります。乗客が中に入ることはできません。

»貨物室

客席の下が貨物室になっています。

»燃料タンク

燃料タンクは翼の中にあります。飛行機は、軽い、安全性が高い、気温の低い高空を飛んでもこおらないなどの特性から、灯油系のジェット燃料を使います。

»ジェットエンジン

旅客機に適した飛行速度で大きな力を発生させるターボファンエンジンを使用しています。

航空会社ごとに異なる設備

各航空会社は、購入した機体の内装や設備を自由に変え、他社と差別化をはかることができます。エミレーツ航空では、目的地の時間帯に合わせて調節される照明やシャワールーム、ラウンジを備えています。

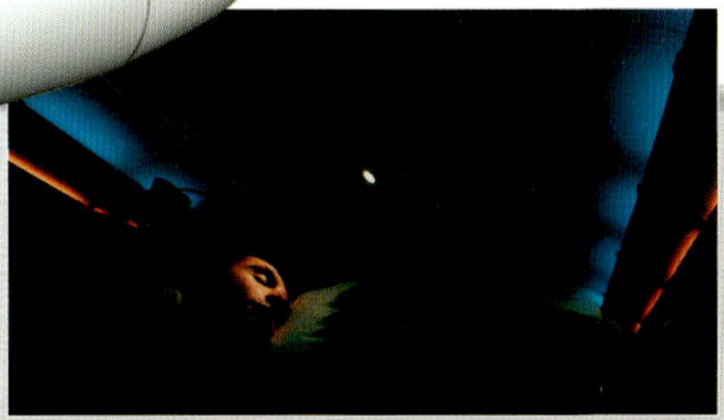

青空から星空へと変わる照明。体内時計を到着時間に合わせ、時差ボケを軽減。

ファーストクラス専用のシャワールーム。水温コントローラーや床暖房も完備。

多くの旅客を運ぶ国際線の主役

見てみよう！ DVD 航空機カタログ

中型～大型ジェット旅客機

中型ジェット旅客機

ボーイング767-400ER

ベストセラー機だった中距離機のボーイング767-300の胴体を延長し、300座席クラスの長距離国際線用とした機体です。ERは長距離仕様であることをあらわしています。■61.37×52.12×16.74m ■832km/h ■10197km ■246

中型ジェット旅客機

ボーイング787-9

ボーイング社の最新鋭ジェット旅客機です。最新の機体構造や航法機器を備えています。開発にあたっては日本の企業も設計と製造に参加しています。■63×60×17m ■1041km/h ■14140km ■290

大型ジェット旅客機

ボーイング777-300

いま、世界中の航空会社で大かつやくしている旅客機です。大型機のなかでは、エンジン２基の双発として最初の存在でした。環境性能と経済性にすぐれています。300は国内線用、300ERは国際線用です。
■73.9×60.9×18.5m ■890km/h ■13649km（300ER） ■514

名門が手がけた最後の旅客機

現在、大型ジェット旅客機メーカーはボーイング社とエアバス社が中心です。すこし前まではロッキード社（現・ロッキード・マーティン社）、そしてマクドネル・ダグラス社の機体も見ることができました。どちらも長い歴史を持つ航空機メーカーです。

大型ジェット旅客機

ロッキード L-1011 トライスター

両主翼の下のほかに、垂直尾翼の下にもエンジンを装備する３発機です。機体に対してよゆうのあるパワー、安全性にすぐれた構造を高く評価されていましたが、市場競争により250機の生産で撤退。かつては日本でも全日空が使っていました。
■54.44×47.35×16.82m ■890km/h ■5000km ■306～326

 ■全長×全幅×全高 ■最大巡航速度 ■最大航続距離 ■座席数

©AIRBUS

中型ジェット旅客機

エアバス A350XWB

エアバス社の最新鋭機です。XWBはエクストラ・ワイド・ボディを意味しています。ボーイング787や777のライバル機として、かつやくが期待されています。
■66.8×64.75×17.05m ■1090km/h ■15000km ■325

大型ジェット旅客機

イリューシン Il-96-300

旧ソ連時代に開発されたIl-86をベースに全面的に近代化しました。使用されている国はロシアとキューバのみというめずらしい機体です。■55.345×60.105×17.55m ■870km/h ■14000km ■237～300

©AIRBUS

中型ジェット旅客機

エアバス A330

エアバスA300シリーズをベースに中距離路線での輸送能力アップを目指して胴体を延長した機体です。すでに新型機のA350も登場していますが、いまも多くの注文をうけています。■63.66×60.3×16.79m ■1053km/h ■11750km ■277

大型ジェット旅客機

マクドネル・ダグラス MD-11

1970年代に就役したDC-10を、1980年代に近代化した機体です。マクドネル・ダグラスがボーイングに買収される前、最後に開発した旅客機でもあります。かつては日本航空が使用していました。■61.2×51.6×17.6m ■961km/h ■13231km ■323～410

地域内を結ぶ手軽な空の移動手段

DVD 見てみよう! 航空機カタログ

小型ジェット旅客機

リージョナルジェット旅客機

三菱航空機 MRJ90

MRJは三菱リージョナルジェットの略。日本初の国産ジェット旅客機です。先進技術を搭載したうつくしい機体が新たな空の旅をつくりだします。■35.8×29.2×10.4m ■963km/h ■3770km ■88

MRJ、世界最高レベルの技術が集合!

三菱リージョナルジェット(MRJ)は、三菱航空機が開発する70～90席クラスの次世代民間旅客機です。世界最先端の技術に加えて、最新のエンジンを付けることで燃費をおさえ、騒音・排出ガスをへらしました。また1列4席のゆったりとした座席配置や大型の手荷物収納棚により、客室はとても快適です。東京を起点にすると、アジア方面は台湾付近、太平洋方面はグアム島まで運航可能です。

※およそ100席以下の小型ジェット機をリージョナルジェット旅客機といいます。

小型ジェット旅客機

ボーイング737MAX9

ボーイング737は試作機の初飛行が1967年という歴史ある旅客機ですが、その最新鋭モデルが737MAXです。飛行性能はもちろんのこと環境性能や経済性、安全性を見直し、新時代の旅客機となりました。■42.2×35.9×12.3m ■968km/h ■6510km ■178～220

小型ジェット旅客機

エアバス A320neo

A320neoの「neo」は「新しい」という意味です。また、ニュー・エンジン・オプションの略でもあります。新型エンジンにより低騒音と低燃費を実現しました。■37.57×35.8×11.76m ■1004km/h ■6850km ■150

リージョナルジェット旅客機 スホーイ スーパージェット100

ロシアの名門航空機メーカーであるスホーイがつくっている小型旅客機です。いまのところ使用している航空会社はおもにロシア国内の会社ですが、今後は世界で使われるようになることを目指しています。■29.94×27.8×10.28m ■992km/h ■2950km ■98

リージョナルジェット旅客機 エンブラエル EMB175

170から190までの合計４シリーズで構成されているエンブラエルの小型旅客機のメインモデルです。生産国のブラジルのほか、北米や日本でも飛んでいます。■31.68×28.7×9.73m ■1004km/h ■3704km ■78～88

リージョナルジェット旅客機 ボンバルディア CRJ100

1990年代はじめから現在まで1700機以上が世界でかつやくしている小型旅客機のベストセラーモデルです。小型旅客機のなかでもひときわ小さく、かわいらしいジェット旅客機です。■26.77×21.21×6.22m ■992km/h ■3056km ■50

©AIRBUS

小型ジェット旅客機 エアバス A318

エアバス社のなかでは短距離路線での使用を想定したもっとも小型のタイプですが、性能は上のクラスのA320に匹敵する高性能旅客機です。■31.44×34.1×12.56m ■1004km/h ■5750km ■107

リージョナルジェット旅客機 瀋陽 ARJ21

中国初の国産小型ジェット旅客機です。中国国内での短距離路線のほか、ラオスやミャンマーなどの航空会社でも使われています。これまで約300機を受注しました。■33.464×27.288×8.442m ■980km/h ■3704km ■90

移動時間を短縮できるプライベート航空機

ビジネスジェット

中型ビジネスジェット

ボンバルディア BD-700 グローバルエクスプレス

航続距離が長く、燃料補給することなく大陸間を飛行できます。機内は明るく、高性能な空調管理システムを搭載しているため、快適性にすぐれています。■30.3×28.65×7.77m ■950km/h ■11714km ■2+19

ムーブはかせの「ここに注目!」

会社や個人が移動手段に使う旅客機のことをビジネスジェットというぞ。好きな時間に目的地まで直行できるから、移動時間を大幅に短縮できるのだ。

機内では会議をするなどして、時間を有効活用できます。

小型ビジネスジェット

エンブラエル レガシー600

小型旅客機として実績のある機体を改修したブラジル生まれのビジネスジェットです。■26.33×21.17×6.64m ■980km/h ■7223km ■13～14

中型ビジネスジェット

ガルフストリーム G650

ビジネスジェット機の最高峰というべき機体です。キャビンの与圧能力が高く、他機より高い高度を飛行できます。■30.41×30.36×7.82m ■1102km/h ■12964km ■11～18

小型ビジネスジェット

セスナ サイテーション ロンギチュード

ビジネスジェットのなかでも長い歴史をもつブランドがサイテーションです。■22.3×21.01×5.92m ■882km/h ■6482km ■12

小型ビジネスジェット

ホーカー 4000ホライゾン

カーボンファイバーを機体に多く採用することで軽量化を実現、高い飛行性能と経済性を両立したビジネスジェットです。■21.08×18.82×5.97m ■870km/h ■5287km ■2+8～12

小型ビジネスジェット

ダッソー ファルコン7X

エンジン3基の3発機。操縦系統をすべて電子化したフライバイワイヤを採用した最初の機体です。■23.19×26.21×7.82m ■1102km/h ■11019km ■12

©AIRBUS

大型ビジネスジェット

エアバス ACJ350XWB

ビジネスジェットとしては、もっとも高性能で大きい機体のひとつ。旅客機として使われている機種をビジネスジェット仕様にしています。■66.8×64.75×17.05m ■1090km/h ■20000km ■25

■全長×全幅×全高 ■最大巡航速度 ■最大航続距離 ■座席数(乗員+乗客)

ビジネスジェットの中を見てみよう

小型ビジネスジェット ホンダジェット

自動車メーカーのホンダがつくった小型ジェット機です。翼の上にエンジンを配置したことにより、広い客室や大きな荷物室を実現しました。

■12.99×12.12×4.54m ■782km/h ■2265km ■1+6

»水平尾翼

»アンテナ

»垂直尾翼

»後部荷物室

»エンジン
ふつうの飛行機とちがい、エンジンが主翼の上に付いています。

»主翼

»フラップ

»前脚

»風防
飛行中に鳥がぶつかったり、氷がついたりしても安全であるように設計され、パイロットのために広い視界を確保しています。

»キャビン
機内の客室のことです。エンジンをささえる構造が胴体の中にないため、広いスペースを確保できています。騒音や振動も小さく、快適です。

»灯火装置
衝突防止灯、航空灯、着陸灯など、さまざまな役割の光が使いわけられます。

»ウィングレット
主翼の端でおこる空気の渦をおさえ空気抵抗を小さくします。

コックピット

»PFD
速度、姿勢、方位など、飛行に関する情報を表示します。右の副操縦士席のモニターにも同じ情報が表示されます。

»オートパイロット・コントロール・パネル
速度、高度、方位など、自動操縦の調整をします。

»操縦ハンドル
機体の姿勢を調整します。操縦輪のボタンで、無線交信、オートパイロットなどの操作をおこなえます。

»MFD
機体の位置やさまざまなシステムの情報が表示されます。

»エンジン・スラスト・レバー
エンジンの推力を調節して、速度をコントロールします。

»フラップ・コントロール・レバー
主翼にあるフラップを出したりしまったりします。

ちょっと小さめなはたらきものたち

プロペラ機

見てみよう！ DVD 航空機カタログ

ムーブはかせの「ここに注目！」

プロペラにより推進力を得る飛行機のことをプロペラ機という。エンジンには、レシプロエンジンとターボプロップエンジンがあるぞ。

レシプロ軽飛行機

セスナ 172

自家用軽飛行機のベストセラーとして1956年から4万5000機以上が生産されています。「セスナ」というメーカー名は、いわゆる軽飛行機の代名詞にもなっています。■8.28×11×2.72m ■239km/h ■1272km ■1+3

レシプロ軽飛行機

パイパー PA18 スーパーカブ

1949年に登場、途中生産休止期間はあったものの最終的には1991年までに1万機以上が生産されました。軽飛行機のなかでも短距離離着陸性能と、あれた飛行場での運用に適した機体として現在も多くがかつやくしています。■6.83×10.73×2.02m ■180km/h ■580km ■1+1

レシプロ軽飛行機

ビーチクラフト ボナンザ

セスナのライバルとして1947年に最初のモデルが登場した軽飛行機です。バリエーションが多く、最新型はいまも多くの機体が世界中で使われています。■8.38×10.21×2.62m ■326km/h ■1704km ■6

エンジンのちがい

レシプロエンジン

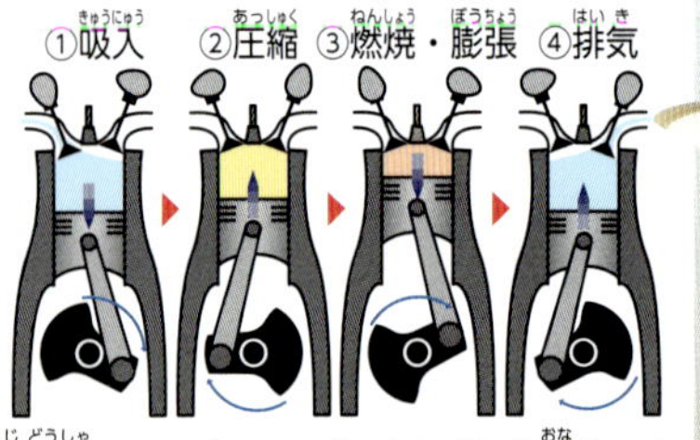

自動車のレシプロエンジンとしくみは同じです。

ターボプロップエンジン

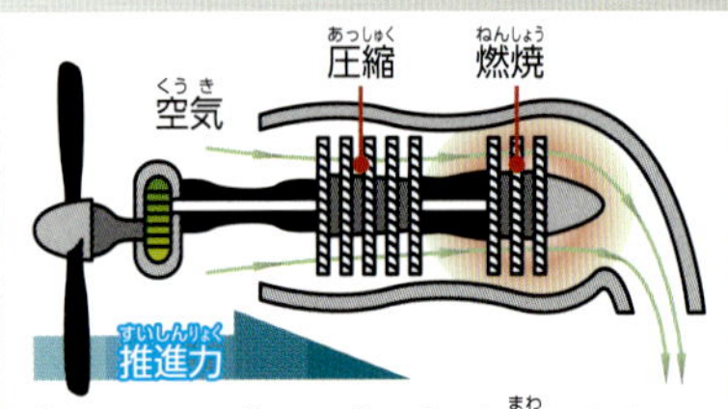

ジェットエンジンでプロペラを回します。

レシプロ軽飛行機

スバル FA-200

1965年から1986年まで、富士重工（現・SUBARU）で生産された国産の高性能軽飛行機です。エアロスバルの愛称で親しまれ、セスナやビーチクラフトといったアメリカのライバル機に対して性能ではひけをとりませんでした。■8.17×9.42×2.59m ■237km/h ■1400km ■1+3

レシプロ軽飛行機

パイパー チェロキー

1960年から生産されているセスナ、ビーチクラフトと並ぶアメリカ製軽飛行機のベストセラーです。快適なキャビンとパワフルなエンジンを基本に、多くのバリエーションがあります。■7.32×10.8×2.2m ■246km/h ■1185km ■1+3

 ■全長×全幅×全高 ■最大巡航速度 ■最大航続距離 ■座席数（乗員＋乗客）

レシプロ・プロペラ機による本気のレース

毎年9月、アメリカのネバダ州リノという町で開かれているのがリノ・エアレースです。このレースは6つのクラスがあり、そのトップクラスは、オリジナル設計がレシプロエンジンのプロペラ機であれば、そのほかは一切を問わないというアンリミテッドクラス。出場しているのはノースアメリカンP51マスタング、ホーカー・シーフューリー、グラマンF8Fベアキャットといった第二次世界大戦以前の戦闘機たち。一周13km(8.27マイル)ほどのコースを低空飛行し、最高速度700km/h以上での高速バトルをくり広げるという大迫力のレースです。

右がホーカー・シーフューリーFB.11、左がホーカー・シーフュリーT20。

ターボプロップ旅客機 ### エンブラエル EMB120

アメリカの国内線短距離区間などでよく見かけるブラジル製の双発小型旅客機です。1985年の初就航以来、経済性の高い機体として高い信頼を得ています。■20×19.78×6.35m ■552km/h ■1750km ■2+30

ターボプロップ旅客機 ### ATR42-600

フランスとイタリアの企業体が共同開発した短距離旅客機。主翼が胴体の上部に付いているので、安定した飛行が可能です。使用航空会社はおもにヨーロッパですが、日本の空も飛んでいます。■22.7×24.6×7.6m ■556km/h ■1326km ■2+48

ターボプロップ旅客機 ### ボンバルディア DHC8

かつてはデ・ハビランド・カナダDHC8と呼ばれていた小型旅客機です。日本の離島路線などでもよく見かけるおなじみの機体です。■32.8×28.4×8.3m ■667km/h ■2146km ■74

ターボプロップ軽飛行機 ### セスナ 208キャラバン

滑走路の整備状況があまりよくない地域における人員・貨物輸送用に開発された小型輸送機です。多くのバリエーションがあり、最新型は胴体を延長したグランドキャラバンです。■11.46×15.88×4.32m ■344km/h ■1689km ■1+9～14

ターボプロップ軽飛行機 ### ピラタス PC-12

スイスの航空機メーカーであるピラタス社が手がける単発ターボプロップの小型旅客機です。大きな軽飛行機といった外観ですが、飛行性能を高く評価されています。■13.96×13.78×4.14m ■496km/h ■4167km ■2+9

貨物機

ムーブはかせの「ここに注目！」

一見すると、旅客機と同じに見えるが、よく見ると窓の数がすくない。キャビンの中はすべて貨物室になっている荷物を運ぶための専用機だ。

©AIRBUS

大型ジェット貨物機 エアバス A300-600ST

エアバス社が自社で製造する航空機の完成部品を輸送するためにつくった特殊輸送機。世界最大の胴体幅をもち、積載量47tをほこります。そのユニークな外観から「ベルーガ(シロイルカ)」と呼ばれています。

■56.15×44.84×17.24m ■780km/h ■2778km ■2

大型ジェット貨物機 ボーイング747LCF

英語で「夢を運ぶ」という意味の「ドリームリフター」が愛称です。日本で製造している「ボーイング787 ドリームライナー」の翼や胴体の一部を、アメリカのシアトルにあるボーイング社の工場まで運ぶ役割があり、中部国際空港セントレアで見ることができます。■71.68×64.44×21.54m ■1004km/h ■8334km ■2

大型貨物機の中を見てみよう

©NASA

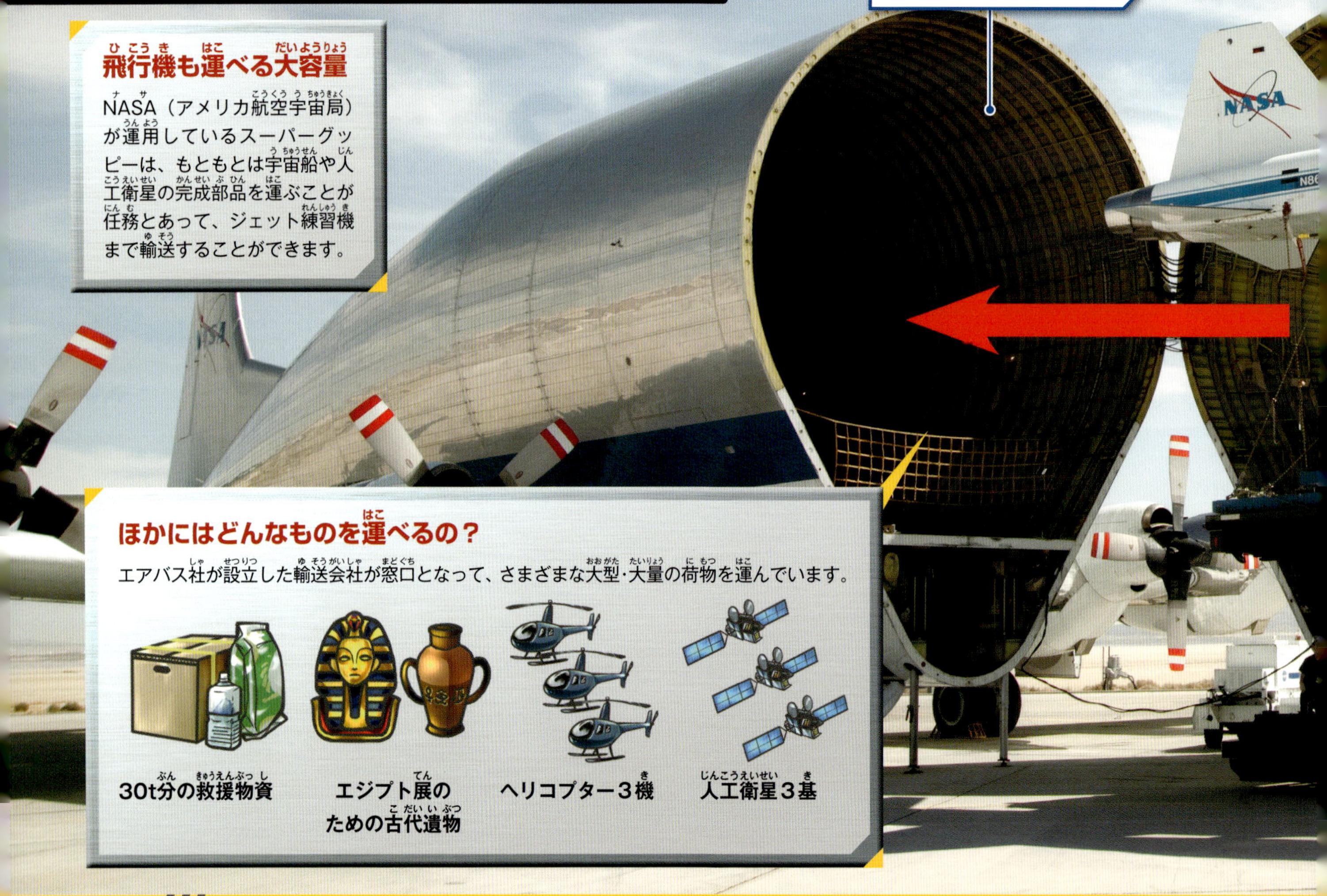

胴体前方で割れるように開き、荷物を中に入れます。
NASA

飛行機も運べる大容量

NASA（アメリカ航空宇宙局）が運用しているスーパーグッピーは、もともとは宇宙船や人工衛星の完成部品を運ぶことが任務とあって、ジェット練習機まで輸送することができます。

ほかにはどんなものを運べるの？

エアバス社が設立した輸送会社が窓口となって、さまざまな大型・大量の荷物を運んでいます。

30t分の救援物資

エジプト展のための古代遺物

ヘリコプター３機

人工衛星３基

■全長×全幅×全高 ■最大巡航速度 ■最大航続距離 ■座席数

大型ジェット貨物機
ボーイング747-400F

世界のベストセラー旅客機であるボーイング747-400の貨物輸送機型です。日本の大きな空港でひんぱんに目にすることができます。最新型である747-8Fも導入されています。
■70.66×64.44×19.4m ■910km/h ■8334km ■8

大型ジェット貨物機
アントノフ An-225

公称最大積載量250tをほこる世界最大のロシアの輸送機です。飛行距離が短い場合、燃料搭載量をへらすなどしてさらに多くの貨物を搭載することも可能だといわれています。エンジンは6基です。■84×88.4×18.1m ■850km/h ■4000km（200t積載時） ■6

ノースロップ T-38タロン2機をそのままの状態で貨物室に収納するところです。

大型ターボプロップ貨物機
エアロスペースラインズ スーパーグッピー

ボーイングの大型プロペラ輸送機だった377/C-97輸送機をベースにNASAの要請をうけて改造したもの。最初の機体が製造されてから半世紀が経っていますが、NASAではまだ1機が運用されています。原型の377/C-97はレシプロエンジンでしたが、スーパーグッピーはターボプロップに変わっています。■43.8×47.63×14.78m ■502km/h ■3211km ■4

©NASA

スーパーグッピーのデータ

全長	巡航速度	航続距離	最大搭乗人数
47.6 m	502 km/h	3211 km	4 人

ヘリコプター

ムーブはかせの「ここに注目!」

ヘリコプターは、上下、前後、左右に自由に動くことができる。また、ホバリングといって、空中に静止することもできるのだ。

»メインローター
揚力を発生させる回転翼です。回転面のかたむきを変えて、飛行方向への推力とすることができます。
»エンジン
»テールローター
メインローターの回転反作用で機体が回転してしまうのを防ぐための装置。テールローターがない機体は同軸やダブルの反転ローターで反作用を打ち消しています。
R
ZJ239

多用途ヘリコプター ***ベル412EPI***

多くの人が思い浮かべるヘリコプターそのものの外観をもつ伝統ある機体です。人員輸送から物資輸送まで、世界中で多くの機体がかつやくしています。■15.11×2.89(胴体幅のみ)×4.54m ■226km/h ■674km ■1+14

©Airbus Helicopters/PECCHI Anthony

多用途ヘリコプター

エアバスヘリコプターズ H155

低振動で快適、高速飛行が可能なヘリコプターです。警察、ドクターヘリ、報道などの分野でかつやくしています。■14.30×3.48(胴体幅のみ)×4.35m ■281km/h ■970km ■2+13(最大)

多用途ヘリコプター カモフKa-32A11BC

最大で5tも吊り上げることができるロシア製の強力なヘリコプターです。それぞれ逆回転するメインローターが上下に重なっていて、テールローターがないのも特ちょうです。■12.22×15.9(ローターふくむ)×5.4m ■220km/h ■800km ■2+9

多用途ヘリコプター シコルスキーS-76

民間向けの多用途ヘリコプターのなかでは、やや大きな機体とうつくしいスタイルが特ちょうです。エンジンの能力によゆうがあることから長距離の輸送に適しているといわれています。■16×13.41(ローターふくむ)×4.42m ■287km/h ■748km ■1～2+12～13

ほかの航空機を運ぶスカイクレーン。家を運ぶこともできる。

重量物輸送専用ヘリコプター シコルスキーS-64

その名もスカイクレーンと呼ばれていた重量物輸送専用の大型ヘリコプターです。操縦席の後ろの部分が荷物を吊り下げるスペースになっています。■26.97×21.95(ローターふくむ)×5.67m ■202km/h ■370km ■2

現在は、エリクソン・エアクレーン社がS-64Eなどを生産しています。

はたらく航空機

ムーブはかせの「ここに注目!」

旅客機や貨物機以外にも、空で仕事をする航空機がある。専門作業に特化した機能や設備がついてるぞ。

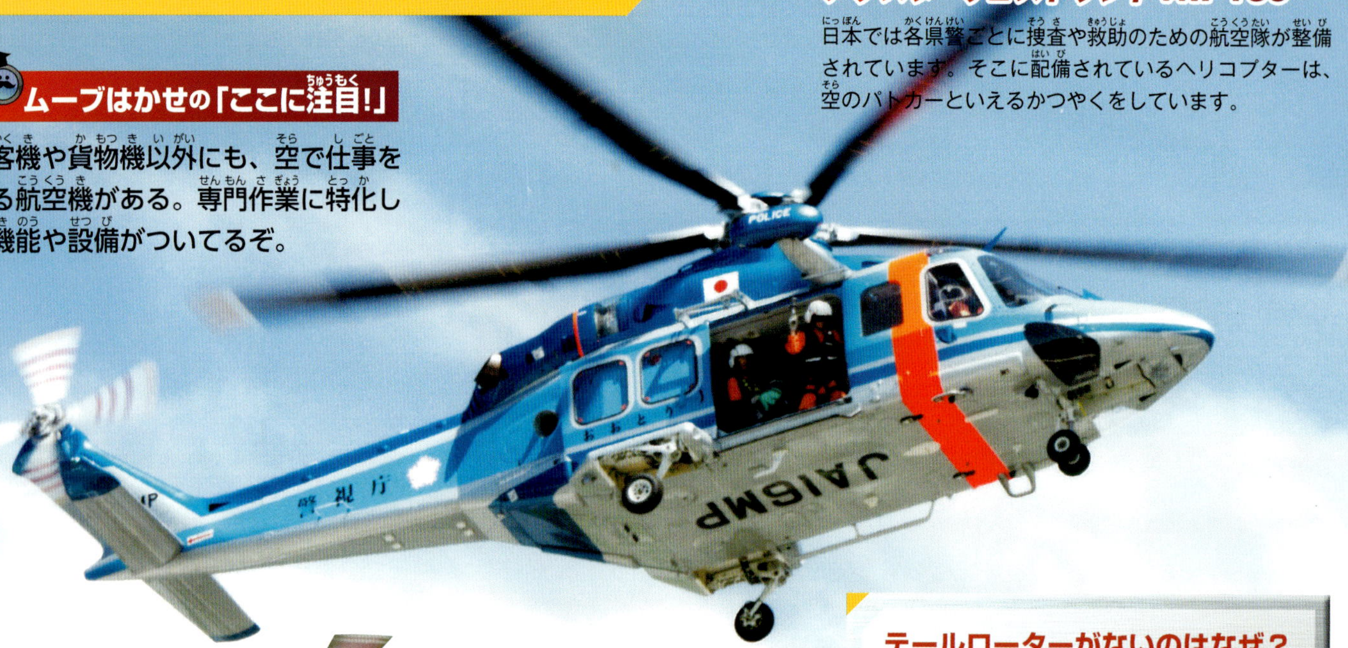

警察ヘリコプター

アグスタ・ウェストランド AW-139

日本では各県警ごとに捜査や救助のための航空隊が整備されています。そこに配備されているヘリコプターは、空のパトカーといえるかつやくをしています。

テールローターがないのはなぜ?

MD902には、ふつうヘリコプターにはなくてはならない小さなテールローター(156ページ)がありません。テールローターのかわりに、圧縮した空気を噴射するノーターがその役割をはたしています。低騒音と安全性にすぐれているメカニズムです。

※ドクターヘリのロゴは全日本航空事業連合会の商標登録です。

ドクターヘリ

MDヘリコプターズ MD902

救急専用の医療機材を搭載し、医師と看護師を乗せて救急現場へ向かいます。患者にいち早く医療行為を提供することを目的とした、まさに空飛ぶ救命救急室です。キャビン後部に担架を格納できるようになっています。

■10.39×2.23(胴体幅のみ)×3.66m ■220km/h ■2.5時間 ■6

見てみよう! DVD 命を守る乗りもの

消防ヘリコプター

アグスタ・ウェストランド AW-139 ちどり

東京消防庁所属の救助活動をおこなう最新鋭機です。林野火災では、機体の下に1800Lの水を入れた消火装置を吊り下げて活動することができます。■16.62×13.8×4.98m ■259km/h ■1061km ■16

消防ヘリコプター

エアバスヘリコプターズ EC225LP はくちょう

大型の機体にパワフルなエンジンを装備することで、すぐれた救助性能と消火性能を備えた東京消防庁のヘリコプターです。■19.5×16.2×4.97m ■262km/h ■946km ■22

SAR搭載航空機　ガルフストリームII

計測したデータを3次元映像にできるSARという映像レーダーを装備した航空機です。山や森林、被災地など、調べにくい土地の状況を知るために使われています。■24.4×21×7.5m ■925km/h ■4260km ■8

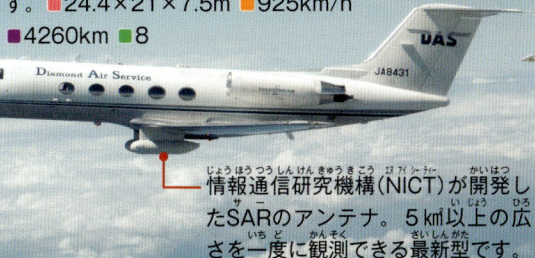

情報通信研究機構(NICT)が開発したSARのアンテナ。5㎞以上の広さを一度に観測できる最新型です。

フライトチェッカー　セスナ 525C サイテーション CJ4

航空機が安全に飛行できるように、誘導のための電波や光を発する施設や設備の機能を点検する飛行検査機です。チェックスターと呼ばれています。ビジネスジェットがベースです。■16.26×15.49×4.69m ■835㎞/h ■3300㎞ ■6

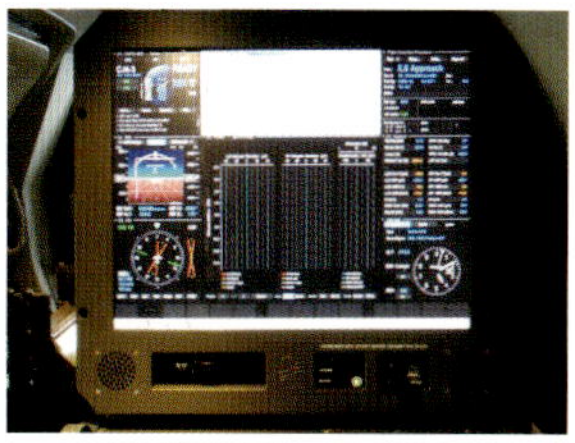

航空保安施設から送信される電波が、正しく機能しているか測定するための検査装置が搭載されています。

送電線パトロール　ベル 206B ジェットレンジャーIII

山間部から都市部まで設置されている高圧送電線がきちんと機能しているか、トラブルなどはおきていないかを定期的にチェックしています。
■11.95×1.91(胴体幅のみ)×3.54m ■170㎞/h ■3時間 ■5

写真提供:NHK

防振装置付きカメラ

報道取材機

事件現場などに急行し、取材活動をおこないます。防振装置付きカメラがついているため、機体のゆれに影響されず撮影ができます。

海外のはたらく航空機

農薬散布用航空機

アメリカやオーストラリアといった農地が広大な国では、短時間で効率よく農薬を散布するためにヘリコプターや飛行機を使っています。農薬散布のためのブームノズルと薬品タンクを装備し、クロップダスターと呼ばれています。日本でもかつては見ることができました。

ウォーターボマー

アメリカなどでは、大きな山火事を消火するために消火専用機がかつやくします。大容量の消火剤を入れることができるタンクを機外に装備しています。

宇宙船

ムーブはかせの「ここに注目!」

宇宙飛行士や宇宙で必要な物資を運ぶのが宇宙船。一般人が宇宙旅行をするための宇宙船も開発されているぞ。

©NASA

見てみよう! DVD ソユーズのしくみ

有人宇宙船 ソユーズ

ロシアが開発した有人宇宙船で、1967年に初飛行がおこなわれました。国際宇宙ステーションへ宇宙飛行士や物資を運ぶ役割があります。現在はソユーズTMAが運用されています。■ロシア ■運用中 ■200日 ■3

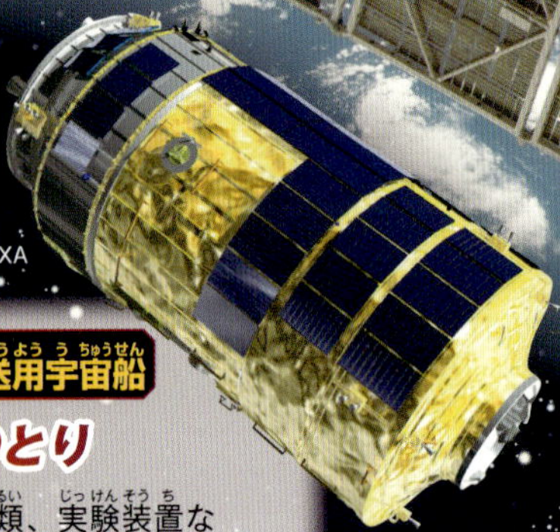

©JAXA

貨物輸送用宇宙船 こうのとり

食料や衣類、実験装置など最大6tの補給物資を国際宇宙ステーションに送り届け、任務が終わると大気圏に再突入して燃えつきます。■日本 ■運用中 ■60日(ISS滞在期間) ■0

©NASA

宇宙飛行士用宇宙船 オリオン

現在、NASAが国際宇宙ステーションや月、火星に宇宙飛行士を運ぶために開発を進めている宇宙船で、再使用が可能です。アポロ宇宙船に似たカプセル形で、右のスペース・ローンチ・システムによる打ち上げが予定されています。
■アメリカ ■開発中 ■21日(軌道時間) ■4～6

©NASA

打ち上げ用火星ロケット スペース・ローンチ・システム(SLS)

スペースシャトルの後継機としてNASAが開発を進めている次世代大型ロケットです。火星に宇宙飛行士を送り届けることを最終目標にしています。■アメリカ ■開発中

©NASA

民間宇宙船 ドラゴン

アメリカのスペースX社が開発し、2012年に民間企業ではじめて宇宙ステーションへの貨物輸送に成功しました。現在は、新たに有人宇宙船として開発が進められています。当初は不可能といわれたプロジェクトだったため、架空の物語を歌った童謡の「魔法のドラゴンパフ」から名づけられました。■アメリカ ■運用中 ■2年 ■0

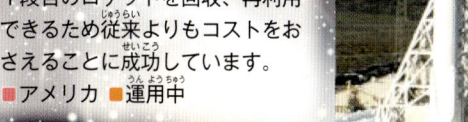

民間宇宙船打ち上げロケット

ファルコン9

©NASA

アメリカの民間企業・スペースX社が開発した2段式ロケット。国際宇宙ステーションへの物資輸送を担うドラゴン宇宙船や人工衛星の打ち上げに用いられています。1段目のロケットを回収、再利用できるため従来よりもコストをおさえることに成功しています。

■アメリカ ■運用中

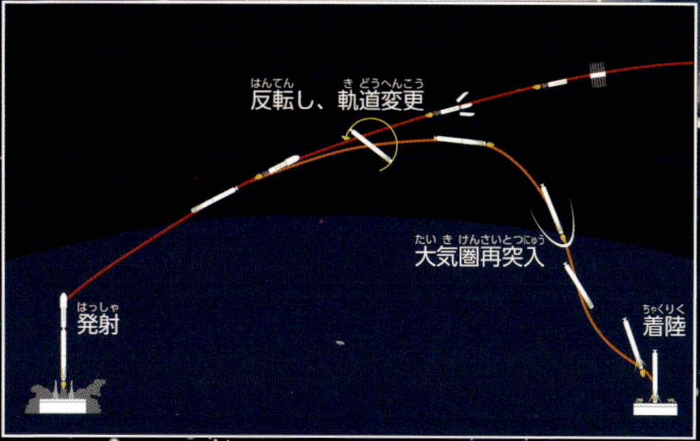

宇宙旅客船 スペースシップ2

民間宇宙旅行のために開発されている宇宙船です。母船「ホワイトナイト2」で宇宙船を運び、大気がうすい状態になる高度約15kmで空中発射することで、ロケットエンジンの噴射時間をへらしています。大気圏外に出ることができ、およそ5分間宇宙に滞在できます。

■アメリカ ■開発中 ■5分 ■8

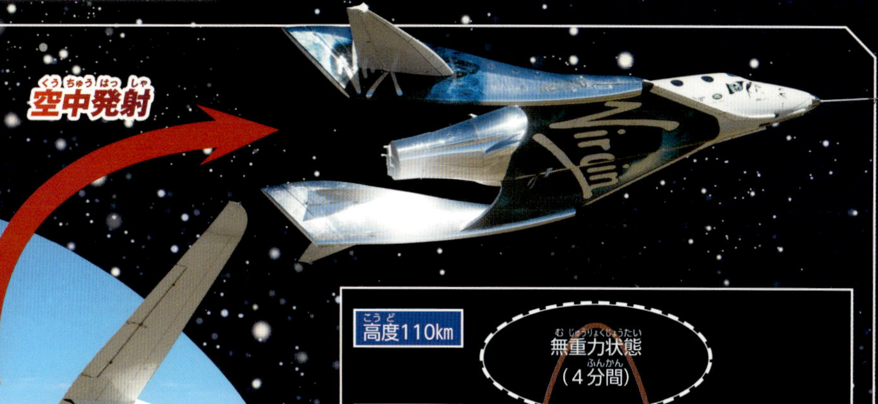

宇宙旅行を取りあつかう日本の旅行会社によると、宇宙への旅は約2時間の予定です。旅行費用はひとりあたり約3000万円。すでに世界中で約700人が予約をしているそうです。

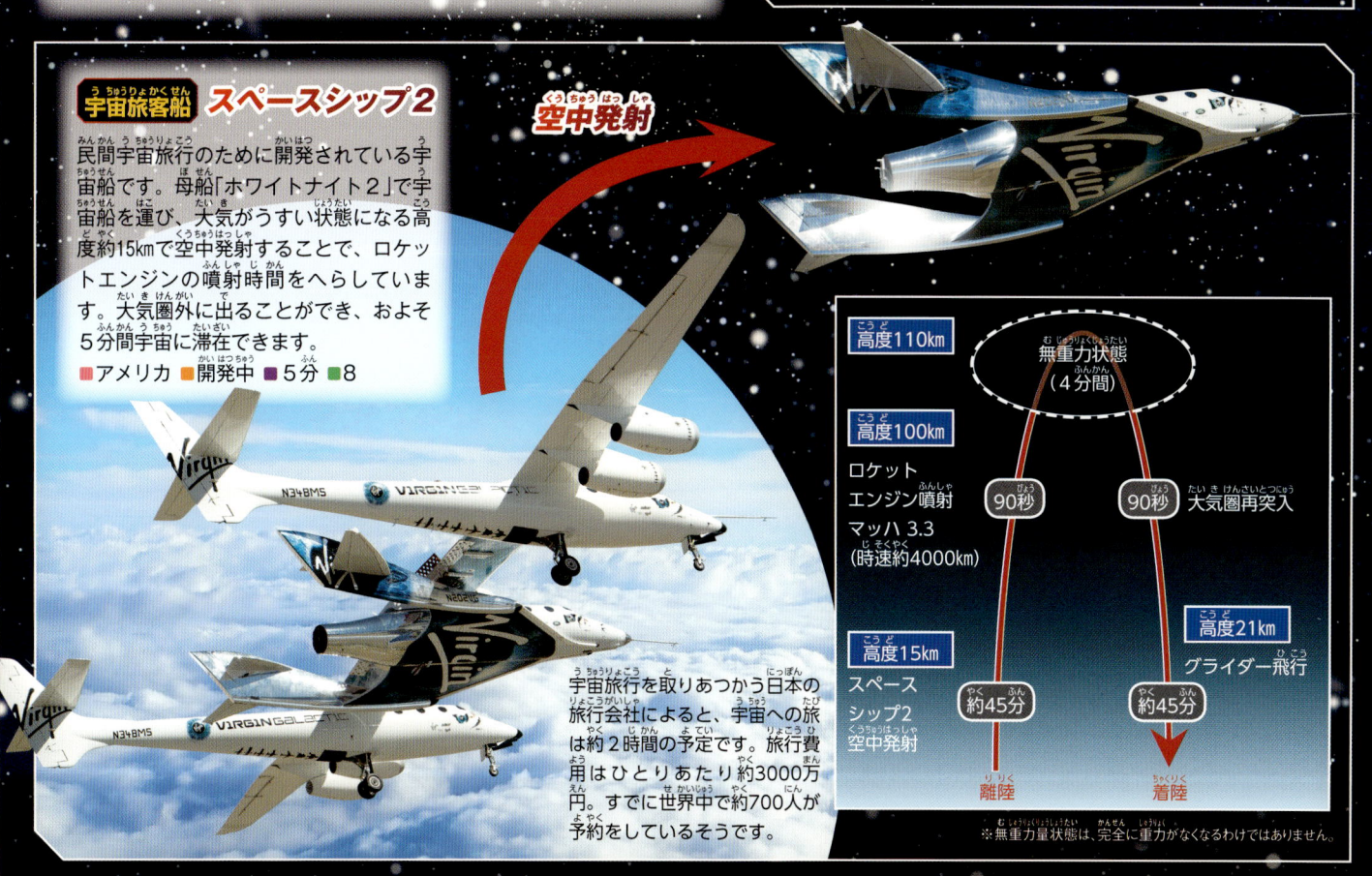

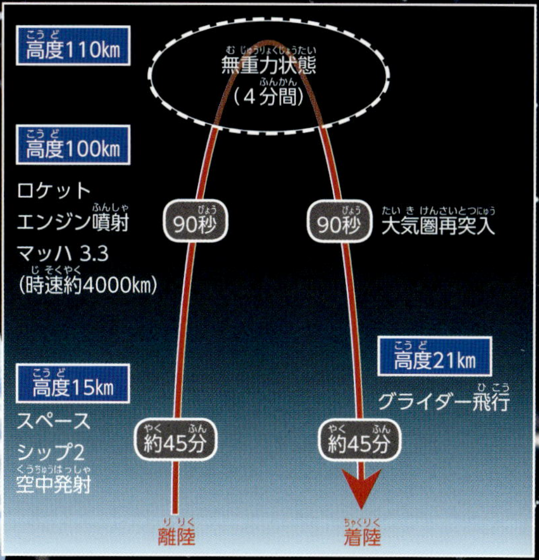

※無重力量状態は、完全に重力がなくなるわけではありません。

特殊な航空機

ムーブはかせの「ここに注目!」

ごく少数ながら、旅客機とはちがう構造や輸送以外の目的をもつ航空機もある。人力や太陽エネルギーなど、変わった動力源にも注目だ。

© Jean Revillard / Rezo.ch

ソーラープレーン ソーラー・インパルス2

石油などの化石燃料を一切使用せず、太陽エネルギーのみを動力源とします。2016年7月、世界ではじめて無燃料の世界一周に成功しました。翼が長いのは、太陽エネルギーを効率よく取りこむためです。■21.85×72×6.4m ■216km/h(最大速度) ■1

有人マルチコプター ボロコプター VC200

巨大なドローンに人間が乗れるようにしたのりものです。バッテリーで飛ぶため、化石燃料を使用しません。ヘリコプターのように長い訓練を必要とせず、操縦がとてもかんたんです。■7.6m(ローターの直径) ■100km/h(上昇速度) ■2

無尾翼機 M-02J

映画『風の谷のナウシカ』に登場する飛行装置をモデルに、東京藝術大学の准教授でもある八谷和彦さんが開発しました。ジェットエンジンを搭載しています。■2.7×9.6×1.4m ■90km/h ■20km ■1

©NASA

無人航空機 RQ-4 グローバルホーク

NASAは研究調査のため、アメリカ空軍は偵察などのために保有している無人航空機です。2011年の東日本大震災時には、被災地や原発事故の情報収集にかつやくしました。■13.5×35.4×4.6m ■620.42km/h ■22236km ■0

空飛ぶ自動車 モラー M400 スカイカー

開発中の空飛ぶ自動車です。ヘリコプターのように垂直に離着陸することができ、地上では電気で走ります。■21.5×8.5×7.5m ■495.68km/h ■1295.52km ■2+2

 ■全長×全幅×全高 ■最大巡航速度 ■最大航続距離 ■座席数(乗員+乗客)

飛行船 ハイブリッド・エアシップ

©Lockheed Martin

2018年に販売が予定されている低燃費の飛行船です。積載量は20tをほこり、輸送費はヘリコプターの８分の１～７分の１ほどだといわれています。ガスもれの原因となる小さな穴を見つけて修理する小型ロボット「スパイダー」もいっしょに開発されています。■82×47.85×23.77m ■110km/h ■2600km ■2+19

©NASA

人力飛行機 ダイダロス88

マサチューセッツ工科大学で開発され、人力の飛行世界記録をつくった機体です。ギリシャ神話でロウで固めた鳥の羽をつくったダイダロスが名前の由来です。現在は、アメリカのスミソニアン博物館で展示されています。■8.76×34.14m（全高不明）■24.14km/h ■115.11km ■1

地面効果翼機 アロン M50

地面効果を利用して、地表もしくは水面の上空数メートルを飛びます。高速ボートよりも、速く移動し、燃料を節約することができます。■10.1×12.3×2.9m ■200km/h ■600km ■4～5

地面効果

地面や水面のすぐ近くを飛ぶ場合に通常より大きい揚力をうけること。

多目的航空機 グローバルフライヤー

無着陸無給油での世界一周で最速の記録を打ち立てた機体です。2005年３月に67時間１分で世界一周に成功し、それまでの記録を大きくぬりかえました。現在は、スミソニアン博物館に展示されています。■13.44×34.75×4.04m ■476km/h ■41466km ■1

乗りものに乗らなくても飛べる!?

リュックサックのように背負うだけで、最高時速300kmというスピードを出せる飛行機具があります。右の写真は、ジェットマンと呼ばれる飛行家がジェット推進式の翼で飛んでいるところです。操縦桿はなく、体を左右にかたむけて旋回するため、人間の体そのものが飛行機のようなものだといいます。ジェットマンは「この小さな翼を身に付けているとほんとうに鳥になった気分がします」と話しています。

航空自衛隊の航空機

ムーブはかせの「ここに注目!」

日本の航空自衛隊が装備する航空機は、外国からライセンスを購入して国内で生産している機体から国産機までじつに多彩だ。なかにはRF-4Eといった開発国ではもう見られない機体もあるぞ。

見てみよう! DVD 航空機カタログ

ベイパーコーン

航空機の速度が音速に近づくと、機体の通ったところは空気がうすくなり、気温が下がります。その空気にふくまれている水蒸気が湯気になり発生する雲のことをベイパーコーンといいます。

戦闘機 F-35A

F-4EJファントムの後継となる最新鋭主力戦闘機です。ジョイント・ストライク・ファイター(統合打撃戦闘機)と呼ばれ、多目的攻撃性能が高いのが特ちょうです。レーダーに発見されにくいステルス性にもすぐれています。■15.6×10.7×4.4m ■マッハ1.6 ■2200km ■1

中等練習機 T-4

航空自衛隊が装備する練習機のなかで、プロペラ機による初等練習を終えたパイロットが訓練をおこなう中等練習機です。小さな機体ですが、訓練に必要な要素をすべて備えた純国産の高性能練習機です。■13×9.9×4.6m ■マッハ0.9 ■1300km ■2

高性能だからできるアクロバット飛行

航空自衛隊のアクロバット飛行チーム「ブルーインパルス」で使われているのもT-4です。4～5機による息の合ったうつくしくダイナミックなアクロバット飛行に加えて、ソロによる演技をおこなう機体も2機あります。

ワイド・トゥー・デルタ・ループ

スタークロス

アメリカの政府専用機

政府要人輸送をおこなうための政府専用機はほかの国も所有していますが、もっとも有名な機体といえば、アメリカのエアフォース・ワンです。なおこの名称は無線交信する際のコールサインが語源で、機体そのものに付けられているわけではなく、現職のアメリカ大統領が搭乗したアメリカ空軍の機体がエアフォース・ワンとなります。公務においてほかの機体に乗った場合はその機体がエアフォース・ワンのコールサインを使います。ちなみに日本の政府専用機が海外で行動するときのコールサインも「ジャパニーズ・エアフォース・ワン」です。

特別輸送機（政府専用機）

ボーイング747-400

航空自衛隊の特別航空輸送隊が2機を保有し、運用しています。内閣総理大臣のほか、重要閣僚や政府要人が公式外交として海外におもむく際に使用されます。
■70.7×64.9×19.06m ■マッハ0.92 ■13000km ■20〜25

早期警戒機

E-2C

日本の領空内に侵入してくる国籍不明機の早期発見と対処、地上部隊との作戦連携、遭難機の捜索支援、通信の中継など、航空作戦全般にわたる管制業務をこなします。■17.6×24.6×5.6m ■320ノット ■2550km ■5

偵察機

RF-4E

世界的に実績のある戦闘機、F-4Eがベースの偵察機です。高速で目的地まで飛行できるほか、カメラや各種センサーといった偵察機器類の性能もすぐれています。災害時の現状偵察にもかつやくしています。
■19.2×11.7×5m ■マッハ2.2 ■2900km ■2

輸送機

C-2

従来型のC-1輸送機の後継として開発された最新型の純国産輸送機です。C-1に対して約3倍の搭載量、約4倍の航続距離を得たことで、災害時などの緊急支援活動ですばやい輸送任務が期待されています。■43.9×44.4×14.2m ■マッハ0.82 ■7600km（20t積載時） ■2〜5（最大輸送可能人員110）

空中給油・輸送機 KC-767

ボーイング767-200ERをベースとした空中給油・輸送機です。従来はオペレーターが目視でコントロールしていた空中給油作業を、世界ではじめて５台のカメラを駆使した遠隔操作でおこなうことができるようになりました。■48.5×47.6×15.8m ■マッハ0.84 ■7200km(30t積載時) ■4～8(最大輸送可能人員200)

救難ヘリコプター UH-60J

アメリカのシコルスキー社のHH-60Aをベースに、日本での使用環境に合わせて改造した機体です。遭難者を捜索するための最新鋭の各種センサーや、慣性航法装置を備えています。■15.65×5.43×5.13m ■144ノット ■1295km ■5

救難捜索機 U-125A

救難ヘリコプターよりもすばやく遭難機の捜索・救難活動をおこなうための機体です。高性能な捜索レーダーや赤外線暗視装置といった捜索活動にかかせない装備を完備しているほか、救助物資投下機構も備えています。■15.6×15.66×5.36m ■マッハ0.78 ■2000km ■4

世界の軍用機

VTOL機 AV-8B ハリアーⅡ

世界ではじめて垂直離着陸を可能とした実用戦闘攻撃機がハリアーです。AV-8Bはその性能向上型であり、スペイン海軍、イタリア海軍、アメリカ海兵隊で運用されています。小型の航空母艦(201ページ)や小さな飛行場などでも運用可能な多目的戦闘攻撃機です。

ティルトローター機 V-22 オスプレイ

ヘリコプターのすぐれた運用性と固定翼輸送機の貨物輸送能力をかね備えた垂直離着陸輸送機です。左右主翼には可動式のプロップ・ローターを備えています。

全翼機 B-2 スピリット

最高のステルス性能を得るために特殊な形態となったアメリカ空軍の戦略爆撃機です。敵国の警戒レーダーをくぐりぬけ任務を遂行することができます。

世界初のグライダー飛行に成功

オットー・リリエンタール

【1848年5月23日～1896年8月10日】

世界ではじめて動力飛行を成功させたのはライト兄弟ですが、かれらに先がけ、グライダーで空を飛んだ人物がいます。ドイツの飛行家オットー・リリエンタールです。かれの実験の数々は、のちの飛行研究に大きな影響をあたえました。

「ごらん。鳥だって、はじめから飛べるわけじゃない。」

少年時代のリリエンタールは、ひな鳥をおどろかさないよう、となりの弟にそっと話しかけました。森のなか、巣立ち間近の小鳥はけんめいに飛び方を練習しています。リリエンタール兄弟は、空を飛ぶことに魅せられ、実験と失敗をくり返していました。自作の翼をうでにつけ、鳥をまねして跳ねては、何度転げたことでしょう。ですが、森のひな鳥を見て、リリエンタールはようやく気がついたのです。弟の肩をよせ、言いました。

「鳥の体には、きっと飛ぶためのしくみがある。ひな鳥は、それを使おうとしているんだ。まねだけじゃ足りない。ぼくらは、そのしくみをつきとめよう！」

青年になっても、兄弟は鳥の観察をつづけました。けれども、ひな鳥を育て、翼の構造をよく調べても、空を飛ぶしくみは明らかになりません。足ぶみで動く鳥の模型機械をつくり、翼をばたつかせてみてもだめでした。

「そうだ。風に運んでもらえばいいんだ。」

ある日、リリエンタールは思いつきました。翼を力でばたつかせるのではなく、ワシやタカのように翼を広げて風に乗る。気流を使えば、体の重い人間でも、鳥のように飛べるかもしれないと考えたのです。

1891年、リリエンタールはグライダーという滑空機で飛行実験を試みました。枝の骨組みに布を張った、１対の翼。翼の中央にぶら下がり、いよいよ丘をかけおります。

ふき上げる風で、体が浮かび上がりました。

「いい調子だ。」

グライダーは風の上をなめらかに進み、空を飛びはじめました。実験を見守る弟のすがたが、水車小屋が、よく知った風景が、ぐんぐんと体の下を流れていきます。

「なんとうつくしいながめだろう。大成功だ！」

リリエンタールはそのとき、まさしく鳥になったのです。

世界ではじめて、グライダー飛行を成功させたリリエンタール。かれはその後、実験のさなかで命を落としてしまいます。ですが、リリエンタールが出版した『飛行術の基礎としての鳥の飛行』という本は、ライト兄弟の実験に役立てられ、当時の動力飛行研究を大きく前進させました。大空にいどみつづけたかれの人生は、空を飛びたいと願う飛行家たちを、力強く勇気づけたのです。

大陸間の移動を可能にした人類最古ののりもの

船の歴史としくみ

船の利用はいつからはじまった？

東京都伊豆諸島、神津島の黒曜石は３万年以上前には海を渡って本州にもちこまれています。人びとがどのようにして船を利用していたかは明らかになっていませんが、縄文時代の日本ではすでに船を利用した交易をしていたと考えられています。

『ビジュアル版旧石器時代ガイドブック』（堤 隆著）をもとに図版を作成

ムーブはかせの「ここに注目!」

わたしたち人類の祖先はアフリカで誕生し、船を使って海を渡り、世界中へと広がっていきました。最古ののりものといわれる船は、人類の歴史と深く結びついています。

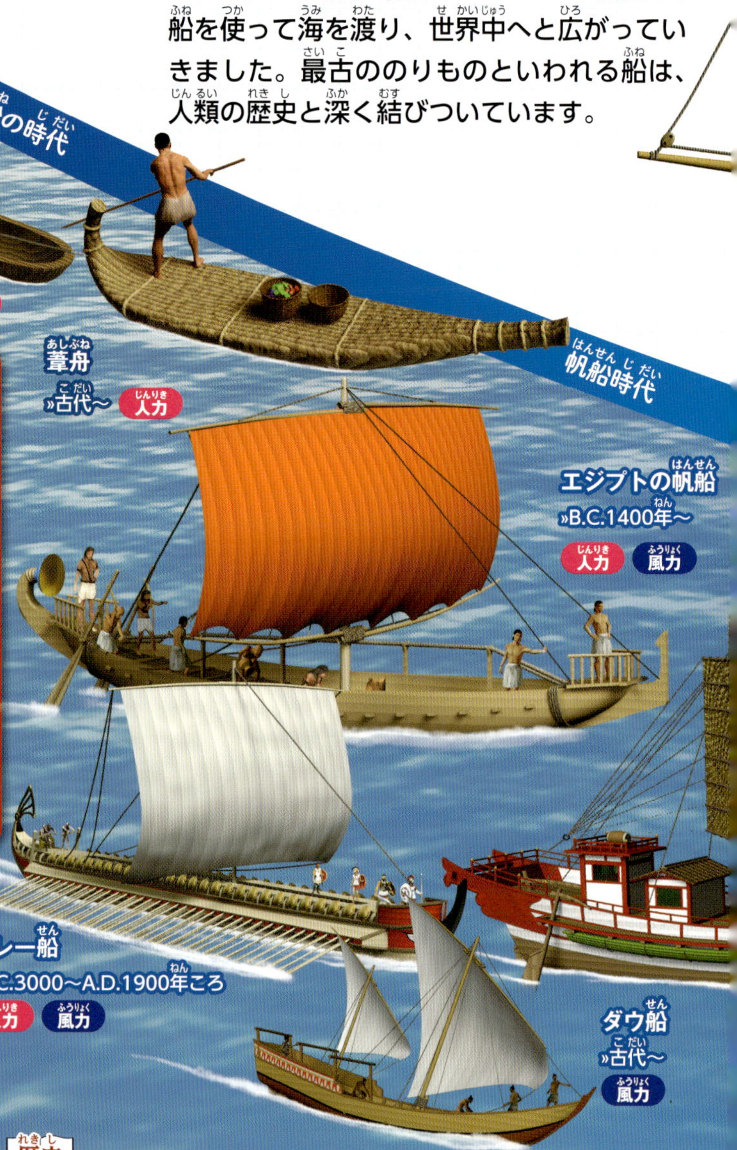

歴史

原始的な船

古代から人びとは、丸太や葦を利用して船をつくっていました。

▲アメリカの先住民が丸木舟をつくっているようす。

◀福井県若狭町のユリ遺跡より出土した縄文時代後期の丸木舟。

しくみ

船が水に浮くのはなぜ?

水に物体を入れると、おしのけた水の量と同じ分だけ、物体を浮かせる力がはたらきます。これを浮力といいます。鉄のかたまりはそのままでは水にしずんでしまいますが、同じ重さの鉄をうすくのばして船の形にすれば、おしのける水の量が多くなります。するとじゅうぶんな浮力を得られるので、浮くことができるのです。

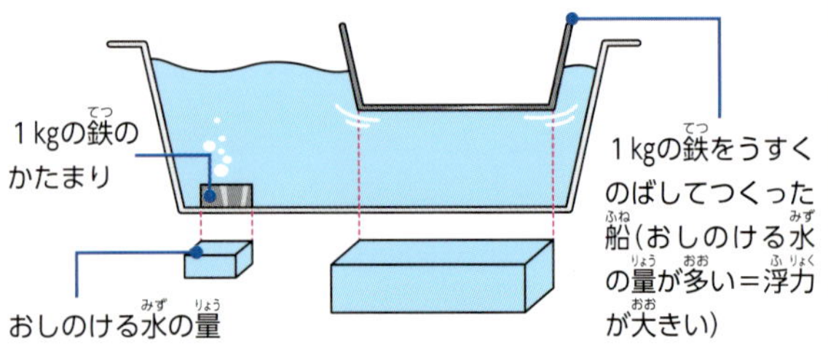

歴史

帆船で外洋へ

風力で走る帆船がつくられるようになると、より広大な海へと船を出せるようになり、食料や荷物を積めるようサイズも大きくなっていきました。ダウ船のように三角形の縦帆をつけた帆船は操作性が飛躍的に向上しました。

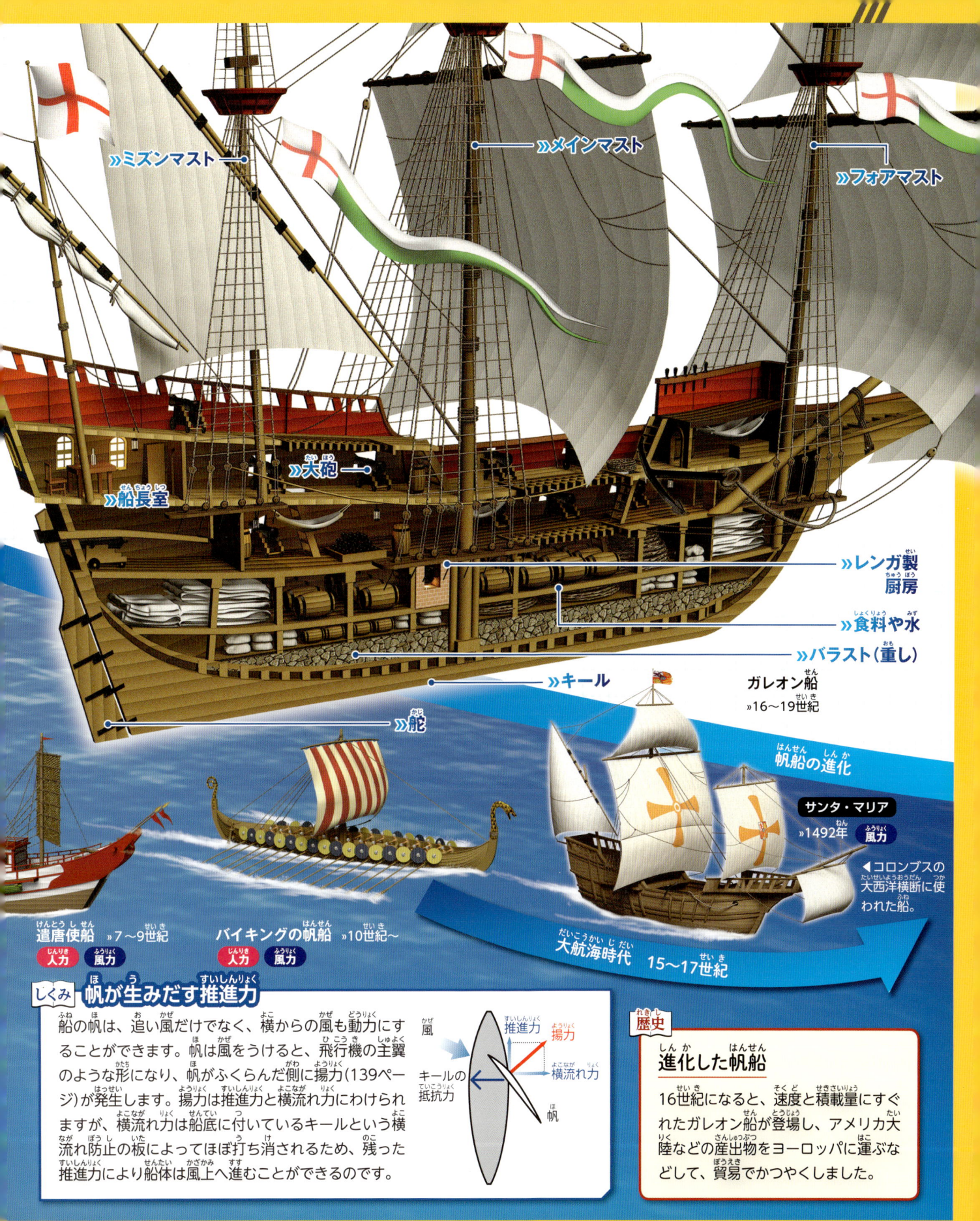

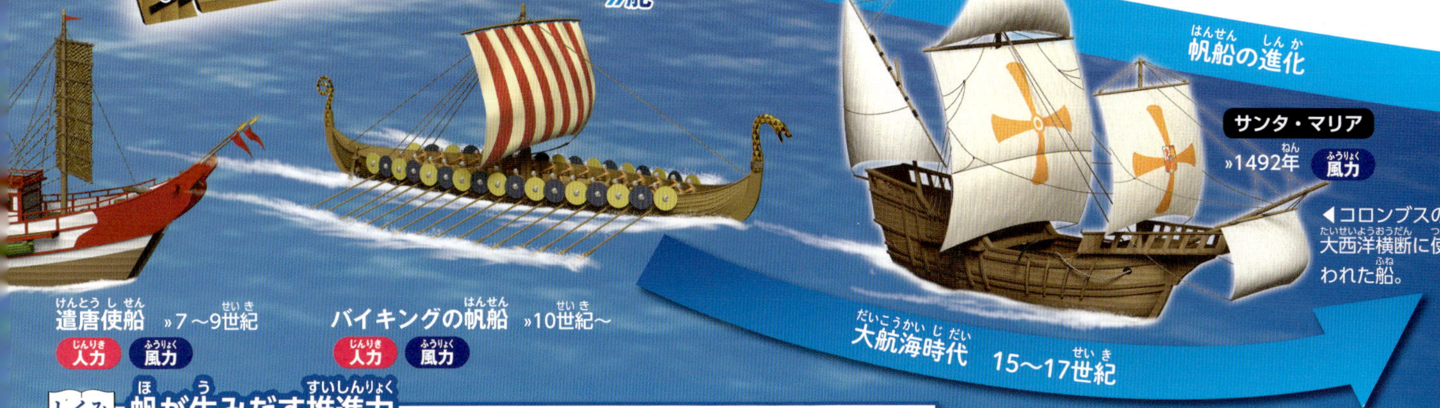

しくみ 帆が生みだす推進力

船の帆は、追い風だけでなく、横からの風も動力にすることができます。帆は風をうけると、飛行機の主翼のような形になり、帆がふくらんだ側に揚力（139ページ）が発生します。揚力は推進力と横流れ力にわけられますが、横流れ力は船底に付いているキールという横流れ防止の板によってほぼ打ち消されるため、残った推進力により船体は風上へ進むことができるのです。

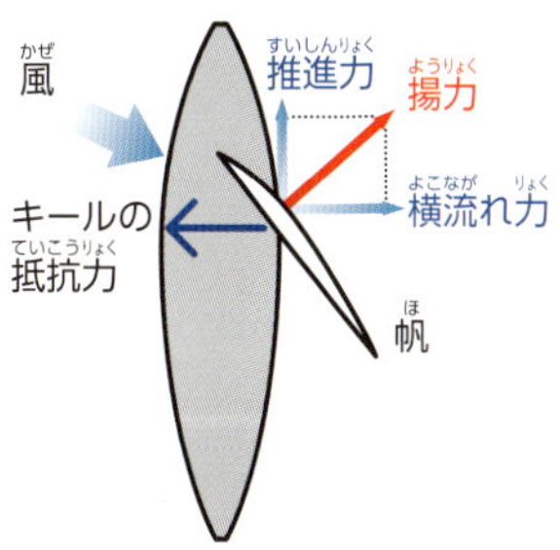

歴史 進化した帆船

16世紀になると、速度と積載量にすぐれたガレオン船が登場し、アメリカ大陸などの産出物をヨーロッパに運ぶなどして、貿易でかつやくしました。

※船が建造されていたおおよその年代を表記していますが、年代には諸説あります。

蒸気船時代

歴史

蒸気機関の発明

18世紀に、蒸気機関が発明され、船の動力として使われるようになりました。初期の蒸気船は、出入港や無風のときだけエンジンを使っていました。

歴史

スクリュー船の勝利

1845年、イギリスでスクリュー船と外輪船、どちらがすぐれているかを決めるため、テムズ川河口で綱引きがおこなわれました。一見互角に見えますが、けむりのなびく方向を見ると、スクリュー船が外輪船を引いていることがわかります。

▼蒸気機関で外輪を回転させて進みます。

初期の蒸気船 外輪式
クラーモント »1807年 蒸気 風力

鉄製蒸気船 スクリュー式
グレート・ブリテン
»1843年 蒸気 風力

▼イギリスにいち早く紅茶を運ぼうとつくられたのがクリッパー型帆船です。各船がその速さを競い合うようすはティーレースと呼ばれました。風力を最大限に活かすため、帆の面積が広いのが特ちょうです。

クリッパー型帆船
カティーサーク
»1869年 風力

しくみ

スクリュープロペラ

エンジンとつながっているスクリュープロペラは、エンジンが回転すると、いっしょに回転します。水を前から後ろへとおし流すことで、船を前進させています。

期待のエコシップ

ウィンドチャレンジャー
広げたりたたんだりできる巨大な帆を搭載した貨物船です。最大50%の省エネを目指しています。

プラネットソーラー
太陽光のみを動力源にする船です。2012年に化石燃料を１滴も使わずに世界一周を達成しました。

歴史

新しい動力船の登場

1897年、イギリスのチャールズ・パーソンズが蒸気タービンの船をつくり、同年には、ドイツのルドルフ・ディーゼルがディーゼルエンジンを実用化しました。ディーゼルエンジンは、いまも多くの商船や漁船で使われています。

▼帆がなくても風力で動く船です。回転する円筒に風があたると進むことができます。1924年にドイツのアントン・フレットナーが発明しました。

港を見てみよう

ムーブはかせの「ここに注目!」

さまざまな貨物が運ばれてくる港は、海の玄関口。船の乗客の乗りおりや荷物の積みおろしがおこなわれるふ頭がたくさんあるぞ。横浜港を見てみると、それぞれの船の役割やふ頭の専門性がよくわかる。

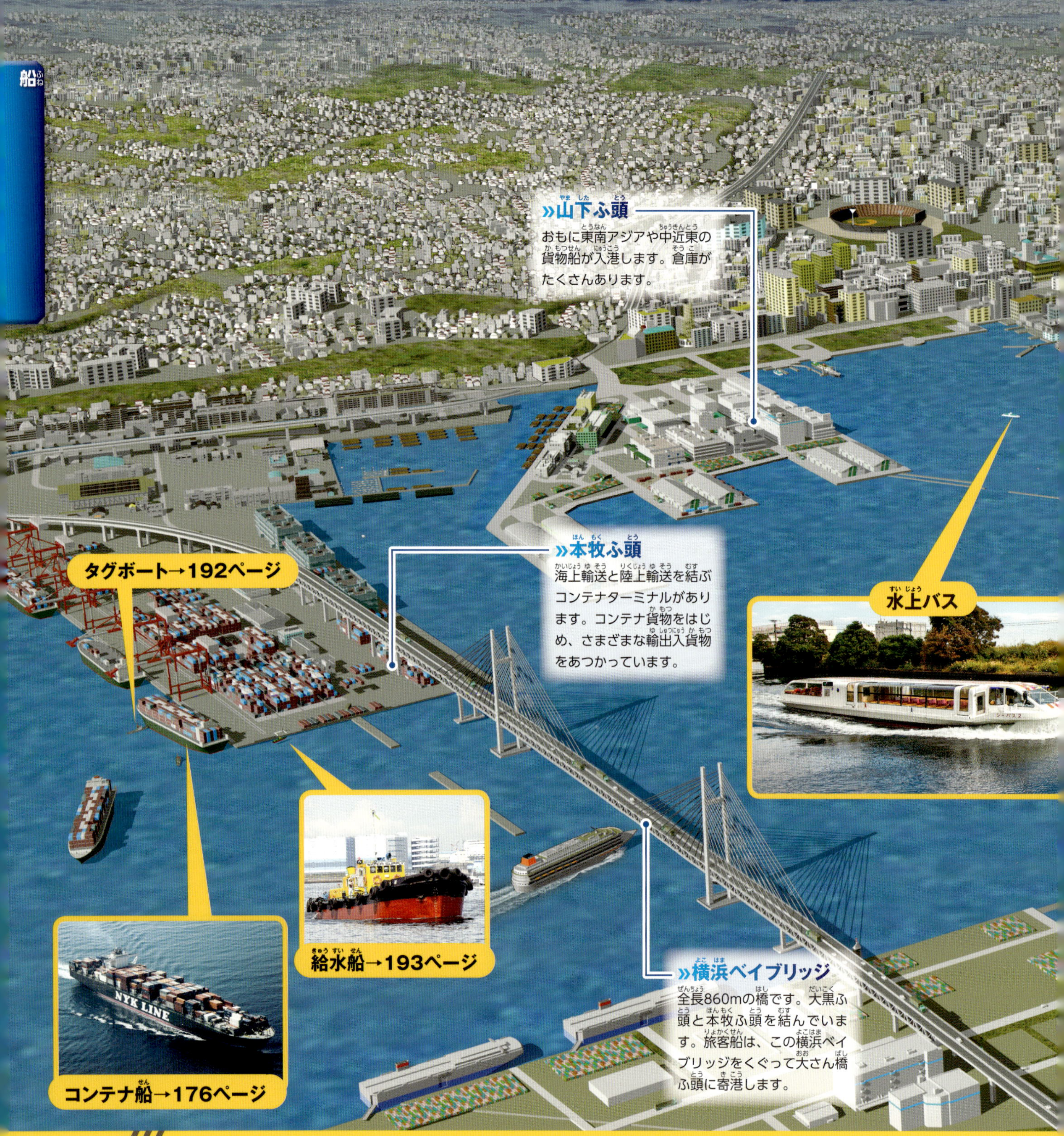

»山下ふ頭

おもに東南アジアや中近東の貨物船が入港します。倉庫がたくさんあります。

»本牧ふ頭

海上輸送と陸上輸送を結ぶコンテナターミナルがあります。コンテナ貨物をはじめ、さまざまな輸出入貨物をあつかっています。

»横浜ベイブリッジ

全長860mの橋です。大黒ふ頭と本牧ふ頭を結んでいます。旅客船は、この横浜ベイブリッジをくぐって大さん橋ふ頭に寄港します。

タグボート→192ページ

水上バス

給水船→193ページ

コンテナ船→176ページ

»横浜海上防災基地

海上保安庁の基地です。災害発生時に対応・対策や救助活動をおこなう拠点となります。巡視船や消防船が待機しています。

巡視船→198ページ

»大さん橋ふ頭

横浜港でもっとも歴史があるふ頭です。国際客船のターミナルがあり、旅客船が入港します。

旅客船→182ページ

»大黒ふ頭

埋め立てによってつくられた島式のふ頭です。コンテナ貨物や自動車などをあつかっています。

清掃船→193ページ

貨物船

大量輸送のコンテナ船

ムーブはかせの「ここに注目!」

一度に大量の荷物を運べる貨物船は、貿易になくてはならない存在。運ぶ荷物によって変わる船の形や大きさに注目だ。

船
貨物船

コンテナ船 トリプルE

世界最大級のコンテナ船です。コンテナ船とは、貨物用コンテナを輸送するための船のことです。トリプルEは燃料の消費と二酸化炭素の排出量をおさえ、コンテナあたりの二酸化炭素排出量を50%削減しました。

トリプルEのデータ

全長	重さ
400 m	190000 t
積載量	**乗組員**
18270 TEU	13 人

»舵
船の進行方向を決める装置です。

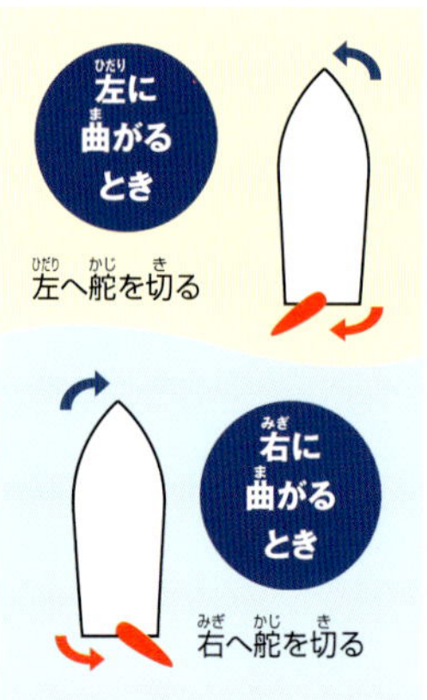

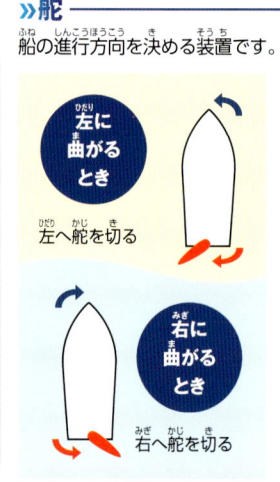

»スクリュープロペラ
プロペラ翼を回転させて、船を推進させるらせん状の装置です。

どんなルートを通るの？

世界の都市間を結ぶコンテナ船は、海上運送の中継地点となるハブ港に立ち寄りながら、目的地へと移動します。トリプルEは上海の港を出発し、インド洋やスエズ運河を通り、アジアとヨーロッパを結ぶルートを航行しています。中国からスペインまではおよそ20日です。ルート上に日本はありませんが、過去に記念寄港したことがあります。

どれくらいの量を運べるの？

一般貨物用コンテナ船の積載量は「TEU」の単位であらわされます。「TEU」とは20フィートコンテナひとつ分です。コンテナ１つには、約8000足の靴をつめこむことができます。トリプルEの積載量は1万8270TEUなので、１回で１億足をこえる靴を運ぶことができます。

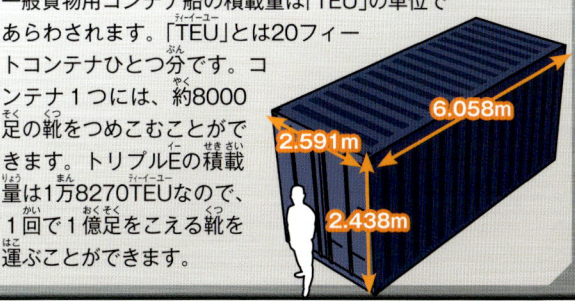

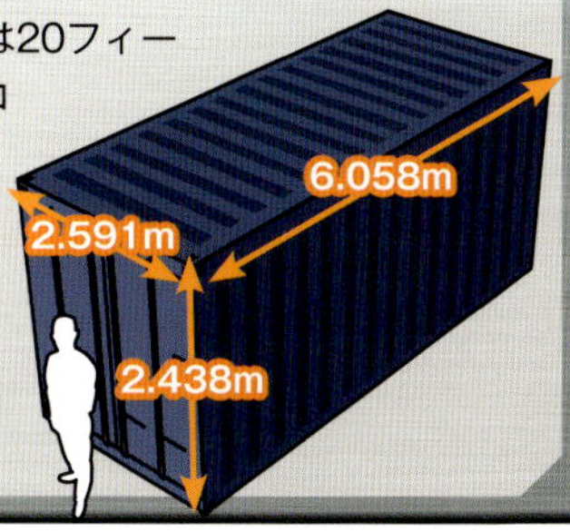

海上輸送と航空輸送、多いのはどっち？

日本では、輸出も輸入も海上輸送のほうが圧倒的に多く利用されています。海上輸送は航空輸送よりも時間がかかりますが、輸送費を安くおさえることができます。

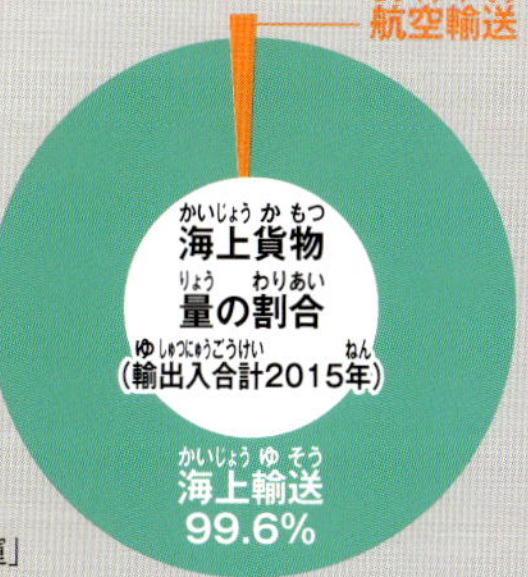

資料：日本海事センター「日本の海運」

»ファンネル

排出ガスを出すえんとつであるとともに、船会社の看板でもあります。ファンネルマークといわれ、会社のマークがえがかれています。

»救命艇

緊急時に乗組員が使用する小型のボートです。

»ブリッジ

針路や速力を決めて操縦する船の操縦室です。海図や通信機能も備えていて、船長や航海士が集まっています。船の両側に行き来できることから、船にかける橋として「ブリッジ」と呼ばれるようになったといわれています。

»コンテナ

船の底にもぎっしりとコンテナが積みこまれています。

»外板

船体底部から側面をおおって、船体に強度をもたせています。

»バルバスバウ

波の発生をおさえるための突起です。船首バルブ、球状船首ともいいます。

荷物を運ぶ貨物船

ムーブはかせの「ここに注目!」

荷物をたくさん積んで世界中の海を走っているのが貨物船。運ぶものの種類に応じた形をしているぞ。

コンテナ船の断面図

コンテナ船 NYKアルティア

現代の貨物輸送は、決まった大きさのコンテナの中に荷物をつめ、それを積載して運ぶという方法が主流です。コンテナ船は長方形のコンテナをたくさん積んでいます。■332.15×45.2m ■105644t ■24.5ノット ■2010年 ■9592TEU

▲宇宙船のような丸いブリッジは、これまでの船にくらべて正面の風圧抵抗を約30%おさえる省エネデザインです。船体の後部にブリッジを備えている通常の船より操縦がしやすいのも特ちょうです。

コンテナ船 なとり

日本の国内の港と港を結ぶ内航船のなかで、最大級のコンテナ船です。船の形やプロペラ、塗料などに、省エネ技術をたくさん取り入れています。■136.25×21m ■7390t ■17.71ノット ■2015年 ■548TEU

■全長×全幅 ■総トン数 ■航海速力 ■建造年 ■積載量

大型貨物船のエンジン

数万トンをこえるような貨物船のエンジンはとても大きく、大型低速２ストローク・ディーゼルエンジンと呼ばれています。大きなものではピストンの直径は１m近く、シリンダー内を上下するストロークは３mをこえるものもあります。

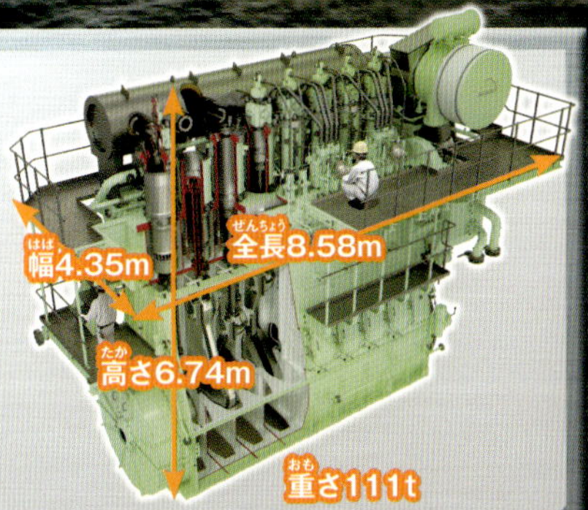

冷凍運搬船

野菜や肉、魚といった食品を冷凍や冷蔵したままで効率よく運びます。冷凍、冷蔵品以外の一般貨物やコンテナの輸送にも適応できる使い勝手のよい船です。■162.5×26m ■14022t ■22ノット ■2009年 ■12955.1t

冷凍運搬船の断面図

ばら積み船 ノード ドラコ

小麦やトウモロコシなどの穀物類、石炭、鉄鉱石といったコンテナ輸送には向かない貨物を、梱包することなく船の貨物室にそのまま積みこむことができる貨物船のことを「ばら積み船」といいます。船の形は液体を運ぶタンカーによく似ています。■229×35m ■84000t ■2014年

ばら積み船の断面図

木材専用船 カクタスK

大きくて重い材木を効率よく運ぶために設計されている貨物船です。コンテナ船に似ているところもありますが、木材の積みおろしをするためのクレーンが船体の各所に設けられています。■175.53×29.4m ■10395t ■16.1ノット ■2011年 ■31893t

木材専用船の断面図

乗りものを運ぶ貨物船

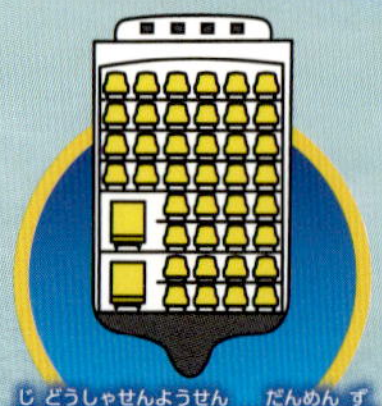
自動車専用船の断面図

自動車専用船　光洋丸

RORO船の一種です。工場で製造した自動車を輸出するときに使う貨物船で、自動車は運転手によって自走で船内に積みこみます。

■124.7×20.5m ■4238t ■18ノット ■2003年(2016年改造)

RORO船の断面図

RORO船　トンスバーク

前と後ろに出入り口があり、トレーラーなどの車両に貨物を搭載したままの状態で積載することができます。ROROという言葉の意味は「自分で乗って自分でおりる」を表す「ローリングオン／ローリングオフ」からきています。荷物を積んだりおろしたりする時間が大幅に節約できます。■265×32.27m ■75251t ■20ノット ■2011年

半潜水型重量物運搬船　ブルーマーリン

通常の貨物船では運ぶことができない、大きくて重いものを運ぶための専用船です。■224.8×63m ■13ノット ■2000年

ほかにもさまざまな重量物を運べます。左の写真は、海上に設置するミサイルレーダーを運んでいるところです。

積みこみ手順

 ■全長×全幅 ■総トン数 ■航海速力 ■建造年 ■積載量

エネルギーを運ぶ船

見てみよう！ DVD 船ができるまで

LNG船 尾州丸

LNGというのは液化天然ガスのことです。LPG運搬船と同じく、ガスを加圧液化し超低温状態で運ぶために専用の大きなタンクが船上に設けられています。大型ディーゼルエンジンを動力としている船が多いなか、尾州丸は新型の高効率蒸気タービンを動力としています。 ■293×48.9m ■128000t ■19.5ノット ■2017年 ■164700m³

LNG船の断面図

LNG船 さやえんどう

LNGタンカーは、左の尾州丸のように球形のLNGタンクの上にお椀形のカバーをひとつずつ設置するスタイルがふつうでしたが、球形タンクをすべておおう連続カバーを付けたことによって、航行中の空気抵抗をへらし、燃費をよくしました。 ■288×49m ■138000t ■19.5ノット ■155000m³

石炭専用船の断面図

石炭専用船 コロナ トライトン

日本が海外から輸入している石炭の運搬に使われている貨物船です。構造的にはばら積み貨物船の一種であり、すばやく石炭の積みおろしができる大きな貨物艙を備えています。また船幅を広く取ることで浅い港でも多くの石炭を積みこめます。 ■229.98×38m ■49720t ■14ノット ■2015年 ■86000t（満載ベース）

LPG船 NS フロンティア

タンカーの一種です。加圧液化したLPガスを運ぶために低温にたえることができる鋼材でつくった専用の大きなタンクを備えています。 ■230×37.2m ■47300t ■2017年

LPG船 アストモス ビーナス

LPガスを運ぶタンカーです。 ■230×36.6m ■47963t ■17ノット ■2016年

LPG船の断面図

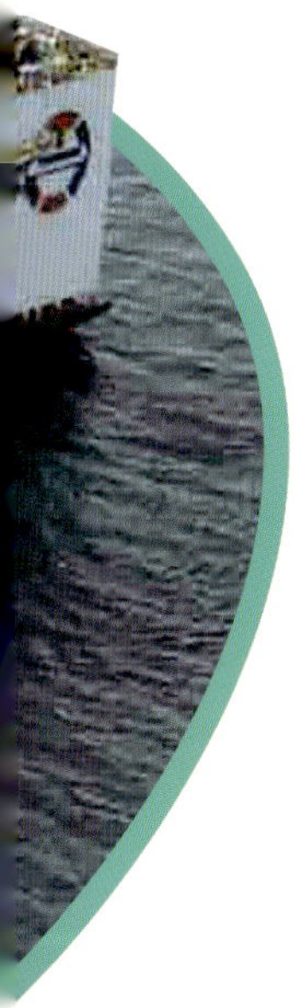

オイルタンカーの断面図

オイルタンカー サクラガワ

石油製品を積載し運搬するための専用船です。近海での小規模な輸送に使われる小型船から、中東の産油国より日本までの原油輸送に使われる超大型船まで多くの種類があります。 ■332.9×60m ■160068t ■15.9ノット ■2009年 ■351618m³

旅客船

クルーズ客船の中を見てみよう

ムーブはかせの「ここに注目!」

「クルーズ」とは、旅客船による観光旅行のこと。長い船旅はたいくつしないのかだって？　クルーズ客船の中を見れば答えは一目瞭然。数々のハイテク施設がそろっているので、遊びつくすのには何日あっても足りないくらいだ。

»スライダー

»アクアシアター

水がテーマの円形劇場。迫力の飛びこみや噴水ショーが観られます。

»レストラン

»ボードウォーク

空までふきぬけの開放感あふれる遊歩道です。回転木馬もあります。

»ロボットバーテンダー

専用タブレットにオーダーを入力すると、ロボットがシェーカーをふってドリンクをつくってくれます。

ハーモニー・オブ・ザ・シーズのデータ

乗客定員	全長	時速	総トン数
5494名	361m	22ノット	22万6963t

進化するクルーズ客船の施設

クルーズ客船の施設は、船ごとにちがいます。たとえば、クルーズ客船「クァンタム・オブ・ザ・シーズ」では、展望カプセルや船上スカイダイビングなど、まさか船上で!?とおどろくようなユニークな施設を多く備えていることで有名です。

展望カプセル
海上90mにまで上昇する空中ゴンドラ。360度のパノラマが楽しめます。

船上スカイダイビング
真下からふき上げる強力な風で体が宙に浮き、疑似スカイダイビングができます。

»客室
ベッド、ソファ、浴室を備えた客室があります。バルコニー付きやロフト付き、スイートなど、種類も豊富です。

レストランやテーマパークが集まるぜいたく空間

クルーズ客船

ムーブはかせの「ここに注目!」

飛行機や電車による旅行が主流のいまの時代、時間にとらわれずにゆっくりと各地をまわる船の旅は、移動時間そのものを楽しむとてもぜいたくなすごし方だといっていいぞ。

クルーズ客船 飛鳥II

日本船籍最大の豪華客船です。
そのすがたと設備はまさに洋上の高級ホテル。
たとえば約1か月をかけて日本一周するクルーズは、最高で800万円ほど、世界一周クルーズには2000万円をこえるものもあります。
■241×29.6m ■50142t ■21ノット ■872

クルーズ客船 ぱしふぃっく びいなす

豪華で快適なクルーズ客船です。じっくりと時間をかけて外国を周遊するクルーズから気軽に楽しめる数日間のクルーズまで多くのプランが用意されています。■183.4×25m ■26594t ■18ノット ■620

クルーズ客船 にっぽん丸

にっぽん丸という名前の客船は初代から数えて現在の船で3代目。世界的に白い船体が多いなか、にっぽん丸は濃紺の船体と赤いえんとつが個性を主張しています。■166.65×24m ■22472t ■21ノット ■524

高速で進化し続ける海の移動手段

カーフェリー

ムーブはかせの「ここに注目!」

クルーズ船が移動時間を楽しむための設備を充実させるいっぽうで、カーフェリーはどんどん高速化が進んでいるぞ。

カーフェリー　いしかり

苫小牧～仙台～名古屋という太平洋側航路を結んでいる代表的なカーフェリーです。設備とサービス、ともにそのよさを評価され、2016年度のフェリー・オブ・ザ・イヤーを受賞しています。■199.9×27m ■15762t ■26.5ノット ■777 ■乗用車100台

客室の種類

長い時間乗船する長距離カーフェリーには、宿泊設備が整っています。写真は「いしかり」の客室です。部屋の種類が多いため、予算や旅のスタイルに合った部屋を選ぶことができます。ここで紹介している以外にも、バリアフリー対応客室や大浴場があり、快適にすごせます。

2等和室

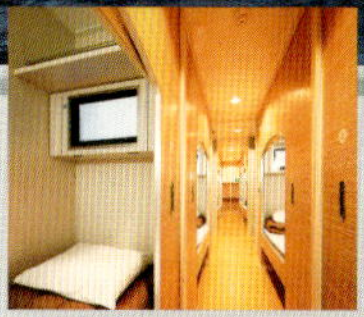

S寝台

特等客室

ロイヤルスイートルーム

カーフェリー　はまなす/あかしあ

小樽から舞鶴までの日本海側を結んでいます。大型船ながら航海速力30.5ノットをほこる日本最高速フェリー。このスピードは軍用の駆逐艦にも匹敵する数字です。■224.5×26m ■16810t ■30.5ノット ■746 ■トラック158台 乗用車66台

カーフェリー　さんふらわあ ごーるど

船体の横に大きな太陽がえがかれていることでおなじみのカーフェリーです。「ごーるど」は瀬戸内海航路を走っている船ですが、ほかにも太平洋航路を走っている船など、「さんふらわあ」にはさまざまなバリエーションがあります。■165.5×27m ■11178t ■23.2ノット ■716 ■トラック138台 乗用車75台

調査船

ムーブはかせの「ここに注目!」

海にねむる資源を探したり、南極や北極のデータを観測したり、研究や調査をする船のことを調査船と呼ぶ。特殊な任務ならではの専用の設備がついているぞ。

砕氷艦 ***しらせ***

南極大陸の日本の観測基地、昭和基地に人や物資を運ぶ船です。海上自衛隊では「砕氷艦」と呼ばれ、文部科学省では「南極観測船」と呼ばれています。約1100tの荷物を運ぶことができます。■138×28m ■12650t（基準排水量）■19ノット ■乗員約175+観測隊員等約80

氷をくだきながら、昭和基地へ！

南極の海を走るには、分厚い氷をさけて通ることはできません。「しらせ」は厚さ約1.5mの氷に対し、時速約5㎞の速さで砕氷しながら進みます。1.5m以上の氷に対しては200～300m後ろに下がり、そこから全速前進して、船の重さで氷をくだきます。これをチャージング砕氷といいます。1回のチャージングで進める距離は数十メートルから数百メートル。接岸地点から昭和基地までは、ヘリコプターや雪上車を使います。

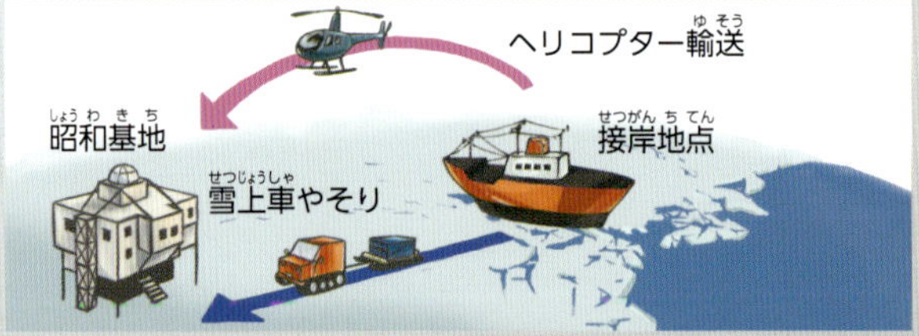

海洋気象観測船 ***凌風丸***

長期にわたる気候変動を監視し、海と気候の関係の解明を目指しています。水温や塩分、海流のほか、あらゆる海水中の成分を調査することができ、海面下6000mの海水を採取する装置を備えています。■82×13m ■1380t ■14ノット ■60

海洋地球研究船 ***みらい***

気象・海洋について、さまざまな観測をおこないます。大型の観測装置ドップラーレーダは、北極における低気圧の構造を調べることができます。■128.5×19m ■8706t（国際総トン数）■16ノット ■80

漁業調査船 ***開洋丸***

水産生物の資源調査や有用生物の発掘などの漁業調査をおこないます。各種の調査機器と大型の中表層トロール網を備えています。■93.01×15m ■2630t ■17ノット ■65

調査のようすを見てみよう

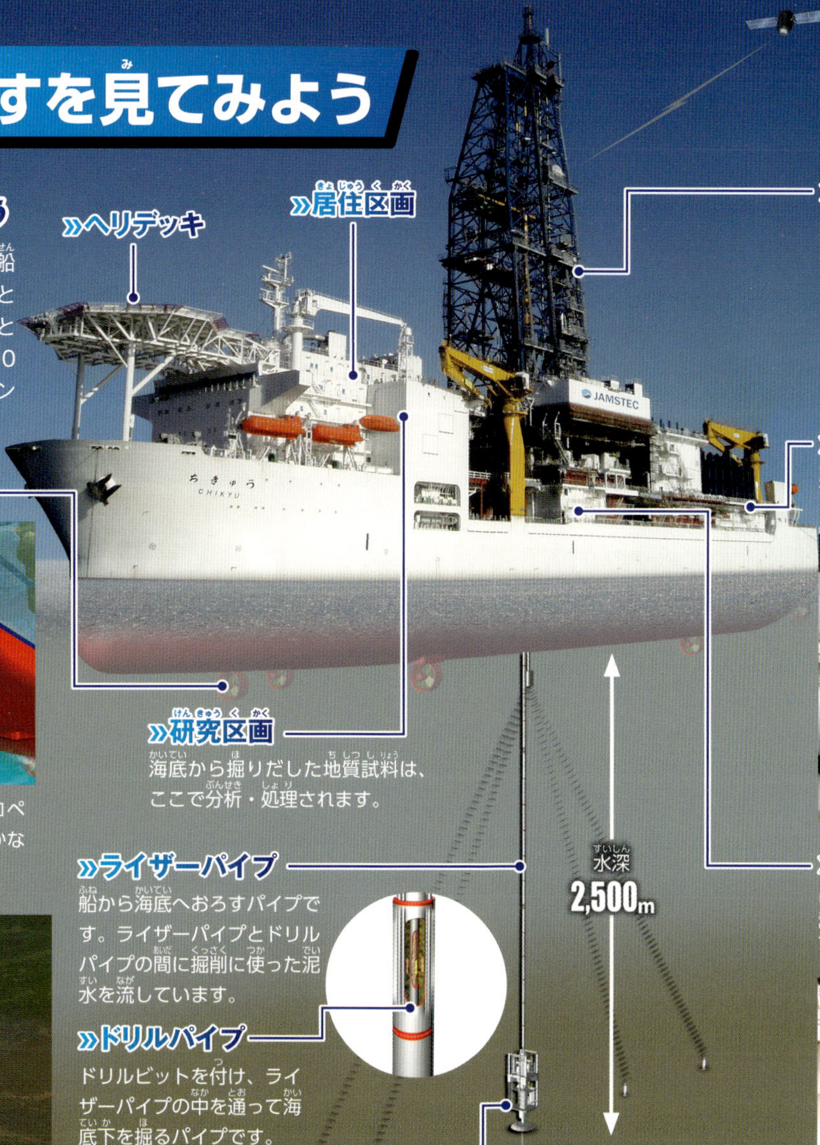

地球深部探査船 ちきゅう

世界初のライザー式科学掘削船で、海底下7000mまで掘ることができ、国際的な調査の主力船としてかつやくしています。■210×38m ■56752t（国際総トン数）■12ノット ■200

»ヘリデッキ

»居住区画

»デリック
掘削パイプを吊るすためのやぐらです。水面からの高さは121mです。

»機関室
船の推進や掘削、乗組員の生活に使われる電力をつくります。

»アジマススラスタ

直径3.8m、360度回転可能なプロペラが6か所についています。こまかな位置調整が可能です。

»研究区画
海底から掘りだした地質試料は、ここで分析・処理されます。

»ライザーパイプ
船から海底へおろすパイプです。ライザーパイプとドリルパイプの間に掘削に使った泥水を流しています。

»ドリルパイプ
ドリルビットを付け、ライザーパイプの中を通って海底下を掘るパイプです。

水深
2,500m

»ムーンプール
いちばん下の甲板に22×12mの穴があいています。掘削装置はここから海面へおろされます。

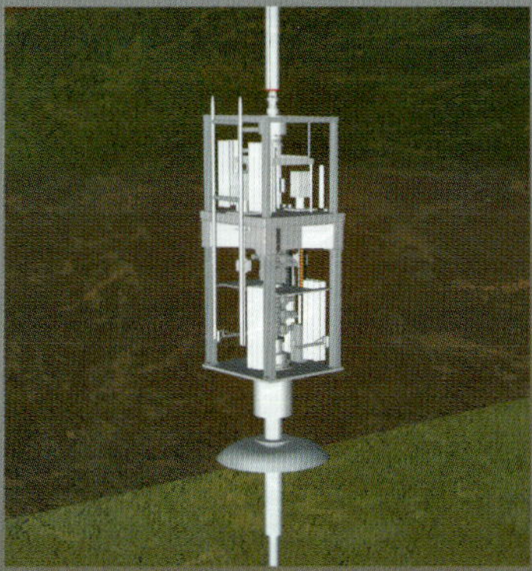

»噴出防止装置
地層からの万一の石油やガスの噴出を閉じこめるため、海底に設置されます。

パイプを流れる泥水の役割

泥水の役割のひとつは、ドリルビットで海底を掘るときに出る「掘りくず」が海に広がらないようにすることです。右の図の矢印のように泥水を循環させて、掘りくずを船まで引き上げています。泥水にはそのほかにも、ドリルビットを冷やしたり、掘った部分がくずれないようにしたりする役割があります。

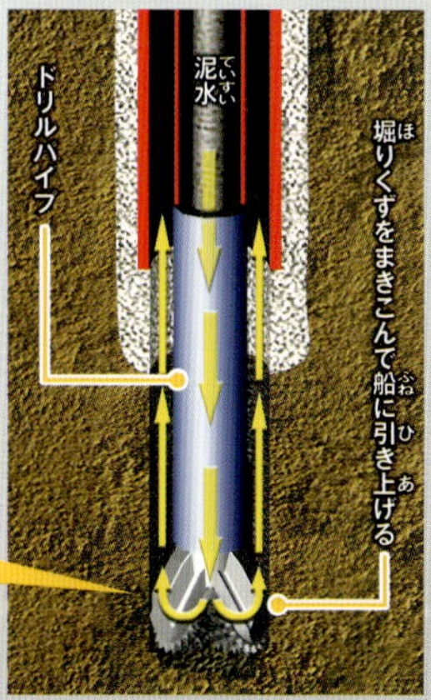

»ドリルビット
ドリルパイプの先についている装置です。海底を掘り進めます。

「ちきゅう」の4つのミッション

地球の深い場所には、何億年分もの地球の記憶がうまっています。「ちきゅう」のミッションは、地球深部の試料を採取し、あらゆるナゾを明らかにすることです。

❶**地震がおきるしくみを解明する**

❷**生命誕生のナゾをつきとめる**

❸**地球の内部、マントルまで掘る**

❹**地球の歴史を探る**

深海へともぐる調査船

ムーブはかせの「ここに注目!」

地球上で人類の目が届かない未知の世界、深海を調査するのが深海探査艇だ。世界でもっとも深いといわれる海底にたどりついた人間は、まだ3人しかいないのだ。

チャレンジャー海淵ってどこにあるの？

太平洋のマリアナ諸島付近に三日月形に広がるマリアナ海溝は、世界でもっとも深い海溝です。最深部はチャレンジャー海淵と呼ばれ、水深約1万1000mに達します。世界一高い山のエベレストをこの海溝にしずめても、海面までさらに2000mもあることになります。太陽の光はまったく届かないため、完全な暗闇です。世界ではじめてチャレンジャー海淵に到達したのは、1960年にトリエステ号でもぐったジャック・ピカールとドン・ウォルシュでした。

有人深海探査艇

ディープシー・チャレンジャー

2012年、映画監督のジェームズ・キャメロンとともに、マリアナ海溝チャレンジャー海淵の1万908mに到達した潜水艇です。海底までの降下所要時間は約2時間半で、1960年のトリエステ号の1万916mとほぼ同じ深度を記録しました。3Dカメラなど、多くの観測装置を備えています。■8.1×2.3m ■11.8t（排水量）■3ノット（前方方向）、3.5ノット（垂直方向）■1

»投光器
透明度の高いところでは、30m先までてらすことができます。

»パイロットウィンドウ

»バラスト
降下するために500kgのバラスト（重し）をつけています。上昇するときには、バラストを捨てます。

»操縦室
直径109cmの球状の操縦室です。酸素タンクやカメラのモニターが装備されています。

»3Dカメラ

»マニピュレータ
試料を採取できるロボットアームです。

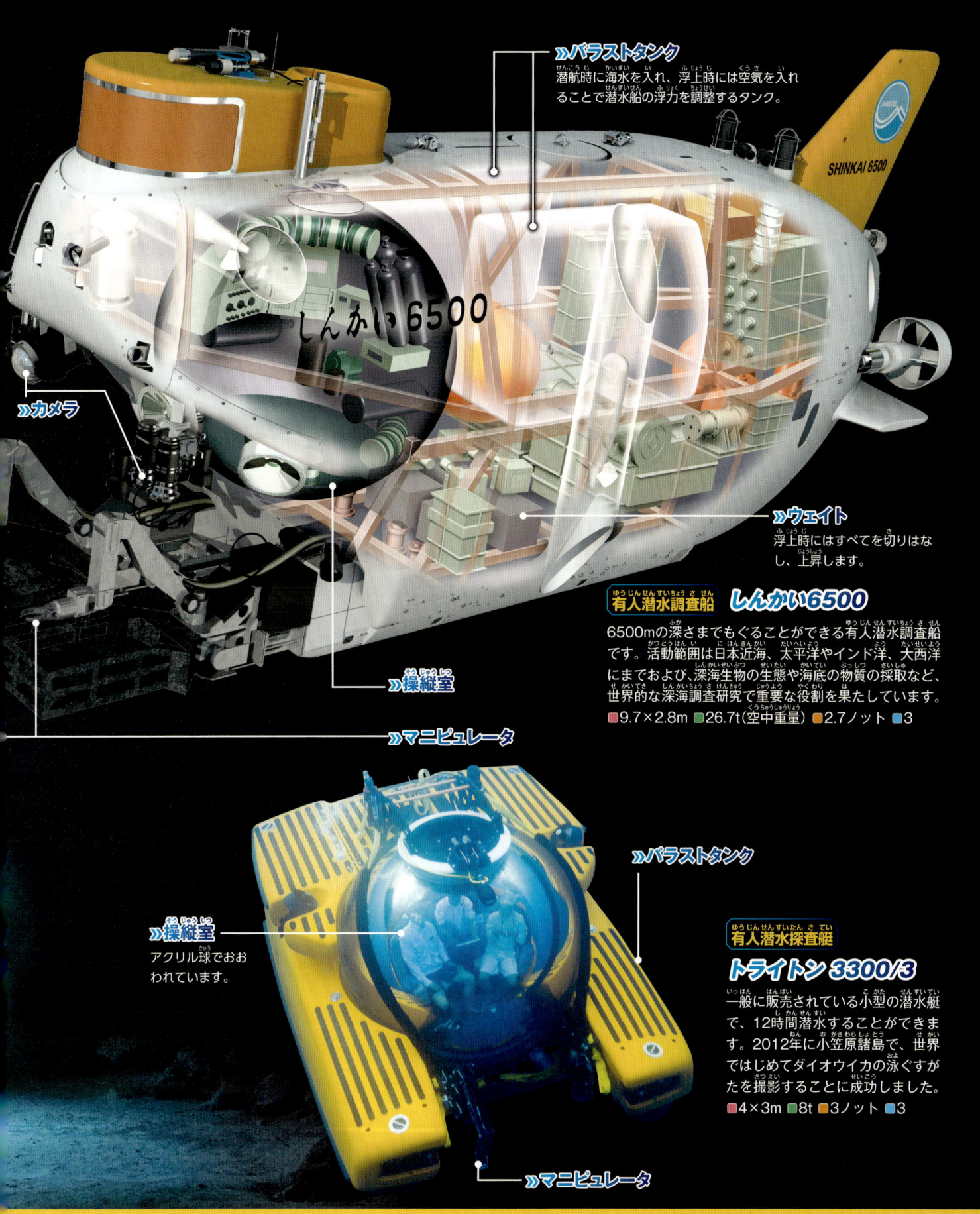

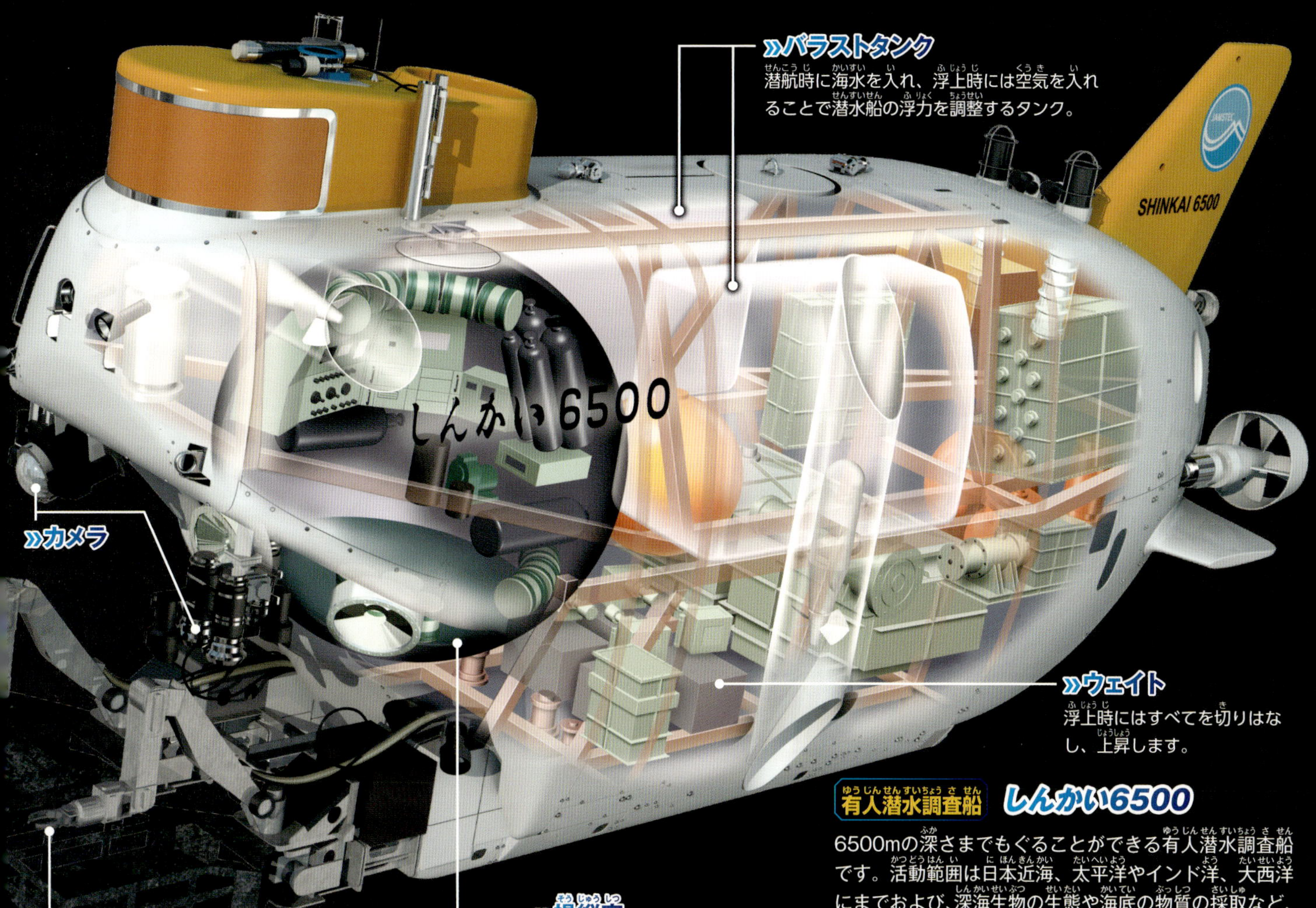
バラストタンク
潜航時に海水を入れ、浮上時には空気を入れることで潜水船の浮力を調整するタンク。
SHINKAI 6500
しんかい6500
カメラ
ウェイト
浮上時にはすべてを切りはなし、上昇します。
操縦室
マニピュレータ

有人潜水調査船

しんかい6500

6500mの深さまでもぐることができる有人潜水調査船です。活動範囲は日本近海、太平洋やインド洋、大西洋にまでおよび、深海生物の生態や海底の物質の採取など、世界的な深海調査研究で重要な役割を果たしています。

9.7×2.8m 26.7t(空中重量) 2.7ノット 3

バラストタンク
操縦室
アクリル球でおおわれています。
マニピュレータ

有人潜水探査艇

トライトン 3300/3

一般に販売されている小型の潜水艇で、12時間潜水することができます。2012年に小笠原諸島で、世界ではじめてダイオウイカの泳ぐすがたを撮影することに成功しました。

4×3m 8t 3ノット 3

作業船

海に橋をかけるようすを見てみよう

ムーブはかせの「ここに注目!」

海でおこなわれる建設工事では、作業船がかつやくする。海に大きな橋をかける作業には起重機船がかかせないぞ。

»橋脚

橋桁をささえる重要な部分です。海中に土台があり、鉄やコンクリートでつくられています。

»橋桁

橋脚と橋脚の間を結び、橋板をささえます。工場や工事現場で組み立てられてから、運ばれます。

起重機船 武蔵

何千トンもの重量物を吊り上げることができる大型建機を備えた船です。巨大なクレーンを使って重量物を吊り上げ、悪天候でもミリ単位の正確さで作業できます。

武蔵のデータ

全長	全幅	巻き上げ速度	吊り上げ重量
107 m	49 m	1.25 m/1分	3700 t

»東京ゲートブリッジ

2012年に開通した東京湾のシンボルです。上空を飛行機が通るために吊り橋のように高い柱を使えず、また、橋の下を大きな貨物船が通ることから、この形になりました。歩道にのぼることができます。

海に橋を建設する

海に橋をかけるときには、重い物を吊り上げて移動させるのが得意な起重機船がかつやくします。その仕事のようすを見てみましょう。

❶橋脚をつくる

土台を固定し、橋脚をつくります。

❷橋桁を海に運ぶ

工事現場で組み立てた橋桁を運びます。

❸橋桁を橋脚にのせる

起重機船のクレーンで橋桁を吊り上げ、橋脚の上にのせます。

❹橋桁を組み合わせる

となりの橋脚にも橋桁をのせます。この作業をくり返しおこないます。

掘削船

ムーブはかせの「ここに注目!」

海底をほる設備を備えた船のことを掘削船という。185ページの「ちきゅう」は、調査船であると同時に掘削船でもあるのだ。

海底資源を探すなかま 海洋掘削リグ

海底下にねむる石油や天然ガスを探すため、井戸をほる装置が海洋掘削リグです。海洋掘削リグには作業に必要な機器や動力装置、居住スペース、ヘリデッキなどが配置されており、タグボートに引かれて移動しながら世界の海で仕事をします。

セミサブマーシブル型リグ

ハクリュウ-5

セミサブマーシブルは「半潜水」という意味で、船体下部に水を注入し船体を半分しずめて安定性を保ちます。長い脚を海底に着けて作業するジャッキアップ型リグよりも深いところでの作業が可能です。■106×78.8m ■17033t ■1977年

掘削船

エテスコタカツグJ

船の中央部に建てられた高いタワー、「掘削やぐら」から、パイプをつないで深い海の底までおろし、パイプの先に取り付けられたドリルで石油や天然ガスの井戸をほる仕事をします。■218×42m ■56516t ■7.6ノット ■2011年

浚渫船

ムーブはかせの「ここに注目!」

堆積物によって浅くなってしまった港などを深くほり直すなどして、海底の土砂を取りのぞくことを「浚渫」という。その設備をもつ船が浚渫船だ。

浚渫船

五祥

浚渫の方法はいくつかありますが、この船はグラブバケットで浚渫をおこないます。グラブバケット形式としては世界最大です。■100×36m ■7052t ■2000年

浚渫船兼起重機船 **若鷲丸**

台船の上に大型のクレーン装置とグラブバケットを装備した浚渫船です。浚渫作業のほかに、クレーンを使った重量物のすえ付け作業などもおこないます。■60×24m ■2186t ■2014年

浚渫船兼油回収船 **白山**

ドラグサクション式といって掃除機のように海底の土砂を水といっしょに吸いこんで浚渫作業をおこないます。また海上に流出してしまった油をすばやく回収する機能もあります。■93.9×17m ■4185t ■13.1ノット ■2002年

いろいろな作業船

杭打船 **鶴隆**

海底に杭を打つための専用の装置を備えています。台船の上に大型のクレーン装置を設けているという点は、グラブバケット型の浚渫船や通常のクレーン船に近い構造です。■76×30m ■7176t ■2011年

タグボート **寿鳳丸**

港湾内において、小回りがきかない大型船を牽引したり押したりして桟橋に着けることが役目です。動力をもたないクレーン船やそのほかの作業船の移動にも使われます。小型ですがとても力もちの船です。■37.1×9m ■193t ■15.3ノット ■2011年

フローティングドック **大山600-33**

大きく重いものを作業現場まで運んだり、ケーソンと呼ばれるコンクリート防波堤を製造するときに使います。構造体の一部に水を出し入れすることで浮きしずみをコントロールできます。■56×35m ■4012t(国際総トン数) ■2011年

ケーブルシップ **KDDIオーシャンリンク**

世界中の海底には通信のための光ファイバーや電線がしかれています。この船はそうしたケーブルをしいたり必要に応じて保守点検をおこなったりするための専用船です。船首にケーブルをくりだす装置があります。■133.5×19.6m ■9510t ■15ノット ■1992年

海面清掃兼油回収船 みずき

海面に浮くゴミなどを効率よく回収するための専用船です。安定性にすぐれた双胴型の船体(197ページ)が採用されています。■29.5×11.6m ■154t ■14.65ノット ■1998年

土運船 第31青木丸

土砂や重量物を積載したバージと呼ばれる大きなはしけの一種を押して動かすための専用船です。構造やメカニズムはタグボートに近く、小型ながら力もちの船です。■30.5×8.8m ■142t ■7ノット ■1994年

オフショア支援船 あかつき

海底資源開発のための海洋調査、リグの曳航・設置、掘削資機材運搬などさまざまな作業をこなす万能船です。海難救助にも対応できる日本一力もちの船です。■68x16.4m ■2500t ■14.7ノット ■2016年

給水船 道志丸

横浜港外に停泊している船舶や給水設備のない岸壁に着岸している船舶に対して、飲料水を運ぶための専用船です。横浜港の水は昔から外国船の間で、赤道をこえてもくさらない清浄かつおいしい水として知られており、水を補給するためだけに入港してきた船もあったといわれています。■30.41×7.2m ■199.09t ■9ノット ■1971年

ロケットを発射して、人工衛星を打ち上げる船

陸上のロケット発射基地の運用は、気象条件などにより、困難に直面することもすくなくありません。そこで考えられたのが海面上のプラットフォームに発射台を設けるというシステムです。この方法なら、そのときもっとも条件のよいところでロケットを発射することができます。発射台をセットしたプラットフォームのほか、複数の支援船でシステムが構成されています。

アメリカの海上ロケット打ち上げ船。

ヘンな形の調査船・作業船

ムーブはかせの「ここに注目!」

調査船や作業船のなかには、船の常識を打ち破ってしまうほどユニークな船が存在する。それぞれの任務に特化した外観や機能をもっているためだ。

3次元海底資源調査船

ラムフォームタイタン

船尾についている数キロメートルもあるケーブルを使って、海底の資源を探す船です。観測は24時間態勢でおこなわれ、かつ長期間におよぶため、船内には乗組員がリフレッシュするためのプールやバスケットボールができるゲームコートなどがあります。■104.2×70m ■20637t（国際総トン数）■15.5ノット ■2013年 ■80

船首だけに見える船

まるで船首より後ろをつくり忘れたようなすがたをしていますが、この形にはわけがあります。三角形にして船尾の幅を長く取ることで、反射波の受信機を内蔵したケーブルを船尾から多く出せるようにしています。ケーブルの本数が多いほど、海面下の状況を立体的に観測できるからです。

2つにパカッとわれる船

船の中心でまっぷたつにわれるように変形し、船体が65度まで開くことで、海上に流出した油を回収しやすくしています。

油回収船

ボットサント

事故により海に流れた油を回収する油回収船です。ドイツ海軍が2隻所有しています。油と水を分離する装置を搭載しています。
■46.3×12m ■10ノット ■1984年 ■6

▲水平時の状態。

回転して垂直になる船

船を90度回転させることで、海洋観測をおこなう3階建ての研究施設に変わります。一見不安定に見えますが、垂直になると海中に塔を立てたような状態になるため、安定して海中の潮の流れやうねり、音などのデータを計測することができます。

▲船の後部にある海水吸入バルブを開いて海水を取りこむことで、船尾がしずんでいきます。

▲船首のみが海上に突きでた状態になります。

▼船がどちらの角度であっても乗組員が生活できるように、船の装備品は2種類の角度がついています。大きな棚は船といっしょに回転し、角度が変わります。

移動式海洋観測船 FLIP

1962年に開発された世界でただひとつの90度回転する船です。「FLIP」は「FLoating Instrument Platform」の略で、「浮遊式観測機器台船」を意味しますが、「FLIP」という単語自体も「宙返り」を意味しています。最長35日間海上に留まることができます。■108×7.93m ■1500t（水平状態）、2000t（直立状態）■700t（国際総トン数）■7-10ノット（牽引下）■1962年 ■乗組員5+研究員11

ボート、ヨット、クルーザー

船
ボート、ヨット、クルーザー

ムーブはかせの「ここに注目!」

スポーツ・レジャー用の船には、風を動力とするものと、モーター付きのものがある。帆で風をうけて海原を走る「セーリング」は、海のロマンを感じさせてくれる。

◀ウェイクボードや水上スキーを引っ張る(トーイング)ことができます。

トーイングボート **ヤマハ 242X E-Series**

加速性能にすぐれたスポーツボートです。 ■7.3×2.6m ■1829kg ■11

▼3つの船体から成り立つ船をトリマランといいます。

トリマラン **マセラティ マルチ70**

トリマランの船体を採用しているため船体と水が接する範囲がせまく、速く走ることができます。速さを活かして、さまざまな国際レースに参加しています。 ■21.2×16.8m ■6.3t

ディンギー **ヤマハ 470CPG**

世界最高水準の機能を備えたセーリングヨットです。国体競技やオリンピックなどのかがやかしいレースでかつやくしています。 ■4.75×1.73m ■120kg ■2

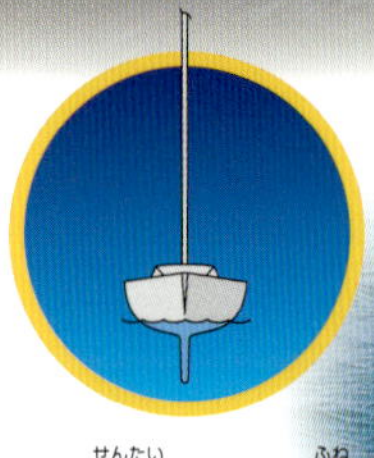

▲船体が1つの船をモノハル(単胴艇)と呼びます。

ディンギー **ヤマハ 14 シーホッパーⅡ**

レジャーからレースまで、幅広く使われているセーリングヨットです。船室のない小型のヨットを、ディンギーといいます。 ■4.24×1.44m ■84kg ■2

クルーザー **マーキー 500 SY**

3つの部屋と2つのパウダールームがあるとても広く豪華なクルーザーです。横ゆれを低減する機能が高く、快適にすごせます。 ■15.54×4.7m ■18t ■15

世界のヨットレース

アメリカズ・カップ

世界最高峰のヨットレース、アメリカズ・カップは、ルールをかいくぐりながら競争する戦略性の高いレースです。スピードを競うだけでなく、相手の行く手をさえぎったり、相手の風をうばったりと、まるで格闘技のようなスリリングな展開を見せてくれます。レースでは、水の抵抗を極力へらして走る「カタマラン」という船が採用されています。写真のように、水面から浮き上がっている状態をフォイリングと呼びます。

カタマラン **AC50艇**

アメリカズ・カップに出場したソフトバンク・チーム・ジャパンのカタマランです。「光」の愛称で親しまれています。

古代ポリネシアのカタマラン

カタマランは、南太平洋のポリネシア先住民が古くから用いてきた船の形です。2つの船体の間に甲板を渡すと、たくさんの荷物を運ぶことができます。彼らはこの船で新しい島々へと移動していたのでしょう。

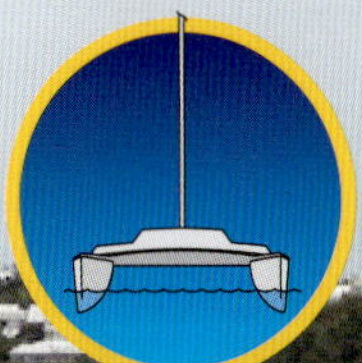

◀ 2つの船体を並べてつないだ船をカタマラン（双胴艇）といいます。

ヴァンデ・グローブ

4年に一度開催されるヴァンデ・グローブは、たったひとりで一度も港に寄らず、世界一周を目指すヨットレースです。船がこわれたときは、自分でマストによじ登るなどして修理しなければなりません。いちばん過酷なのは、なにもない大海原で約80日間ひとりですごすことだといいます。単独無寄港無補給による世界一周は自分とのたたかいです。

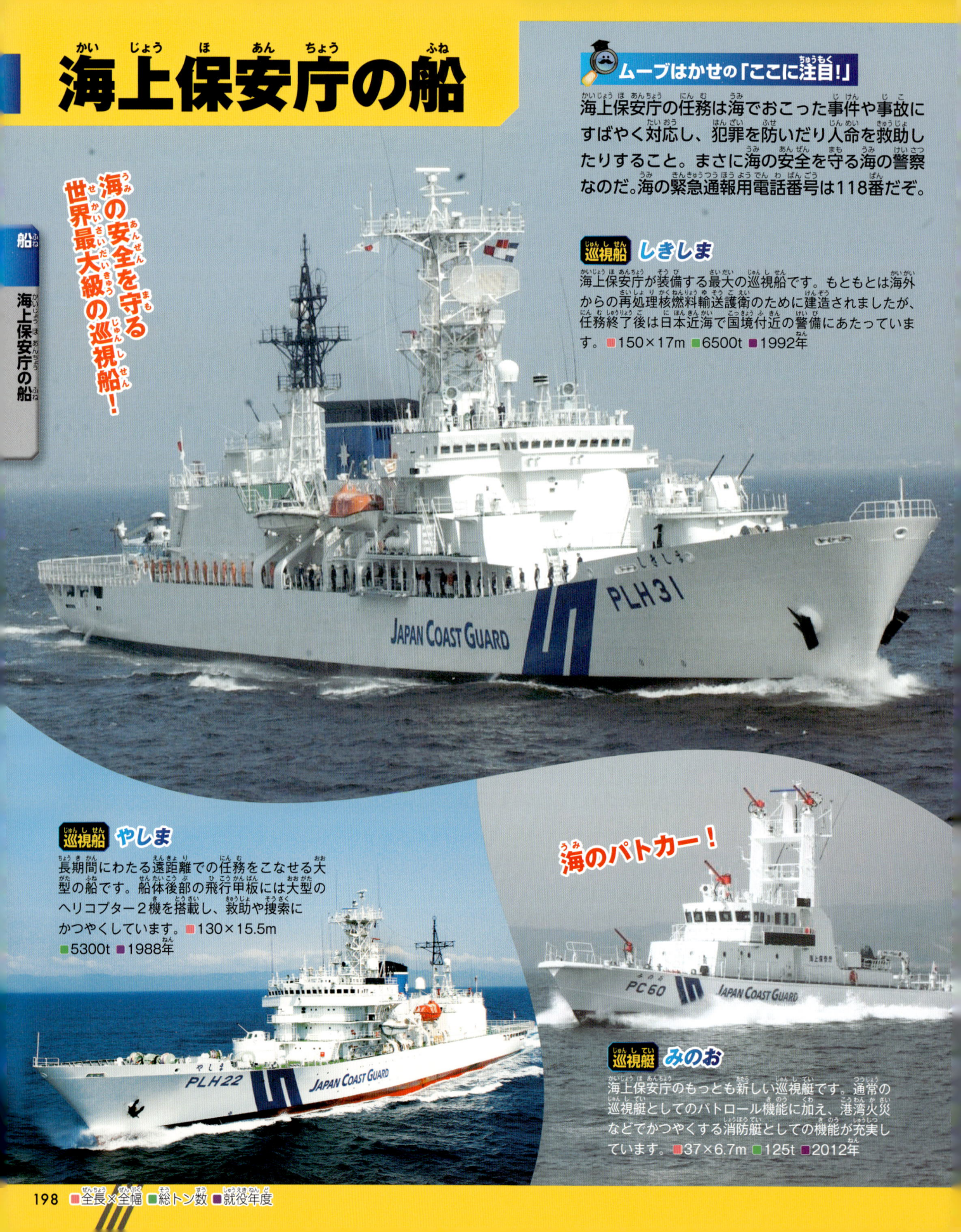

海上保安庁の船

ムーブはかせの「ここに注目!」

海上保安庁の任務は海でおこった事件や事故にすばやく対応し、犯罪を防いだり人命を救助したりすること。まさに海の安全を守る海の警察なのだ。海の緊急通報用電話番号は118番だぞ。

海の安全を守る世界最大級の巡視船！

巡視船 しきしま

海上保安庁が装備する最大の巡視船です。もともとは海外からの再処理核燃料輸送護衛のために建造されましたが、任務終了後は日本近海で国境付近の警備にあたっています。■150×17m ■6500t ■1992年

巡視船 やしま

長期間にわたる遠距離での任務をこなせる大型の船です。船体後部の飛行甲板には大型のヘリコプター2機を搭載し、救助や捜索にかつやくしています。■130×15.5m ■5300t ■1988年

海のパトカー！

巡視艇 みのお

海上保安庁のもっとも新しい巡視艇です。通常の巡視艇としてのパトロール機能に加え、港湾火災などでかつやくする消防艇としての機能が充実しています。■37×6.7m ■125t ■2012年

 ■全長×全幅 ■総トン数 ■就役年度

測量船 **昭洋**

日本の周囲を取りまく海洋のさまざまな調査、海底の地質調査、環境調査、測量調査などを総合的におこなう船です。マンボウⅡという名称の特殊搭載艇を使って詳細な調査をおこないます。■98×15.2m ■3000t ■1997年

灯台見回り船 **こううん**

日本全国にある灯台は現在すべて無人化されているため、灯台見回り船が航路標識などもふくめて定期的に点検をおこなっています。外観は巡視艇などによく似ています。■24×6m ■50t ■2000年

実習艇 **あおば**

海上保安学校の生徒が一級小型船舶操縦資格を得るための小型の実習艇です。船体の塗装が赤と白になっているほかは、市販のモーターボートをすこし改造しただけです。■16×3.7m ■15t ■1995年

海上保安庁で最速！

特殊警備救難艇 **あるたいる**

海上でおこった犯罪や海難事故に際して、すみやかに対応するための高速艇です。市販の高速モーターボートをベースに、すこし改造をほどこしたものであり、海上保安庁の装備艇のなかでは最速です。■10×2.6m ■5t ■2007年

1分間に4万6000L放水！

消防船 **ひりゅう**

船舶火災や海岸近くの火災などで、海側からの消火活動をおこなうための船が消防船です。ひりゅうは双胴型の安定性の高い船体に合計8基もの放水装置を備える、わが国有数の高性能船です。■35×12.2m ■280t ■1997年

海上自衛隊の船

ムーブはかせの「ここに注目!」

日本の海上自衛隊で使われている護衛艦という艦種の呼び方は日本独自のものだ。諸外国で駆逐艦やフリゲート艦と呼ばれているものと任務や機能はほぼ同じだぞ。

護衛艦 いずも

ヘリコプターを有効に運用するために独特の形となった護衛艦。1万9500tの基準排水量は海上自衛隊が保有する艦艇のなかで最大級をほこります。■248×38m ■19500t ■30ノット ■2014年

護衛艦 あたご

高性能レーダーとミサイルを組み合わせた対空防御兵器であるイージス装置一式を備えています。海上自衛隊を代表する護衛艦です。■165×21m ■7750t ■30ノット ■2006年

輸送艦 おおすみ

大量の物資や隊員を目的地にすばやく揚陸することを任務とした大型の輸送艦です。揚陸用のエアクッション艇(ホバークラフト)を2隻搭載しています。■178×25.8m ■8900t ■22ノット ■1997年

後部に２基の連装対艦ミサイル発射機を装備しています。

はやぶさのミサイル発射演習風景。

ミサイル艇 はやぶさ

高速で敵艦にせまり、撃退することを任務としたミサイル艇です。夜間戦闘も可能な暗視装置も完備しています。■50×8.4m ■200t ■44ノット ■2001年

潜水艦 そうりゅう

ディーゼルエンジンとバッテリー／モーターを使う通常動力潜水艦としては世界最高レベルの性能をほこる最新鋭潜水艦です。熱効率が高いスターリング機関も装備しています。
■84×9.1m ■2950t ■20ノット ■2008年

掃海艦 あわじ

海に敷設された機雷（船がふれると爆発する水雷）を処理する作業でかつやくする最新鋭の掃海艦です。艦体には磁気機雷に反応しないFRP（繊維強化プラスチック）が使われています。■67×11m ■690t ■14ノット ■2016年

▲アメリカ海軍のニミッツ級航空母艦。基準排水量８万t以上、全長330m、80機以上の作戦用航空機を搭載できるモンスターです。5000名近くが乗り組んでおり、小さな町といってもよいかもしれません。

空母と護衛艦はちがうの？

一般に空母と略されている航空母艦には、艦載機を離着艦させるための飛行甲板があります。艦載機は戦闘機、攻撃機、偵察機などと多彩なため、１艦で攻撃から防御まで総合的にこなすことができます。それに対して海上自衛隊の護衛艦は、攻撃してくる敵から艦隊を守るのが役割であり、みずから率先して攻撃することはありません。

特殊な船

海の上を飛ぶ船

海の飛行機、水中翼船

水中翼船は、大気のかわりに水で揚力を得て浮上することや、航空機と同じシステムによるコンピューター自動制御装置など、飛行機と似ている点がいくつもあります。あれている海でも快適に走ることができるので、日本では離島への交通手段としてかつやくしています。

ムーブはかせの「ここに注目!」

船は水面に浮かぶもの……、そんな常識をくつがえす船がある。速く走らせるために、水の抵抗をへらそうと努力した結果、水面から浮上する船体が開発されたのだ。

停泊中は、船体が水面に接しています。

スピードを出すと、船体が浮上します。

水中翼船(ジェットフォイル) ぎんが/つばさ/すいせい

新潟～両津間を運航しています。荒海を時速80kmで走っても、縦ゆれや横ゆれがありません。■27.4×8.5×2.59m ■164t ■47ノット ■250(旅客定員)

スカートから空気を出すホバークラフト

水面に空気を強くふきつけて空気のクッションをつくり、船体を浮かせて高速で走ります。船体と水面の間に空気があるので抵抗はすくなくなり、速く走ることができます。浮いているので水陸両用で雪上でも使用できます。

ホバークラフト

AP1-88

イギリスのポーツマスとワイト島を結ぶ航路を走っています。 ■21.5(全長)×8.9～7.92m(ホバリング時-着水時) ■45ノット ■88

初の世界一周をした船の総司令官

フェルディナンド・マゼラン

【1480年ころ～1521年4月27日】

まだ科学が発達していなかったころ、人びとは世界地図をうわさや想像でえがいていました。大陸がどのような形をしているのかわかりはじめたのは、大航海時代と呼ばれる16世紀半ばからのこと。ヨーロッパで航海術が発達し、世界を一周すれば大陸の形を明らかにできるかもしれないと、冒険の熱が高まっていったのです。

史上初の世界周航を成しとげたのはスペインの艦隊でした。総司令官は、フェルディナンド・マゼラン。1480年ころに生まれたポルトガル人の貴族です。

少年のころ、王妃に仕えていたマゼランは、宮廷に集められた各国の地図を目にしてとてもおどろきました。世界の果てをえがいた地図は、たいへんな魅力にあふれていましたが、だれも真実かどうかは知らない不確かなものだったのです。最新の情報では、東にもうひとつの海があるらしいとされながら、なにもえがかれていません。マゼランの胸はふるえました。

「世界の果てになにがあるか、いつの日か見にいこう！」

1519年、立派な航海士となったマゼランは、香料貿易の新航路を切り開くため、艦隊を率いてスペインを出航します。船員の反発に大嵐、航海はさまざまな苦難におそわれました。

けれども、ある日のこと。マゼランはそれまでの苦難も忘れ、少年の日と同じように胸をふるわせました。

「ついに見つけたぞ！」

大西洋ともうひとつの海を結ぶ、海峡を発見したのです。マゼランはもうひとつの海である太平洋に、香料豊かな島々（現在のモルッカ諸島）があると信じていたので、おおいに喜びました。しかし、スペインを5隻で出航した艦隊は、座礁によってすでに4隻。さらには離脱のため、3隻までへっていきます。それでも、マゼランはあきらめません。

「なんとしても進むのだ！」

3隻は海峡をぬけて太平洋に乗りだし、その後フィリピンに到達しました。ですが、この寄港が原因でマゼランは思わぬ事態をむかえます。島の原住民との戦いで、命を落としてしまうのです。航海は中断されました。しかしながら艦隊は、志半ばで亡くなったかれの遺志を継ごうと、ふたたび大海原へ。

そこには、さらなる苦難が待ちかまえていました。食料と交換するための品物はつきはじめ、主食は米と水ばかり。それもしだいにへり、つねにうえ死にの恐怖ととなり合わせでした。ですが、マゼランと同じように、かれらもあきらめようとはしません。ビクトリア号1隻のみになっても航海を続け、やがて香料豊かな島々に到着しました。1522年、ビクトリア号はスペインに帰還し、ついに世界一周を成しとげるのです。

こうしてマゼランの大航海は、太平洋のすがたを明らかにしました。あのとき発見された海峡は、現在マゼラン海峡と呼ばれています。海峡によって東西の海がつながり、世界地図は今日よく知られたすがたに大きく近づいたのです。

さくいん

この図鑑に出てくる乗りものを、鉄道、自動車、航空機、船に分けて、乗りものや路線の愛称、メーカー・ブランド名、形式、おもな用語などを五十音順で掲載しています。

鉄道

ICE3……52
AVE S112……52
あそぼーい！ キハ183系……27
荒川線 8900形……36
EH500形……45
EF210形……45
イーストアイ E926形……21
飯山線 キハ110系……28
生駒ケーブル……48
いしづち 8600系……26
伊奈線 2020系……38
いなほ E653系……22
H5系新幹線……13
HTR600R形除雪車……47
えちごトキめきリゾート雪月花 ET122形……31
L0系リニア新幹線……13
オイスターマスの馬車鉄道……10
大井川本線 SLかわね路 C10形……41
大江戸線 12-600形……35
大阪環状線 323系……29
大阪モノレール線 2000形……39
大物車 シキ610形……45
沖縄都市モノレール線 1000形……39
快速みえ キハ75系……29
かがやき E7系・W7系……19
カナディアン号……51
かもめ 885系……27
烏丸線 10系……35
幹線 0800型……37
鬼怒川線 SL大樹 C11形……41
キヤ143形除雪車……47
九州横断特急 キハ185系……27
京都市交通局狭軌1型電車……11
銀座線 1000系……34
空港線 2000系……35
くしろ湿原ノロッコ号 DE10形……30
くろしお 283系……25
黒部峡谷トロッコ電車 EDR形……30
GENBI SHINKANSEN(現美新幹線) E3系……33
コキ106形……45
こだま 500系……20
こだま 700系……20
こまち E6系……14,17
後免線 100型……37
坂本ケーブル……48
ササラ電車……47
サンダーバード 683系……24
山陽本線 227系……29
リンライズ出雲 285系……26
シーネンツェッペリン……12
シーメンス社の電気機関車……11
潮風号 DB10形……14,31
四国まんなか千年ものがたり キハ185系……31
しまかぜ 50000系……25
上越線 SLぐんま みなかみ C61形……41
城南線 D1形……36
湘南モノレール江ノ島線 5000系……39
新穂高ロープウェイ……49
スーパーおおぞら キハ283系……22
スーパーはくと HOT7000系……26
スーパーはこね 50000形……23
スーパービュー踊り子 251系……23
スーパー北斗 キハ261系……22
スーパーレールカーゴ M250系……44
スカイライナー AE形……14,23
清輝橋線 9200型……37
西神延伸線 3000形……35
0系新幹線……13
釧網本線 SL冬の湿原号 C11形……40
ソニック 883系……27
台湾高速鉄道 700T型……52
高尾山ケーブルカー……48
高崎線 E233系……28
田代ロープウェー……49
ダッカのトンギ駅を出発する列車……50
筑豊本線 BEC819系……29
中央アルプス 駒ヶ岳ロープウェイ……49
つばさ E3系……18
つばめ 新800系……21
DF200形……45
TGV Duplex……52
ディーゼル＝ズルツァー＝クローゼ式熱機関車……12
天神大牟田線 3000形……29
東京モノレール羽田空港線 10000形……39
東京臨海新交通臨海線 7300系……38
東西線 2000系……34
東北本線 E721系……28
東横線 5000系……29
ドクターイエロー 923形……21
TRAIN SUITE 四季島 E001形……43
とれいゆ つばさ E3系……32
TWILIGHT EXPRESS 瑞風 87系……42
ななつ星 in 九州 DF200形……43
南風 2000系……26
南北線 5000形……34
のぞみ N700A……20
ハウステンボス 783系……27
はこだてライナー 733系……28
箱根登山ケーブルカー……48
はしだて 287系……25
はやぶさ E5系……14,17
はやぶさ H5系……14,16
磐越西線 SLばんえつ物語 C57形……40
阪堺線 モ161形……37
ひかりレールスター 700系……20
肥薩線 SL人吉 8620形……41
ひたち E657系……23
ビッグ・ボーイ……12
広島新交通1号線 6000系……38
福武線 F1000形……37
フジサン特急 8000系……31
ブルートレイン……51
蛍茶屋支線 5000形……37
本線 30形……36
本線 2100形……29
Maxとき E4系……18
マラード号……12
マルチプルタイタンパー……46
みずほ N700系……21
御堂筋線 30000系……35
ミュースカイ 2000系……24
名城線 2000形……35
メークロン市場を通るタイ国有鉄道……51
真岡線 SLもおか C12形……41
やくも 381系……26
山口線 SLやまぐち C57形……41
山手線 E235系……28
やまびこ E2系……18
ユーロスター374系……52
ゆふいんの森 キハ72系……27
ユングフラウ鉄道……51
横川線 1000形……37
予讃線 7200系……29
ライラック 789系……22
ラピート 50000系……25
リスボンのケーブルカー……51
リニア中央新幹線 L0系……15
リバティけごん 500系……23
レール運搬車……46
ロコモーション号……10
(ワイドビュー)しなの 383系……24
ワイドビューひだ キハ85系……24
1号線 0形……39
1号線 3000V形……34
52席の至福 52型……31
150形式蒸気機関車……10

自動車

アースドリル……99
i-ROAD……124
アカツキ AOP-22……115
アスタコNEO……100
アストンマーティン ヴァンキッシュ ザガート……85
アスファルトフィニッシャ……115
アスファルトローリー……115
EX8000……99
家運搬車……121
イエローキャブ……116
移動銀行窓口……122
移動スーパー……123
移動天文車……122
移動パン販売車……123
移動美容室……123
移動郵便局……122
ウォーターカー……127,142
ウォーターカッター車……65
ウニモグ……72
AeroMobil 4.0……57

HN2400……131
HC1400……131
HRET型空港用化学消防車……61
SL16000J-H……111
SK2200D……101
SK3500D……101
SUV……81,86
NBC偵察車……135
F1……91
F45W5……115
絵本キャラバンカー……122
MR5030L……114
ML-T 540……82
MC295C……111
MCH15WE2……131
OHC-5DVB……130
大型化学車……62
大型ブロアー車……64
オー・ソラ・ミオ……117
オートリクシャー……116
オフロード……87
オフロードモデル……95
カーキャリア……119
解体専用機……101
化学防護……135
化学防護車……73
活魚運搬車……120
かにクレーン……111
かるキャン デッキクルーザー……83
カワサキ W800……92
観光バス……117
ガントリークレーン……129
機甲科……134
キャベツ収穫機……131
キャンピングカー……82
99式自走155mmりゅう弾砲……135
救急車……67
救急車(イギリス)……69
救助車(IV型)……66
救出救助車……67
救出ロボット……66
90式戦車……134
給油車……127
96式装輪装甲車……135
キュニョーの砲車……54
クイック・アタッカー(消防活動二輪車)……66
空港用化学消防車……60
屈折放水塔車……62
クラウン(RS型)……57
グレーダー……107
クレーン……112,113
クレーン車(クローラ)……110,111
クレーン車(ホイール)……110
軽自動車……80
軽装甲機動車……135
軽キャンピングカー……83
KTM 690エンデューロR……95
ケーニグセグ アゲーラRSR……84
KU800……108
現場指揮官車……73
高性能救助車……72
コールドプレーナー……115
ココタクシー……116
コマツ D85MS……132
コンクリートポンプ(スクイーズクリート)……114
コンクリートポンプ(ピストンクリート)……114
コンクリートミキサー車……114
コンバイン……130
コンパクトカー……80,86,87
災害給水車……75
災害用広報車……75
災害用ショベル車……75
災害用レッカー車……75
サカイ R2-4……115
サトウキビ収穫機……131
山岳救助車……67
山王丸……102
G40……56
GR-700N……110
CRP-120FLC……115
GTカー……90
シールドマシン……103
JTH3200R-Ⅲ……103
シェルビー コブラ 289FIAロードスター……88
歯科保健診療車……122
指揮統制車……66
資材搬送車……66
シボレー コルベット Z06……85
ジャガー Eタイプ……89
Jaguar FUTURE-TYPE……76
ジャガイモ収穫機……131
ジャメ・コンタン号……55
重機運搬用低床トレーラー……119
重量物搬送シュナーベルトレーラー……119
シュメール人の戦車……54
樹木の救急車(インド)……69
常駐警備車……73
除雪車……136
ショベルカー……98,99,100
シリウス6.7……83
白バイ……71
新幹線輸送車……119
水槽付きポンプ車(塔体付き)……63
水難救助車……75
水陸両用バス……117
スーパーアンビュランス(特殊救急車)……68
スーパー GT選手権 GT-R……90
スーパースポーツカー……84,85
スクーター……95
スズキ グラディウス400 ABS……93
スズキ スカイウェイブ650L X……95
スズキ ハスラー J STYLEⅡ……80
スバル レガシィ アウトバック……81
スポーツカー……81,88,89
スポーツクーペ……89
スマートモビリティ……124
西武バス……117
セグウェイ……125
セダン……80,86
専用道路を走るトレーラー……119
走行台車……128
双腕仕様機……100
ターレットトラック……129
対人地雷除去機……132
対人地雷除去機(旋回型)……133
ダイハツ コペン……80
田植機……130
タクシー……116
W A1200……107
タワークレーン……112,113
タンクローリー……120
ダンプカー……104,105
茶摘採機……130
中型輸送車……74
ツーリングカー……88,91
ツーリングモデル……92,93
D575A……106
TOP-1CVF……131
TBH45A……131
偵察科……135
手荷物構内搬送車……127
デュアルファイターセーバー
(障害物除去車)……64
デュアルファイタードラゴン
(無人走行放水車)……64
トイレカー……74,123
ドゥカティ スーパーバイク1299
パニガーレS……92
投光車……74
道路清掃車……136
トーイングカー……126,142
トーイングトラクター……126,142
特型警備車……73
特科……135
トップリフター……128
ドバイの高級パトカー……73
トヨタ C-HR……81
トヨタ TS050 HYBRID……90
トヨタ ヴィッツ……80
トヨタ ヴォクシー……81
トラクター……130
トランスファークレーン……128
ドリームスリーパー……117
トンネルドリルジャンボ……103
トンネルワークステーション……102
ninebot-one-s2……125
南海バス……117
日建 BM307-FV30……132
日建 BM307-V24……133
日産 スカイライン……80
ニューモビリティコンセプト……124
ニンジン収穫機……131
Bertha……103
パーソナルモビリティ……125
ハーレーダビッドソン ローライダー……93
パイオニア・ゼファー号……12
ハイリフトローダー……126,142
馬運車……120
爆発物処理用具Ⅱ型……74
バケットホイールエクスカベーター……108
はしご車……62
パッセンジャーステップ……127
パテント・モトールヴァーゲン……55
パトカー……70
パナール・ルヴァッソールB2……55
PH65A-19B……114
BMW 3.0CSL……88
BMW i8……85
BMW Hover Ride……77
PC01……99
PC8000……98
ビート収穫機……131
PY125-36A……114
ビッグ・ウィンド……58
10式雪上車……135
10式戦車……134
16式機動戦闘車……134
日の丸交通……116
フィアット 500……87
フェラーリ SF70H……91
フェラーリ 250 GT ベルリネッタ・ルッソ……88
フェラーリ812 SUPERFAST……84
フォークリフト……129
フォード マスタングGT……89

フォーマルセダン……87
フォーマルリムジン……86
フォルクスワーゲン ゴルフ……86
ブガッティ シロン……84
覆面パトカー……72
普通科……135
普通ポンプ車……63
ブラックキャブ……116
フリーゲンダー・ハンブルガー……12
ブルドーザー……106
Belaz 75710……104
ベルトローダー……127
ベントレー コンチネンタルR……89
ベントレー フライングスパー W12S……86
ベントレー ベンテイガ……86
ホイールローダー……107
ポルシェ 911 GT3……85
ボルボ V90クロスカントリー……86
ホンダ RC213V……95
ホンダ RTL300R……94
ホンダ NSX……79,84
ホンダ NM4-01……93
ホンダ CRF1000L アフリカツイン……95
ホンダ シビックWTCC……91
ホンダ フリード……81
マークI……56
マーシャリングカー……126
マクラーレン 720S……85
マツダ ロードスター……81
ミゼット(DKA型)……57
ミニ ジョンクーパーワークス……87
ミニパトカー……72
ミニバン……81
メルセデス・ベンツ 300SL……88
メルセデス・ベンツ マイバッハ……87
メルセデスAMG G65……87
夜行バス……117
ヤマハ MT-10SP……92
山羽式蒸気自動車……56
ヤマハ ビーノ デラックス……95
ヤマハ YZ450F……94
ユニバーサルデザインタクシー……116
吉田式自動車(タクリー号)……56
ラバトリートラック……127,142
ランボルギーニ アヴェンタドールクーペ……84
ランボルギーニ カウンタック LP400……85
リーチスタッカー……128
ルノー トゥインゴ……87
ル・マンプロトタイプレースカー……90
レーシングバイク……95
レーシングバイク(トライアラー)……94
レーシングバイク(モトクロッサー)……94
レオナルド・ダ・ヴィンチのぜんまい車……54
レクサス LS600h……80
レスキュー車……75
レッドサラマンダー……65
レンジローバー……87
連節バス……117
ロータス エリート……89
ロードスイーパー……136
ロードスポーツモデル……92,93
ロードトレイン……118
ロードローラー……115
ロールスロイス ファントム……86
路線バス……117
YR8D……130
YH590……130
YT5113……130
onewheel……125
10t水槽車……63
16M3……107
50K……56
725C……105
770G……105
7120G……110

航空機

RF-4E……165
RQ-4 グローバルホーク……162
アグスタ・ウェストランド
AW-139……158
アグスタ・ウェストランド
AW-139 ちどり……158
アロン M50……163
アントノフ An-225……155
E-2C……165
イリューシン IL-96-300……147
ウォーターボマー……159
打ち上げ用火星ロケット……160
宇宙船……160
宇宙飛行士用宇宙船……160
宇宙旅客船……161
エアバス A300-600ST……154
エアバス A318……149
エアバス A320neo……148
エアバス A330……147
エアバス A350XWB……147
エアバス A380……141,144
エアバス ACJ350XWB……150
エアバスヘリコプターズ
EC225LP はくちょう……158
エアバスヘリコプターズ H155……156
エアロスペースラインズ
スーパーグッピー……155
HZ1……140
AD-1……140
ATR42-600……153
AV-8B ハリアーII……141,166
X FY-1 ポゴ……140
F-14トムキャット……141
F-35A……164
M-02J……162
MDヘリコプターズ MD902……158
エンブラエル EMB120……153
エンブラエル EMB175……149
エンブラエル レガシー600……150
大型ジェット貨物機……154
大型ターボプロップ貨物機……155
大型ビジネスジェット……150
オリオン……160
貨物輸送用宇宙船……160
カモフKa-32A11BC……157
ガルフストリーム G650……150
ガルフストリームII……159
救難捜索機……166
救難ヘリコプター……166
空中給油・輸送機……166
グラマンF8Fベアキャット……153
グローバルフライヤー……163
警察ヘリコプター……158
KC-767……166
こうのとり……160
小型ジェット旅客機……148,149
小型ビジネスジェット……150,151
コンコルド……141
コンテナドーリー……142
SAR搭載航空機……159
C-2……165
C450 コレオプテール……140
シコルスキー S-64……157
シコルスキー S-76……157
地面効果翼機……163
重量物輸送専用ヘリコプター……157
消防ヘリコプター……158
瀋陽 ARJ21……149
人力飛行機……163
スーパーマリン スピットファイア……139
スバルFA-200……152
スペース・ローンチ・システム(SLS)……160
スペースシップ2……161
スホーイ スーパージェット100……149
セスナ サイテーション ロンギチュード……150
セスナ 172……152
セスナ 208キャラバン……153
セスナ 525C サイテーション CJ4……159
戦闘機……164
全翼機……166
早期警戒機……165
送電線パトロール……159
ソーラー・インパルス2……162
ソーラープレーン……162
ソユーズ……160
空飛ぶ自動車……162
ターボプロップ旅客機……153
ダイダロス88……163
ダッソー ファルコン7X……150
多目的航空機……163
多用途ヘリコプター……156,157
中型ジェット旅客機……146,147
中型ビジネスジェット……150
中等練習機……164
超大型ジェット機……145
ツェッペリン飛行船LZ1……138
T-4……164
DH104コメット……140
偵察機……165
ティルトローター機……166
ドクターヘリ……158
特別輸送機(政府専用機)……165
ドラゴン……161
農薬散布用航空機……159
ノースアメリカンP51マスタング……153
パイパー チェロキー……152
パイパー PA18 スーパーカブ……152
ハイブリッド・エアシップ……163
B-2 スピリット……166
P-82 ツインマスタング……140
ビーチクラフト ボナンザ……152
BV141……140
飛行船……163
ピラタス PC-12……153
ファーブルの水上機……139
ファルコン9……161
V-22……141
V-22 オスプレイ……166
VS-300……140
VZ-9 アブロカー……140
VTOL機……166
フードローダー……142
フォッカー Dr.I……139
フライトチェッカー……159
ブルーインパルス……164
ブレリオXI……139
ヘリコプター……156

ベル 206B ジェットレンジャーⅢ……159
ベル412EPI……156
報道取材機……159
ボーイング737MAX9……148
ボーイング747……140
ボーイング747-400……165
ボーイング747-400F……155
ボーイング747LCF……154
ボーイング767-400ER……146
ボーイング777-300……146
ボーイング787-9……146
ホーカー・シーフューリー……153
ホーカー 4000ホライゾン……150
ボロコプター VC200……162
ホンダジェット……151
ボンバルディア CRJ100……149
ボンバルディア DHC8……153
ボンバルディア BD-700
　グローバルエクスプレス……150
マクドネル・ダグラス MD-11……147
三菱航空機 MRJ90……148
民間宇宙船……161
民間宇宙船打ち上げロケット……161
無人航空機……162
無尾翼機……162
モラー M400 スカイカー……162
モンゴルフィエ兄弟の熱気球……138
U-125A……166
UH-60J……166
有人宇宙船……160
有人マルチコプター……162
輸送機……165
ライトフライヤー号……138
リージョナルジェット旅客機……148,149
リリエンタールのグライダー……138
レオナルド・ダ・ヴィンチ
　飛行機械のスケッチ……138
レシプロ軽飛行機……152
ロッキード L-1011トライスター……146
YS-11……140

船

あおば……199
あかつき……193
葦舟……168
飛鳥Ⅱ……182
アストモス ビーナス……179
あたご……200
油回収船……194
アメリカズ・カップ……197
あるたいる……199
あわじ……201
いしかり……183
いずも……200
移動式海洋観測船……195
ヴァンデ・グローブ……197
ウィンドチャレンジャー……171
AC50艇……197
AP1-88……202
エジプトの帆船……168
エテスコタカツグJ……190
NS フロンティア……179
NYKアルティア……176
LNG船……179
LPG船……179
オイルタンカー……179
大型コンテナ船……171
おおすみ……200
オフショア支援船……193
カーフェリー……183
海面清掃兼油回収船……193
海洋気象観測船……184
海洋地球研究船……184
開洋丸……184
カクタスK……177
鶴隆……192
カタマラン……197
カティーサーク……170
貨物船……174
ガレー船……168
ガレオン船……169
起重機船……188
給水船……172,193
漁業調査船……184
ぎんが/つばさ/すいせい……202
杭打船……192
掘削船……190
クラーモント……170
クルーザー……196
クルーズ客船……180,182
グレート・ブリテン……170
KDDIオーシャンリンク……192
ケーブルシップ……192
原子力潜水艦……171
遣唐使船……169
こううん……199
航空母艦……201
光洋丸……178
護衛艦……200
五祥……191
コロナ トライトン……179
コンテナ船……129,172,174,176
最初のホバークラフト……171
砕氷船……184
サクラガワ……179
さやえんどう……179
サンタ・マリア……169
さんふらわあ ごーるど……183
しきしま……198
実習艇……199
自動車専用船……178
寿鳳丸……192
巡視船……173,198
巡視艇……198
浚渫船……191
浚渫船兼油回収船……191
浚渫船兼起重機船……191
消防船……199
昭洋……199
商用水中翼船……171
しらせ……184
しんかい6500……187
水上バス……172
水中翼船(ジェットフォイル)……202
石炭専用船……179
セミサブマーシブル型リグ……190
セランディア……171
潜水艦……201
掃海艦……201
そうりゅう……201
測量船……199
タービニア……171
第31青木丸……193
大山600-33……192
ダウ船……168
タグボート……172,192
ちきゅう……185
地球深部探査船……185
ディープシー・チャレンジャー……186
ディンギー……196
道志丸……193
灯台見回り船……199
土運船……193
トーイングボート……196
特殊警備救難艇……199
トライトン 3300/3……187
トリプルE……174
トリマラン……196
トンスバーク……178
なとり……176
にっぽん丸……182
ニミッツ級航空母艦……201
ノード ドラコ……177
ハーモニー・オブ・ザ・シーズ……181
バイキングの帆船……169
白山……191
ハクリュウ-5……190
ぱしふぃっく びいなす……182
バッコー……171
はまなす/あかしあ……183
はやぶさ……201
ばら積み船……177
半潜水型重量物運搬船……178
尾州丸……179
ひりゅう……199
プラネットソーラー……171
FLIP……195
ブルーマーリン……178
フローティングドック……192
ボットサント……194
ホバークラフト……202
マーキー 50 SY……196
マセラティ マルチ70……196
丸木舟……168
ミサイル艇……201
みずき……193
みのお……198
みらい……184
武蔵……188
木材専用船……177
やしま……198
ヤマハ14シーホッパーⅡ……196
ヤマハ242 X E-Series……196
ヤマハ470CPG……196
有人深海探査艇……186
有人潜水探査艇……187
有人潜水調査船……187
輸送艦……200
ラムフォームタイタン……194
凌風丸……184
旅客船……173,180,182
冷凍運搬船……177
RORO船……178
若鷲丸……191
3次元海底資源調査船……194

[監修]
山﨑友也（鉄道写真家、レイルマンフォトオフィス代表）
種山雅夫（航空科学博物館学芸員）
船の科学館

[執筆]
矢吹明紀、藤田千賀（167,203）、藤原歩（137）

[イラスト]
オジゾー：53、137、167、203
加藤愛一：10-14、54-57、82、138-141、144、168-171
中島 秀：19、39、79
成瀬京司：15、40、48-49、172-173、185
橋爪義弘：表紙、142-143
マカベアキオ：67
柳澤秀紀：180-181

[装丁]
城所 潤（ジュン・キドコロ・デザイン）

[本文デザイン]
宇田隼人、新 裕介、天野広和
（株式会社ダイアートプランニング）

[編集]
三橋太央、金田恭子
（オフィス303）

[写真・イラスト・資料提供]
アフロ、アマナイメージズ、ゲッティイメージズ

愛知県歯科医師会：122／青木マリーン：193／青森県警察：71／アカギヘリコプター：157／暁興産：115／朝日航洋：158-159／ARON（Flying ship）：163／五十地輝：162／イチカワ：123／今治造船：177／井本商運：176／ヴァージン・ギャラクティック：161／vendeeglobe：197／WENN/アフロ：163／宇部興産：119／AeroMobil/Splash/アフロ：57／ANAホールディングス：126-127、146／NHK：159／NYK Container Line：172、176／FCA：87／エミレーツ航空：145／MSL：144／オオトモ：125／岡崎市消防本部：65／オグルヴィ・アンド・メイザー・ジャパン：85／otakara-iwata.net：138／落合刃物工業：130／オフショア・ジャパン：193／海上自衛隊：184、200-201／海上保安庁：173、198-199／川崎汽船：177、179、190／川崎重工業：179／カワサキモータースジャパン：92／気象庁：184／北村製作所：122／キョーワ：120／極東開発興業：114／熊田 暁：83／クラブツーリズム・スペースツアーズ：161／GRANGER.COM/アフロ：118、139／群馬県警察：70-71／警視庁：72-75、158／KTM Japan：95／ケーニグセグジャパン：84／KYB：114／コイズミ：83／航空自衛隊：164-166／国際ケーブル・シップ：192／国土交通省 関東地方整備局 東京港湾事務所：188-189／国土交通省 航空局：159／国土交通省 四国地方整備局 小松島港湾・空港整備事務所：173、193／国土交通省 北陸地方整備局 新潟港湾・空港整備事務所：191／小島組：191／コスモコミュニケーションズ：85／コベルコ建機：56、101、110-111／小松製作所：56、96-99、106-107、132／コミュニオン：84、88／酒井重工業：115／佐渡汽船：202／さんふらわあごーるど：183／JXTGエネルギー：120／四国ドック：177／時事：164／Jaguar Land Rover：87／JAXA：160／ジャプコン：150／JAMSTEC：184、185、187／商船三井客船株式会社：173、182／情報通信研究機構：159／新日本海フェリー：183／水産庁：184／©Scripps Institution of Oceanography、UC San Diego.：195／スズキ：80、93、95／SUBARU：81、152／ZUMA Press/アフロ：159／西武バス：117／セグウェイジャパン：125／ゼネラルモーターズ・ジャパン：85／セブン銀行：122／Central House Movers：121／全日本航空事業連合会：158／Solar Impulse：162／ソフトバンクグループ：197／ダイハツ工業：80／太平洋フェリー：183／ダイヤモンドエアサービス：159／タダノ：110／デレディール：123／東亜建設工業：192／ドゥカティジャパン：92／東京消防庁：62-68、158／東京大学工学部：171／東洋農機：131／とくし丸：123／トヨタ自動車：80-81、90、124／トヨタ輸送：119／Triton Submarines LLC：187／National Geographic deep-sea challenger：186／南海バス：117／日建：132-133／日産自動車：80、90、124／日東タグ：192／日本キャタピラー：105、107／日本車輛製造：99／日本通運：118-119／日本郵船：190／日本郵便：122／日本エアコミューター：153／日本海運：178／日本海洋掘削：190／日本貨物航空：155／日本空港ビルデング：143／日本クルーズ客船株式会社：182／日本航空：126-127、143、147／日本除雪機製作所：136／日本馬匹輸送自動車：120／日本ロード・メンテナンス：136／ハーレーダビッドソン ジャパン：93／ハイマージャパン：82-83／はとバス：117／浜名ワークス：119／範多機械：115／BMW Group Japan：77、85、87-88／ピージーエス・ジャパン：194／日立建機：99-101、表紙／日立造船：103／日の丸交通：116／フィールドライフ：83／フォルクスワーゲン グループ ジャパン：86／ブガッティ ジャパン：84／プラップジャパン：76-77／ブルージェット：150、152／古河ロックドリル：103／©Peter Charaf - Race for Water 2016：171／ベクセス：123／ペットワークス：162／ベントレーモーターズジャパン：86、89／ボーイングジャパン：146、148、154／ポルシェ ジャパン：85／ボルボ・カー・ジャパン：86／本田技研工業：79、81、84、91、93-95、137、151／前田製作所：111／マセラティ：196／マツダ：81／松元機工：131／ミキ・ツーリスト：180-181／三井物産：190／三菱ロジスネクスト：128-129／三菱航空機：148／三菱重工業：178-179、194／メルセデス・ベンツ日本：87-88／Moller Skycar 400：162／MOL Group：58-59／矢吹明紀：88、153／山運：119／ヤマハ発動機：92、94-95、196／山本精工所：192／ヤンマー：130-131／郵船クルーズ：182／横浜はしけ運送事業協同組合：172、193／四日市市立博物館・プラネタリウム：122／Lamborghini：84／陸上自衛隊：134-135／両備グループ：117／Renault：87／ロイター/アフロ：57／©Lockheed Martin：163／若狭三方縄文博物館：168／若築建設：191／ワンホイール運営事務局：125

[DVD映像制作]
NHKエンタープライズ
大上祐司（プロデューサー）
三宅由恵（アシスタントプロデューサー）

[DVD映像制作協力]
東京映像株式会社

講談社の動く図鑑 MOVE
乗りもの

2017年11月20日　第1刷発行
2025年1月14日　第11刷発行

監　修　山﨑友也　種山雅夫　船の科学館
発行者　安永尚人
発行所　株式会社講談社
〒112-8001　東京都文京区音羽2-12-21
電話　編集　03-5395-3542
販売　03-5395-3625
業務　03-5395-3615
印　刷　共同印刷株式会社
製　本　大口製本印刷株式会社

ISBN978-4-06-220867-3　N.D.C.680 207p 27cm

親子で楽しめる！
全37冊 好評発売中！
人気ナンバー1の図鑑！
講談社の動く図鑑 MOVE
昆虫
魚
星と星座
乗りもの
大自然のふしぎ
まるみえ図鑑
古代文明のふしぎ
深海の生きもの
水の中の生きもの
猛毒の生きもの
世界遺産
宇宙
鉄道
科学のふしぎ
大むかしの生きもの
人体のふしぎ
地球のふしぎ
小学生のずかん
危険生物
まぼろしの生きもの
生きもののふしぎ
あつまれ どうぶつの森 島の生きもの図鑑
日本の歴史
世界の探検
は虫類・両生類
鳥
恐竜2 最新研究
動物
植物
恐竜
NEW!
NHKのスペシャル映像DVD
画期的なDVD連動図鑑！
メルマガもあるよ！
図鑑MOVE
脳に効く！
賢い子に育つ
読み聞かせできる図鑑
2歳からの
動く図鑑MOVE
シリーズ
はじめてのずかん
全7冊
（以下続刊予定）
全13冊
MOVE mini
魚
恐竜
昆虫
人体のふしぎ
スマホやタブレットでも見られる
講談社の動く図鑑
MOVE mini
大人気ポケット
図鑑シリーズ
デジタル図鑑つき！
■MOVEminiシリーズ
•動物 •危険生物 •星と星座 •植物 •鳥 •鉄道
•は虫類・両生類 •水の中の生きもの •宇宙
（以下続刊予定）

水の中もへっちゃら!

レッドサラマンダー

水の中に入って進むことができて、でこぼこな地面も走れる全地形対応車です。災害時の救助活動などでかつやくします。▶ P.65

スゴイ乗り

すでにかつやく中の乗りものから、
未来の乗りものまで、
世の中にはスゴイ乗りものが
たくさんあるんだ!

移動式海洋観測船 FLIP

1962年に開発された、世界でただひとつの90度回転する船です。最長で35日間、海上に留まることができます。▶ P.195

逆立ちしているみたい!

未来は、もうすぐそこに!

引っ越しが楽ちん……!?

家運搬車

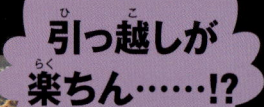

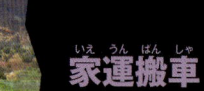

家を購入したときや引っ越しをするときに、トレーラーに家ごとのせて運びます。この写真は、アメリカの家運搬車です。▶ P.121

空飛ぶ自動車 モラー M400 スカイカー

開発中の空飛ぶ自動車。垂直に離着陸できます。地上では電気で走ります。▶ P.162